심리영성 연구 2025

그리스도인을 위한 영성심리학

이만홍 편저

Studies on Psychospirituality 2025

Spiritual Psychology for Christian

Man Hong Lee

머리말

이 책에 관하여

신앙을 가지고 오늘을 살아가는 그리스도인들은 좋든 싫든 그 믿음의 표현을 뒷받침해 주는, 나름대로의 믿고 있는 교리가 있으며, 그것은 각자가 교육받고 커 온 교회의 소속 교단과 목회자의 배경과 무관하지 않다. 나를 포함한 주위의 대부분의 그리스도인들은 비교적 보수적인 교리 위에서 오랫동안 신앙생활을 해 왔고, 이에 따라 대체로 소위 청원기도나 통성기도, 방언기도 등 우리 시대의 보편적인 모습으로 기도를 해 왔다. 그러나 그런 관습적이고 오랫동안 고식적인 형태로 유지되어 왔던 신앙의 모습이나 기도로는 더 이상 내면의 영성에서 주님과의 생명력 있는 관계를 충분히 이루지 못 한다는 실망감과 아울러, 세속화되고 형식화하는 교회의 무기력한 모습에 직면하게 되었고, 이 과정에서 묵상기도를 알게 되었다. 그것은 새롭게 성령의 임재를 의식하는 계기가 되었고, 주님과의 깊은 교제의 길을 열어주었다. 그러나 이것으로 간단히 끝나는 문제가 아니었다. 새로운 형태의 묵상기도와 묵상적 삶의 방식은 이제까지의 오랜 관습적인 신앙행태에 대한 회의를 불러일으켰을 뿐 아니라 그 이면을 지탱하고 있던 나름대로의 신학적 이해에 새로운 성찰을 요구하게 되었다. 자연히 나는 눈을 들어

주위로부터 묵상기도(여기서는 관상기도라고 해야 더 타당하게 보인다.)를 실천하거나 이를 하나의 신앙운동으로 펼치는 사람들의 신앙과 그 이면의 신학을 보게 만들었다. 그것은 매우 충격적인 혼란 그 자체이었다. 새로운 관상 운동의 진원지는 북미대륙이었는데, 그곳은 내게 익숙했던 신앙과는 다른 새로운 시대의 신학과 영성으로 옷을 갈아입은 곳이었다. 어느덧 세계는 다원주의적인 신앙으로 가득 찬 세계가 되어 있고, 이런 저런 전통이 혼합된 영성으로 표현되어 가고 있는 듯이 보였다. 오랫동안 의심 없이 믿어 왔고 그렇게 영적인 살이를 해 왔던 어거스틴, 루터, 칼뱅 등의 신학들은 심하게 뒤집어지고 내동댕이쳐지는 시대에 살고 있음을 우리 평신도들만 모르고 있었다! 우리만 모르고 있었다. 이것이 은총인지 무지 때문인지는 아직 파악이 안 되고 있지만, 마치 우리나라만 세계에서 외딴 섬처럼 세상의 흐름과는 동떨어져 있는 느낌을 받게 되었다. 왜 그렇게 되었을까? 이미 미국과 유럽의 대다수의 신학교육의 현장은 다원적으로 바뀌어가고 있었고, 그 사이 이런 교육을 몸소 겪었을 수많은 유학파 목사들과 신학자들은 놀랍게도 귀국하여서는 거의 대부분 이런 흐름에 대해서는 언급하는 것을 꺼리고 있었고, 공적으로 표현하는 것과 사적인 대화 속에서는 많은 괴리를 가지고 있음을 발견하였다.

오늘날의 관상기도 운동은 국내에서도 조금씩 자리를 잡아가고 있는 듯 하지만 그 이면을 받치고 있을 신학은 표면적인 영성의 모습과는 연결이 되지 않은 채 무비판적으로 받아들여지고 있다는 생각이며, 이에 대하여 신학자들은 공식적인 논의가 없이, 일부에서는 감정적인 찬반으로 갈리어 인터넷이나 달구고 있는 것처럼 보였다. 신학자들이 이 문제에 대하여 왜 그렇게 감정적으로만 반응하는지는 나 같은 평신도들은 이해하기 쉽지 않으며, 반대로 오랫동안 몸담아 왔던 자신들의 신학과의 관계에 대하여는 성찰을 거의 하지 않는 태도 역시 이해하기가 쉽지는 않다. 무념적 영성, 과거 수도원에서의 영성, 관상적 영성은 루터나 칼뱅 신학과는 정녕 배치되는 것인가? 과거의 개혁신앙의 소중한 핵심 전통과 영적 자산을 유지하면서, 새롭게 대두되는 관상적 영성과의 조화로운 연결은 불가능한 것인가? 아니 그런 논의조차 가능하지 않을 것인가? 이것이 현재로서의 저자 개인의 심각한 고민이다. 예를 들면 묵상기도 중에서 렉시오 디비나는 말씀을 중심으로 깊이 묵상하는 것이기에 개혁신앙의 가장 핵심 교의 중의 하나인 오직 성경 말씀을 중시하는 전통을 더욱 심화시켜주고 발전적으로 조화가 된다고 믿는다. 한편 묵상기도의 방법 중 1960년대에 개발된 향심기도란 것은 그 방법이 동양 종교적인 전통에서부터 차용해 온 것일 뿐 아니라 따라서 마음을 비우는 명상은 그리스도를 묵상하는 것과는 전적으로 배치되는 것이기도 하다는 생각이 들지만, 이미 그 방법이 관상기도자들 사이에 너무나 널리 퍼져 있어서 그런 언급을 하는 것조차 허용되지 않는 분위기 때문에 누군가 신학적인 논리로 이에 대한 평가를 하는 것이 필요하다고 본다. 다원주의자들은 서로의 다름을 인정하고 받아들이라는 유연성을 고집하고 있기 때문에 논의가 양측 간에 이루어지지 않고 있는데, 그러는 사이에 이런 신학적인 배경을 이해할 수 없는 일반 평신도들은 이 양자 간의 하나에 무비판적으로 노출된다. 이 문제는 간단한 문제가 아니다. 관상기도는 개혁신앙과 배치된다 혹은 아니다로 단순히 평할 수 있는 것이 아니라 여러 문제가 혼재되어 있으므로 면밀한 성찰과 논의가 필요한 것이다. 이 책에서 신학을 전공하지 않은 저자가 무리를 하면서까지 기독교 영성의 역사를 감히 살펴보려는 의도가 바로 여기에 있다.

기독교 영성의 역사를 살펴볼 때, 그 주된 초점은 각 시대와 지역 및 그 상황에 따라 매우 다른 모습을 띠며, 무엇이 기독교 영성의 흐름을 관통하는 소위 전통이라는 것인지, 무엇이 옳고 무엇이 그르다는 것인지 결코 단순하게 언급할 성격이 아님도 이해하게 된다. 오늘의 시각에서 보면 각 시대의 영성에는 나름의 특징이 있기 마련이며, 이를 잘 이해하고 우리 시대에 맞게 도움을 받거나 평가해 나가야 하는 작업이 필요한데, 이에 따라 영성 수련, 영성지도, 그리고 각 개인의 기도 자체에 심대한 영향을 미치므로 이에 대한 반복적인 고려가 필요하다는 것을 깨닫게 된다. 결국 특히 보수적인 개혁신앙의 입장에서 무엇이 진정한 기독교 전통적 영성인가, 그리고 그 전통적 영성을 함양할 수 있는 영성수련의 방법은 어떤 것이냐는 질문이 이 책이 추구하는 목표인 셈이다.

그러나 지난 반 세기도 더 넘게 사람들은 이러한 보다 근본적인 질문들은 제쳐둔 채, 어떤 것이 효과적인 영성 수련의 방법인가? 에만 치중해 온 느낌이 든다. 현실적으로 요즘 사람들의 관심을 가장 많이 끄는 것은 자기 안에서 초월성을 발견하는 영성으로서의 불교적 영성과 이에 따른 영성수련 방법, 대표적으로는 마음챙김 명상 수련법이 각광을 받고 있다. 이와 동시에 지난 세기 내내 진화를 거듭해 온 심리학은 드디어 그 관심을 영적 현상, 즉 초월적 현상으로까지 넓혀 왔으며, 이는 불교적 영성과 그 수련 방법들이 현대 심리학적 논리의 옷을 입고 관상심리학 또는 영성심리학이라는 이름으로 나타나기 시작하였다. 이제 이런 싯점에서 무엇이 그리스도인들이 지향해야 하는 영성이며, 보다 성숙되고 올바른 영성을 위해서는 어떤 실제적인 영성 수련의 방법이 오늘의 그리스도인들에게 필요한 것인가라는 질문에 구체적인 답을 필요로 하는 상황이 되었다. 이를 위해서는 현재 이미 보편화되어 버린 불교적 옷을 입은 현대의 관상심리 또는 영성심리학 뿐만 아니라, 상당 기간 성찰의 전면에서 잊혀졌었던 기독교 전래의 영성신학을 비롯하여 조직신학 등의 여러 학문들의 다학제적 연구가 필요할 것으로 보인다. 아니 그런 학문적인 논리만으로는 그래도 부족하며, 이들과 아울러 영성가들이나 신비가들의 체험적 성찰이 필요한 과제로서 다루어야 될 것이다. 그러므로 지금처럼 이렇게 인간이 경험하는 초월적, 신비적 체험과 현상들을 관상심리학이나 영성심리학 등, 심리학이라는 한 학문적 범주 안에 가두어 둔다는 것은 무리가 있다는 의미에서 저자는 이 책의 제목을 관상심리학이나 영성심리학이라고 붙이기를 주저하는 대신 '심리영성 연구'라고 이름 붙여 보았다. 아울러 저자는 그리스도인들이 경험하는 영적 체험이나 초월적 현상은 일차적으로 심리영적(psycho-spiritual) 현상, 즉, '심리적'인 면과 '영적'인 면을 나누어 생각할 수 없는 하나의 현상으로 이해를 하고 그런 입장에서 통합적으로 문제에 접근해야만 할 것으로 이해한다.

이 책은 이론적인 배경보다는 불교와 기독교의 실제적인 영성 수련 방법을 염두에 두고 편집되었으므로, 되도록 깊이 있는 신학적인 이론은 피하고(그럴 실력도 없다), 실천적인 시각에서 기술하려고 하였으며, 따라서 각 분야의 세부 전문가가 보기에는 일견 논리적으로 엉성해 보이는 부분도 있음을 널리 이해해 주기 바란다.

이 책의 내용적 흐름을 간략히 훑어보자면 다음과 같다. 가장 먼저, 현재 풍미하고 있는 불교 전통의 영성 수련방법(명상)과 그리스도교의 전통적인 영성 수련방법(묵상기도)과의 혼란에 대하여 문제를 제기하는 것으로부터 출발해야 할 필요성에서, 이 책 1장에서는 불교 전통과 기독교 전통의 묵상기도가 어떻게 다른지를 서론적으로 다루었다. 이어서 현재 막 자리를 잡아가고 있는 관상심리학은 불교 전통의 영향 아래에서 출발한 것이지만, 영성의 보편적 특성을 심리학적으로 잘 이해할 수 있도록 이미 체계를 갖추고 있으므로, 이러한 기존의 방법론을 살펴봄으로써 기독교 전통의 영성적 특성과 차이점에 대한 이해에도 보다 잘 접근할 수 있다고 보고, 2장에서는 관상심리학의 방법론이 이제까지 우리에게 익숙하게 적용되어 오던 과학적인 심리학과 어떻게 다른지, 관상심리학의 접근 방법의 특성은 무엇인지를 비교적 상세히 기술하였다. 3장에서는 이 분야의 토대를 닦았다고 평가되는 네델란드의 관상심리학자 Han de Wit의 저서를 통하여 불교 전통의 영성의 특징, 즉 '마음의 명료함'을 중점적으로 논의하며, 이런 개념들과 관점이 부분적으로 어떻게 기독교 전통의 영성에도 적용될 수 있는지를 살펴보고, 이어서 4장에서는 기독교 영성에 보다 더 뿌리를 두었다고 생각되는 미국의 기독교 영성지도자인 제랄드 메이의 관상심리학의 개념과 관점들, 그리고 5장에서 영국의 영성심리학자 피터 타일러의 저서를 중심으로 기독교 전통의 영성 특성이 이 '마음의 명료함'을 포함해야 하지만, 이를 넘어서 '상호주관적 관계성'에 있음을 살펴보았다. 이어서 6장에 이르러서는 기독교 영성신학의 역사를 가볍게 훑어봄으로써 기독교 전통의 관계적 영성의 특성이 어떻게 구체화되고, 흘러왔는지에 대하여 알아보았다. 이렇게 해서 저자는 이 책에서 불교 전통이 매우 중시하는 '마음의 명료함'의 영성이 현대 기독교 영성에서도 마찬가지로 중요하다는 점에 동의하면서, 동시에 기독교와 불교 영성은 추구하는 바 그 끝이 전혀 다름을 강조하고자 하였는데, 즉 불교 전통의 영성은 궁극적인 무(nirvana)를 추구하는 반면, 기독교 영성 전통의 핵심은 사랑으로 표현되는 하나님과의 상호주관적인 관계성에 있음을 밝히고자 하였다. 7장에서는 현대 서구를 중심으로 유행하는 관상적 영성의 문제점을 특히 개혁신앙의 입장에서 살펴보았고, 8장에서는 몇몇 현대 기독교의 저명한 영성가들의 저술을 통하여 그들의 저술에서 어떻게 관계적 영성의 요소가 결여되어 있는지 이를 구체적으로 제시하고, 그 결국은 폴 니터 교수의 저서 제목처럼 "나는 붓다가 없이는 그리스도인이 될 수 없었다."라는 고백으로 이어질 수 밖에 없음을 보여주고 싶었다. 9장에서는 아마도 모든 영성의 길은 하나로 통한다는 이와 같은 주장의 다원적이고도 혼합적인 영성이 대세를 이루는 오늘날의 분위기에서 다른 종교와는 구별 짓는 기독교 고유의 관계적 영성을 추구하는 영성가를 찾아보기란 쉽지 않은데, 그럼에도 불구하고 이들과는 대조적으로 저자가 찾아낸 기독교 전통의 관계적 영성의 참고 모델로서 베네딕트 수도자인 제임스 핀리의 저술 "그리스도교 묵상기도"를 소개하였다.

이제 그렇다면 진정한 기독교 전통에 입각한 영성과 그 수련은 실천의 현장에서 구체적으로 어떠해야 하는지에 대한 논의가 그 다음에 이어져야 하는데, 이에 관해서는 저자는 이미 별도의 책, "그리스도인의 묵상 I, II"[1]을 통하여 자세히 제시한 바 있다. 저자는 이 책들에서, 현대기독교의 관계적 영성의 전통을 가장 잘 지키고 있는 곳은 개혁주의 전통이라고 생각하며, 이러한 전통에 가장 잘 부합하는 묵상적 영성을 논의해 보고, 그 개념 하에서 실제적인 영성수련의 방법을 제시하였다. 예를 들자면, 침묵의 경우, 모든 영성수련의 시작은 침묵이라고 할 수 있는데, 관계적 영성에서의 침묵은 끝까지 마음을 비우는 침묵이 아니라 나와 하나님과의 상호 듣기를 위한 경청을 전제로 하며, 경청으로 말미암아 하나님의 말씀으로 채우는 침묵이라고 보았다. 이에 따라 관계적 영성에서 침묵과 경청의 모습은 어떻게 이루어져야 하는가에 대한 논의를 시도하였으며, 이어서 기독교 전통의 가장 대표적인 영성수련 방법인 렉시오 디비나와 의식성찰 등은 관계적 영성의 길에서는 어떻게 이루어져야 하는가에 대한 논의를 시도하여 보았다.

이제 저자의 생각에 그리스도인들이 알아야 할 기독교 심리영성 연구의 앞으로의 과제란 이상의 기독교 전통의 관계적 영성을 더욱 풍성히 하기 위해서는 그 출발점으로 돌아가는 것이 필요하다고 보는데, 그 출발점이란 나와 하나님과의 관계 안에서 나를 어떻게 인식하느냐, 즉 그리스도인들이 어떤 관계적 영성의 정체성을 가지느냐 하는 논의라고 본다. 따라서 앞으로 그리스도인의 정체성과, 영적인 성숙과정에 대한 영성발달론을 구체적으로 논의하는 작업이 필요하다고 본다. 그리고 이에 더 하여 의식심리학을 다루는 것이 필요해 보이는데, 왜냐하면 인간의 '의식(consciousness)'이야말로 심리영성 연구의 분야에서 마지막으로 남은 미지의 영역이면서 인간의 영적 경험을 이해하는 최종적인 장소가 될 것으로 보이기 때문이다.

심리영성 연구 분야는 어느 한 사람의 노력으로 이루어질 수 있는 분야가 아니고, 신학, 심리학, 정신의학 등 여러 분야의 학문을 전공하는 사람들과, 영성 수련의 현장에서 열심히 실천하고 가르치는 다양한 전통의 기독교 영성가들의 통찰과 지혜가 모아져야 하는 분야로서 한두 사람의 능력으로는 전혀 한계가 있을 수 밖에 없음이 당연하다. 그런 의미에서 이 책은 판매되는 책으로서의 완성도를 갖추고 정상적으로 시장에 내어놓는 것이 아니다. 말하자면 하나의 강의안과 같은 것으로, 상식적인 시각에서는 표절과 허점으로 가득차 있지만 관심 있는 독자들은 이책을 읽어가면서 그래도 군데군데 엉성하게나마 기록된 저자의 창의적인 발상을 기쁘게 찾아줄 것을 기대한다. 이 책은 잠정적으로 편집된 것이다. 인생은 짧고, 우리의 학문 수준은 아직도 앞서가는 사람들에 비하면 한참 뒤져 있는 것이 현실이다. 그 간극이 쉽게 좁혀지지 않고, 아니 우리가 머뭇거리는 사이에 오히려 점점 더 벌어지고 있다는 안타까운 마음과 조급함 때문에 출판의 복잡한 완성 과정을 생략하고 엉성함을 감수하면서 급히 출판하게 되었다. 이는 더 늦기 전에 후학들을 자극하여 함께 이 길을 열심히 가려는 저자의 시도 때문이며, 가까운 시일에 좀 더 나은 수정판을 내어놓아 점점 책으로서의 면모를 갖추어 가려는 계획을 가지고 있다. 따라서 이 분야에 관심을 가진 사람이라면 누구든지 책 내용의 일부에 대한 조언에서부터, 향후 본격적인 공저자로서의 참여까지 문을 열어놓고 기다릴 것이다. 함께 머리를 맞대고 공부하며, 가슴을 맞대고 함께 기도하면서 길동무가 되었으면 한다. 그 길은 결코 외롭지 않을 것이다.

빛 되신 주님이 구름 타고 오시는 날을 고대하며,

2020년 3월 3일 저녁 단월 골짜기에서 쓰고, 2025년 1월 31일 너섬에서 일부 수정하다.

편저자 길나그네

---

1) 그리스도인의 묵상 I, II. 이만홍 지음, 로뎀포레스트, 2013.

목차

머리말 ··· 4

1장 명상이냐 기도냐? ··· 16

2장 관상심리학 연구 방법론 ······························· 36

3장 Han F. de Wit의 관상심리학 ························ 66

4장 Gerald May의 영성심리학 ·························· 118

5장 Peter Tyler의 크리스쳔 심리영성 연구 ·········· 148

6장 기독교 전통의 관계적 영성 ························· 174

7장 개혁신앙에서 본 관상기도의 문제점 ······················ 204

8장 현대 진보적 관상가들: 존 메인, 토마스 키팅,
    신시아 부조, 폴 니터 ·· 226

9장 제임스 핀리의 그리스도교 묵상기도 ······················ 282

주요 참고도서 ·· 300

1장

명상이냐 기도냐?

우리가 다루고 있고자 하는 것은 명상이나 기도와 같은 우리의 영적 체험을 어떻게 이해하고 함양할 수 있는가 하는 점에서 그 배경이 되는 논리들을 살펴보려고 하는 것이다. 현재 우리 사회에서 가장 유행하고 있는 명상은 마음챙김 명상(mindful meditation)으로 한 마디로 불교전통에서 유래된 명상인데 이것이 여러 가지 유익한 점이 있다고 하여 그리스도인들도 그대로 무비판적으로 받아들이고 수행해도 문제가 없는 것인가 하는 점은 그리스도인들이 직면한 현실의 문제 중 하나이다. 그렇다고 하여 일부 보수적인 그리스도인들처럼 감정적으로, 혹은 영역 지키기식으로 불교 전통이라고 하여 무조건 배척하자는 것이 아니라, 주의 깊게 살펴보고 무엇이 수용적인지, 혹은 서로 다른지를 이론적으로 잘 파악하는 것이 중요하다고 본다. 다소 극단적인 예일 수도 있는데, 일부 관상기도나 인권운동을 하시는 목사님이나 신부님들이 대중적인 저항운동 집회에서 108번 절기도를 하는 것을 볼 수 있는데, 그것이 그냥 육체와 마음을 표현하는 데 도움이 되어서 한다고 본다면 그런대로 이해될 수 있는 문제이기도 하지만, 그분들 나름대로 모든 종교의 길은 하나로 통한다고 보는 확고한 보편철학적인, 종교다원적인 신념 위에서 한다면, 이는 쉽게 생각할 문제가 아니라, 적어도 그들에게 영향을 받고 일반 신도들은 그것이 의미하는 바를 제대로 알 필요가 있다. 명상은 그보다는 덜 극적으로 보일지는 모르나 불교 명상은 그 나름대로 고유한 불교 전통의 영적 가치를 지닌 것이기에 기독교인들이 분별없이 수행할 수는 없다고 본다. 뿐만 아니라 불교 명상에 못지않은, 혹은 그 이상의 좋은 영적 가치와 전통을 지닌 기독교 고유의 명상(또는 묵상)도 있으므로 굳이 불교 명상에 기웃거릴 필요도 없으며, 기독교 전통에도 예를 들면 거룩한 독서(렉시오 디비나)나 의식성찰과 같은 아주 훌륭한 전통적인 명상(묵상)적 형태도 있으므로 이들에 관하여 제대로 알고 실천하는 것이 중요하다.

'명상(瞑想)'이란 무엇인가? 글자를 그대로 풀어 본다면 눈을 감고 조용히 앉아서 생각한다는 뜻으로, 이는 여러 영성 전통들에 따라 그 뜻이나 내용이 다른 다양한 개념들을 포함하는데, 오늘날 가장 일반에 알려져 있고 유행되는 마음챙김(mindful) 명상, 즉 위빠사나 명상의 경우, 생각 자체를 초월하는 것까지도 포함된다. 원래는 명상(meditation)이란 인지기능이나 감성을 사용하여 사물, 자아, 세계, 신 등의 본질을 이해하려는 것으로, 한편 이런 기능들을 초월하여 직관적으로 사물의 본질을 파악하려는 '관상(contemplation)'에 대비되는 개념이지만, 오늘날에는 일반인들에게는 다소 애매하고도 포괄적으로 사용된다. 반면에 기독교인들에게는 '묵상(默想)'이라는 용어가 더 익숙한데, 대상을 향하여 관계적으로 표현될 때 사용하는 기도 또한 넓은 의미에서의 명상에 해당되기도 한다.[1]

종교 전통에서 일반적으로 이루어지는 영적 수행으로서의 명상의 목적은 간단히 설명하자면 마음을 고요히 하여 정신의 혼란을 가라앉히고 평화롭고 명료한 마음 상태를 이루어 해당 종교 전통이 추구하는 진리를 이해하고 영적 지향을 이루려는 시도라고 말할 수 있다. 그러나 오늘날과 같이 명상이 대중적으로 유행하며 폭넓게 회자되는 것은 명상의 이와 같은 본래의 목적 때문이 아니라 그것이 부수적으로 갖는 심신의 치유적인 효과 때문이라고 할 수 있는데, 즉 오늘날과 같이 정신적으로 혼란스럽고 갈등과 스트레스가 심한 사회 속에서 존재의 웰빙을 추구하기 위하여 마음을 고요히 가라앉히고 불안과 긴장을 감소시키는 효과가 탁월하기 때문이다. 과거에는 특정 종교 전통의 시스템 안에서 제한적으로 실천되던 명상이 오늘날처럼 우리의 일상 깊숙이까지 파고들어 와 있는 것은 상당히 놀랄만한 현상인데, 지난 세기 중반부터 서구를 중심으로 마음의 평안을 얻기 위한 일종의 수련 방법으로 관심을 꾸준히 끌어왔으며, 본격적으로 대중화하게 된 것은 1970년대 이후로서, 1970년에 하버드 대학 부속병원의 John Kabat-Zinn에 의하여 마음챙김-기반 인지치료(mindful-based cognitive therapy)로서 체계적이고도 탈종교적인 명상치료 기법이 의료시스템에 도입된 것을 꼽을 수 있으며, 그 뒤로 암 치료나 여러 정신신체질환 등에 보편적으로 응용될 뿐만 아니라 자기계발 분야나 사회경영 시스템 등에까지 아주 폭넓게 유행하게 되었다.

오늘날 우리 사회에서 유행하고 있는 명상은 그 명상이 발달해 왔던 원래의 종교적인 전통의 신앙과는 거리를 둔 것으로, 종교적인 행위나 이론을 탈색시켜서 신앙과는 무관하게 현대인이 사용하기 쉽게 일종의 패키지화한 것이다. 그 결과 누구나 쉽게 접근하고 어느 정도까지 일상 생활 속에서 편리하게 수련할 수 있다는 장점이 있으나, 그 효과에 일정한 한계가 생길 수밖에 없는 문제점도 있다는 것을 일반인들이 잘 이해하지 못하는 면도 있다. 말하자면 아무리 자장면이 맛있으면서도 간편하게 많은 사람들에게 사랑을 받는다 해도 중국요리의 깊은 맛을 이해하는 데는 한계가 있음과 같다고 할 수 있다. 그 결과 명상에 대한 여러 다양한 혼돈과 오해가 있으므로 이를 제대로 이해하기 위해서는 명상에 대하여 좀 더 체계적으로 이해하는 것이 필요하다.

영적 수련의 두 단계

모든 종교 전통에서 가장 중요하다고 볼 수 있는 영적 수행(훈련) 형태인 명상/기도는 그 수련 과정의 복잡성과 다양성에도 불구하고 대체로 크게 두 부분으로 나누어 볼 수 있다.[2] 즉 앞 부분은 마음의 평정과 명료함(clarity of mind)을 이루기 위한 명상 수련이 있고, 뒷 부분은 이 마음의 명료함을 바탕으로 해당 종교가 추구하고자 하는 진리의 구현을 위한 통찰 과정이 있다고 볼 수 있는데, 이 뒷 부분의 명상수련을 통찰 수련(practice of insight) 이라고 부르기도 한다. 첫 단계와 둘째 단계는 반드시 순차적이거나 단계적이지는 않고 연속적이거나 섞여 있을 수도 있지만, 편의상 이론적으로 나누어 보는 것인데, 첫째 단계는 대체로 불교나 기독교나 공통적으로 마음의 명료함을 이루기 위한 준비단계로 볼 수 있는 반면, 두 번째 단계는 각 종교의 고유 가치를 함양하는 목표에 집중하는 과정으로, 그 내용과 과정에 있어서 불교와 기독교는 매우 다르며, 특히 훈련 과정 후에 얻어지는 끝이 완전히 다르다고 말할 수 있다. 일단 대략 말하자면, 첫째 단계인 마음의 명료함에 대한 훈련은 불교에서 전통적으로 매우 중요시 하는 부분이지만, 기독교에서는 전통적으로 관상적 영성이라는 이름으로 존재해 왔는데, 한 때, 예를 들면 사막의 교부들이나 중세 수도원에서는 그 중요성이 매우 강조됐었으나, 오늘날에는 교회에서 매우 소홀하게 취급하게 되었기 때문에 이에 대하여 숙고해야 할 가치가 있는 부분이다. 그러나 두 번째 단계에서는 불교 전통과는 전혀 다른 기독교만의 아주 고유하고도 대단히 수행 전통이 있으며, 일견 상대적으로 불교에서는 소홀히 다루어지고 있는 부분이라고 할 수 있다. 바로 이 부분이 기독교의 삼위일체 관계적 영성이라고 할 수 있는 부분으로서, 대체로 우리가 이론적으로는 잘 알고 있는 부분이지만, 이를 영성 수련의 실천에 적용함에 있어서는 긍지를 가지고 함양해 나가야 할 여지가 많으며 이에 대하여 오늘날 일반인들뿐만 아니라 신학 전공자나 목회자들이 보다 많은 관심을 가져야 할 부분이라고 생각한다.

이제 이 책에서는 명상의 두 단계, 혹은 두 요소를 우선 불교계의 이론으로 좀 더 구체적으로 설명하고자 한다. 왜냐하면 이 분야, 즉 영성심리학의 분야에 관해서는 불교 전통의 영적 이론이 서구에 소개된 이래로 체계적인 심리학이나 영성학과의 교류를 통하여 이론적으로 상당히 연구가 되어 있기 때문에 이 단계들을 논리적으로 설명하기가 편리하기 때문이다.[3] 그리고 나서 이러한 이론들을 기독교적인 영성 수련의 과정에 적용하여 봄으로써 불교적인 명상과 기독교적인 명상(묵상 또는 기도)이 영성심리학적으로 어떤 공통점을 가지고 있고, 또 어떤 차이를 보이는 가를 살펴보고자 한다.

우선 영성수련 과정의 앞 부분에 해당되는 마음의 명료함을 위한 첫 단계부터 설명하자면, 불교에서는 명상이란 (비참한) 현실을 초월하기 위한 시도로서, 우리의 삶은 고통과 좌절, 갈등으로 채워져 있으며 이로부터 헤어나오지 못하는 게 우리가 겪는 삶의 현실경험이라고 보는데, 그 이유는 어려서부터 잘 못 형성된 자아가 본래의 현실을 있는 그대로 보지 못 하게 하며, 편견과 왜곡, 이기적인 시각으로 현실을 경험하기 때문이라는 것이다. 따라서 우리가 겪는 환영(illusion)과 같은 현실을 초월하여 본래의 있는 그대로의 현실, 나 자신이나 이 세상의 실체를 있는 그대로 바라보고 경험하게 되면, 현실의 고통과 갈등, 심지어는 죽음까지도 초월할 수 있다고 주장하는데, 그러려면 우리 마음이 만들어 내는 왜곡과 혼란을 벗어나야 하며, 이를 위하여 왜곡과 편견에 사로잡힌 마음의 때를 벗어내고 마음의 명료함을 얻어가는 과정이 명상의 첫 번째 단계라고 본다. 이 첫 번째 명상은 다시 크게 두 가지로 구분할 수 있는데, 즉 처음에는 고요히 눈을 감고 앉아서 어떤 일정한 대상, 개념, 단어나 이미지에 의식을 모음으로써 여러 잡다한 생각들을 가라앉히고 마음의 고요를 얻어가는 집중명상으로 출발할 것을 권하고 있다. 예를 들면 대표적인 호흡훈련이나 선불교의 화두, 예수기도, 향심기도 등을 들 수 있다. 이런 명상을 집중명상이라고 부르는데, 기독교에서는 이와 유사한 개념의 명상을 유념적 명상이라고 부르기도 한다. 어느 정도 정신이 고요해지고 마음의 평안이 이루어지면, 그 다음 단계는 지금 여기에서 일어나는 현상을 비판이나 편견 없이 있는 그대로 바라보는 훈련으로 이어지는데 이것이 바로 마음챙김(mindful)명상의 핵심이며, 그렇게 함으로써 현재 일어나고 있는 현실에서의 갈등이나 불안 등의 감정과 경험을 분리된 시각에서 바라봄으로써 이런 고통이나 갈등을 어느 정도 초월할 수 있게 된다. 마음챙김명상이 더욱 깊어지면 우리가 현재 경험하는 고통과 갈등은 단지 변화해 가는 왜곡된 환영에 불과하며, 이를 바라보는 우리의 의식은 현실적인 경험과 사고의 내용들과는 달리 거기에는 좋고 싫음이나 옳고 그름이 없는, 너와 나라는 구분도 없고 따라서 갈등이나 고통도 존재하지 않는 상태, 즉 모든 것이 순수한 의식의 흐름만이 존재하는 상태가 된다는 것이다. 이상이 불교에서 말하는 명상의 첫 번째 단계인 마음의 명료함(clarity of mind)의 수행과정이다.

불교 전통에 있어서의 두 번째 단계인 통찰의 수련 단계는 앞의 첫 번째 단계와 연속적으로 이어지는 단계로서 이미 앞에서 어느 정도 묘사된 바와 같이 순수의식으로 사물과 현실을 경험하게 되면, 모든 것은 변화하며, 우리가 바라보는 것들은 단지 하나의 환영일 뿐 실체란 없는 것이며, 모든 존재는 태어남도 없고 죽음도 없으며, 생겨남도 없고 사라짐도 없어 일체가 무(nirvana)라는 것을 깨닫게 되어, 따라서 거기에는 갈등이나 고통도 없고, 영원한 절대 무의 세계, 하나의 열린 공간, 명부득(名不得) 상부득(狀不得)한 신비만이 있다는 것이다. 바로 이 점은 불교의 근본 교리로서 이해가 되며, 나름대로 죽음과 고통을 초월하기 위한 시도로서 오랜 세월 동안 이를 달성하기 위한 영성 전통으로 자리매김하여 왔다는 것으로 이해가 된다. 요약하자면, 불교 명상의 두 단계는 서로 나눌 수 없는 연속적인 단계이며, 개념상 구분하자면 첫 번째 단계는 마음의 명료함 단계이며, 두 번째 단계는 절대 무(nirvana)라는 종교적 통찰을 얻어가는 단계로써 이해된다.

그런데 이렇게 영성의 발달 내지는 성숙의 과정과 그를 위한 수련의 단계를 불교의 경우에서 처럼 두 단계로 나누어 설명하는 것이 좀 더 다양한 종교들, 즉 기독교를 포함하여 힌두교, 유대교 등의 다른 종교에까지 보편화하여 적용할 수 있느냐는 질문이 있을 수 있다. 대부분의 현대 종교연구자 또는 종교심리학자들은 이 질문에 대하여 매우 긍정적으로 적용하고 있는 것을 볼 수 있는데,[4] 저자는 여기서 타 종교에 대해서는 별로 아는 바가 없기 때문에 논외로 하고, 다만 우리가 관심을 가지고 있는 기독교의 경우에 한하여 말하자면, 이는 기독교에도 대체로 무리없이 적용될 수 있는 이론이라고 말할 수 있다. 왜냐하면 오히려 기독교에서야말로 첫 단계에 비하여 두 번째 단계에서 더욱 기독교적인 영성의 특성이 뚜렷한 차별성을 가지고 나타나기 때문에 이렇게 두 단계로 나누는 것이 기독교적 영성의 길을 더욱 잘 이해하게 되고 그 점이 바로 현실적인 영성의 수련과 실천에 있어서도 분명하게 도움이 되기도 하기 때문이다.

여기서 우선 먼저 논의가 돼야 할 부분은 두 번째 단계라고 보는데, 왜냐하면 첫 번째 단계는 결국 두 번째 단계가 지향하는 각 종교적인 전통을 확립하고 심화하는 쪽으로 전체 단계가 연속적으로 이어져 있기 때문이며, 이런 관점에서 볼 때 기독교의 전통이 일견 불교의 전통이 추구하는 궁극적 지향점과는 정반대임이 두 번째 단계에서 더욱 분명히 드러나게 될 것이기 때문이다.

기독교 영성 전통의 핵심은 하나님과의 관계성이다

그렇다면 여기서 기독교의 영적 전통이란 무엇을 의미하는가 하는 문제를 잠시 언급할 필요가 있는데, 그러나 이는 가성비가 별로 좋지 않은 또 다른 거대한 담론을 불러일으킬 수 있는 문제일 수도 있으므로 이를 언급하는 것 자체가 다소 부담스러운 것은 사실이다. 역사적으로 기독교 영성의 흐름을 생각해 볼 때 각 시대와 지역에 따라 적어도 표면적으로는 너무도 다양한 여러 양상들을 포함하고 있기 때문에 어떤 것을 기독교 영성의 가장 근본적이고 공통된 전통으로 이해하느냐는 문제는 쉽지 않은 문제인데, 예를 들면 사도들의 종말론적 영성 또는 선교적 영성의 강조점이 중세 수도원의 영성과 매우 다르며, 현대에 들어서서는 더욱이 보수적인 복음주의 기독교 영성으로부터 매우 진보적인 해석의 영성에 이르기까지 더욱 다양해졌음을 알 수 있기 때문이다. 그럼에도 불구하고 여기서는 가능한 한 간결하게나마 언급하는 것이 필요하다고 생각하는데, 특히 앞에서 언급한 불교적인 영성이 지향하는 지점과 대비하여 말하자면, 저자는 기독교의 가장 근본적인 영성적 가치는 영성의 관계성이라고 단적으로 말하고 싶다. 좀 더 구체적으로 언급하자면, 기독교 전통의 가장 밑바닥에 있는 진리는 나의 존재 밖에 변치 않는 절대자가 존재하며, 그 절대자와의 관계성 안에서 진정한 참 현실경험이 존재한다는 것이다. 그 관계 안에서 절대자는 실체로 인식되며, 비로소 나란 존재와 이 세계도 실체가 되며, 그 관계 또한 부인할 수 없는 실재가 된다고 믿는다. 그리고 이러한 관계성이 가능하기 위해서는 절대자이신 기독교의 하나님은 인격성을 가진 존재일 수밖에 없으며, 그분(들) 삼위 일체 자체 안에 이미 그 관계성은 존재하며(일부 학자들은 이를 페리코레시스라는 용어로 표현한 바 있지만), 그 관계성은 상호주관적으로 절대자와 인간, 인간과 인간 사이로 확장되며, 그 궁극적인 표현은 '사랑'이라는 현상으로 표현된다는 점이다. 하나님과 우리 인간 사이의 사랑으로 표현되는 관계성은 그 시작은 일방적이었으나, 그분이 원하는 종말의 최종적으로 이루어져야 할 사랑은 상호주관적인, 즉 함께 이루어 가는 것, 그분이 그의 온전성을 버리고 불온전한 상태로 우리와 같이 되어 함께 온전함을 이루어 가는 것, 이것은 타 종교에서는 없는 기독교 영성 고유의 상호주관적 관계성이며, 이 점이 기독교 영성의 다양한 표면적인 양상에도 불구하고 기장 근본적이며 공통된 흐름이라고 본다. 이 살아있는 역동적인 관계성은 오래전부터 역사적으로, 그리고 지금도 지속적으로 부정되거나 왜곡되는 도전에 직면해 왔는데, 고대 시대에는 신을 인간이 조정 가능한 인격적 존재의 물리적인 상징(우상)으로서, 현대에 들어서는 비인격적인 물리적인 힘(예를 들면 우주의 에너지 같은)으로 왜곡시켜 왔다. 따라서 예수 그리스도의 육화사건은 이러한 모든 영적 도전에 대한 절대자의 압권적인 실재적 자기주장이며, 부정할 수 없는 관계적 실재의 근본 바탕이 되는 사건이라고 할 수 있다. 이 사실은 어쩌면 일부 그리스도인들에게는 너무나도 당연하고 기본적인 사실로 이해될지 모르나 오늘날 기독교 영성은 바로 이 부분에서 또다시 심각한 도전에 직면해 있다는 점을 강조하고 싶다.

이제 다시 원래의 이 글의 논의로 돌아가서, 이상과 같이 기독교 영성의 지향점이 절대 타자의 존재, 그분과의 상호주관적 관계성을 실재 및 현실경험이라고 보며, 그 관계성을 보다 깊이 있게 하는데 기독교 영성의 길의 두 번째 단계가 있다고 한다면, 이는 앞서 언급한 불교적 영성의 지향점과는 완전한 대척점에 있게 되며, 이 둘은 결코 만나지도 합할 수도 없는 지점에 있음을 알 수 있다. 좀 지나치게 단순화하여 말하자면, 불교의 영성이 궁극적으로 지향하는 것은 자기 존재 안으로 들어가 무집착의 상태가 되는 것, nirvana의 세계를 존재 안에서 이루는 것이라고 한다면, 이에 대비하여 기독교 영성의 지향점은 나와 절대자와의 상호관계 안에서 초월의 세계를 이루어 가는 것, 즉 사랑으로 표현되는 궁극적인 관계성을 온전히 이루어 가는 것에 있다고 말할 수 있다. 여기서 기독교의 두 번째 단계의 영적 수련방법은 혼자의 정신세계 속으로 빠져들어 가는 명상이라기보다는 실재하는 대상과의 관계에서의 소통, 즉 기도라고 하는 것이 정확하다. 기독교의 영성이 상호주관적이라고 한다면, 불교의 영성은 자기 안에서 홀로 완성되어 밖으로 퍼져나간다는 점에서 다르다. 이렇게 기독교 영성 수련의 두 번째 단계가 자아도취적 명상이 아니라 관계적 기도라고 한다면 이 부분은 그 실제적인 수련 방법에 있어서도 불교의 단계와는 확연히 다른 것이어야 하며, 실제로 고전적 영성의 세계에서도 그 근거를 찾을 수 있다. 기독교의 명상/기도의 구조를 두 단계/요소, 즉 첫 번째 마음을 정화하는 명상, 두 번째 하나님과의 관계의 장 안에서 이루어지는 기도라고 말할 수 있다면 이 구조는 기독교 전래의 가장 대표적인 영성수련인 거룩한 독서(lectio divina)에서도 그대로 나타나 있음을 알 수 있다. 즉 거룩한 독서는 가장 잘 알려진 형식으로서는 네 과정/요소로 구성되어 있는데 그 중 앞의 두 과정 즉 독서(lectio)와 명상(meditatio)은 첫 번째 단계에 속하는 명상에 해당하는 것이며, 뒤의 두 과정인 기도(oratio)와 관상(contemplatio)은 두 번째 관계적인 기도의 단계라고 할 수 있다. 즉 독서와 명상의 과정은 하나님의 말씀을 읽고 그 말씀을 마음 속에서 성찰하면서 나의 마음과 관점이 말씀에 비추어지고 깨어지는 명료화의 단계이며, 기도와 관상의 과정은 눈 앞에 실재하시는 대상인 하나님을 향하여 그분을 바라보고 하나님의 임재 및 그분과 나의 관계를 지속적으로 의식하며, 그분과의 관계 속에서 머물거나 돌아감을 의미하는 과정이다. 그리고 이런 전 과정을 통틀어 예수의 임재가 더욱 뚜렷해지는 기도가 되어야 하는데, 그 영성심리적인 의미는 절대타자로서 실재하시는 하나님으로서와 동시에 내 속에 들어와 나와 연합하시는 존재로서의 이중적 의미를 단적으로 나타내주는 존재의 신비이기 때문이다.

이렇게 일견 당연해 보이는 문제가 오늘날 기독교적 영성수련에서는 심각한 혼란을 빚고 있는데, 즉 기독교 전통의 가장 중요한 지향점인 관계성은 심각하게 퇴색되었으며, 그 자리를 불교 전통의 마음챙김 명상이 자리를 잡거나 혼란스럽게 차용되고 있는 양상이 일반화되어 있음을 곳곳에서 쉽게 발견할 수 있다. 그렇게 된 원인을 이해하기 위하여 오늘날 서구의 기독교 영성의 흐름의 일단을 잠시 살펴볼 필요가 있다. 잘 알려져 있는 것처럼 기독교 세계였던 서구사회에 동양적인 신비의 영성이 본격적으로 영향을 미치기 시작한 것은 1950년을 전후해서인데, 여러 가지 원인을 들 수 있지만, 크게 두 가지를 든다면, 18, 19세기의 계몽주의적 풍조가 기독교에서의 신비를 제거하고 이성적인 믿음을 지나치게 강조한 나머지 논리적인 기독교 교리나 신앙이 더 이상 삶의 모순을 극복하는 영적 힘을 상실하게 된 것과, 두 차례의 세계대전을 거치면서 과학 문명에 대한 인류의 영적 공황상태를 들 수 있다. 그 결과 1960, 70년대는 서구의 지식인들이 동양의 영적 전통들에 관한 관심이 급증하면서 문헌 고찰과 소개는 물론, 점차적으로 직접적인 동방으로의 순례 활동을 통하여 더욱 적극적으로, 특히 불교 전통의 영성을 체험하고 안내함으로써 소위 새로운 영성(new age spirituality)의 시대를 열게 되었고, 이 흐름이 거대한 태풍으로 현재까지도 전 세계를 휩쓸고 있다고 볼 수 있다. 일반적인 서구의 지식인들은 손쉽게 기독교적인 개념이나 용어의 옷을 벗어 던지고 불교 수련원으로 배움의 자리를 찾아갔지만, 기독교 세계 안에서의 영성가들은 전술한 오랜 전통의 기독교적인 특성을 어려서부터 몸에 익힌 상태이었기 때문에 초기에는 매우 조심스럽게 다가가는 모습을 보였다. 그러나 전혀 새로워 보이는, 특히 마음의 명료함을 진지하게 추구하는 동양 종교의 모습에 엄청난 매력을 느끼게 되었고, 처음에는 가능한 한 이를 기독교 전통의 관계성 안에 수용하려는 노력을 조심스레 보였지만, 점점 시간이 흐름에 따라 두 전통의 혼합을 추구하는 경향이 나타난 것으로 보인다. 그 결과 중 가장 두드러져 보이는 경향 중의 하나는 신의 비인격화, 성령의 비인격화를 들 수 있다. 예를 들면 신을 인간과 같은 인격체로 다룬다는 것은 너무나 편협한 관점이라는 견해로서 그분을 우리의 현실로부터 분리시켜 무지의 구름 그 위로 올려보내거나, 고유명사적인 요소를 탈색하는 불특정 단어, 즉 'the One', 'the Love', 'the Ultimate' 등과 같이 애매한 단어들로 바꾸었다. 그리고 그 결과 오늘날의 대다수의 영성 서적 속에서는 종말론, 기독론 등은 사라졌으며, 성령론이나 천국이나 교회에 관한 기술은 매우 달라졌으며, 가장 결정적인 것은 실재로서의 예수가 아닌 상징적인 단어로서의 예수에 대한 새로운 해석, 즉 그가 역사의 한 시점에 존재했던 인간이기는 하지만 신적 존재는 아니라는 주장이 대중의 보편적인 지지를 얻게 된 것을 들 수 있다. 바로 이 점은 역설적으로 예수 그리스도란 인간과 하나님의 실재적 관계를 연결하는 키이기 때문에 이를 인정하는 한 불교적인 명상과 기독교적인 기도가 혼합될 수 없다는 것을 의미하기 때문이다. 그러므로 오늘날의 상당수 영성가들의 글 속에서는 예수의 현재적 실존과 그와의 인격적인 상호관계 경험이 거의 사라진 것이 가장 큰 특징이다. 영성수련의 실제 방법론에서도 이러한 변화를 읽을 수 있다.

이런 흐름 속에서 기독교 영성수련의 세계에서 현대에 들어 가장 획기적인 사건 중의 하나는 아마도 향심기도의 개발과 발전을 들 수 있다. 향심기도는 1970년대 미국의 트라피스트 수도사들에 의하여 만들어졌는데 그 이론적인 토대를 기독교 전통의 저술인 '무지의 구름'에서부터 이끌어 왔다고 하며, 마음의 명료함을 위하여 사용하는 단어들(즉 거룩한 단어)은 "예수", "은혜", "성령", "하나님" 등의 기독교적인 용어를 사용한다. 그러나 창안자 중 한 명인 Thomas Keating의 저술에[5] 나타나 있는 것처럼 향심기도는 불교적인 수련 방법으로부터 고안된 것이며, 그 방법상 자체의 의미가 무시되는 '거룩한 단어'로 돌아간다는 것은 하나님이나 성령, 예수라는 인격적인 존재와의 관계로 돌아가는 것이 아닌 탈인격적인(impersonal), 탈관계적인(non-relational) 지향점으로 돌아가는 것을 의미한다. 게다가 향심기도를 강조하는 많은 영성가들에 있어서 하나님이나 성령, 예수라는 존재는 이미 그 자체가 탈인격적인 그 어떤 것을 의미한다. 물론 향심기도를 사용하면서 사용자가 만약에 의식을 돌리는 거룩한 단어를 하나의 기독교 전통의 인격체로 이해하고 그와의 관계로 돌아가는 것을 의미하는 것을 전제로 향심기도를 한다면 이는 기독교적인 수련 방법(첫 단계)에 수용될 수 있다고 주장할 수도 있다. 저자는 이 점이 향심기도를 사용하는 수많은 기독교 영성가들이 앞으로 더욱 관계적으로 발전되어야 할 포인트라고 생각하는데, 왜냐하면 영성수련의 방법은 수행하는 자의 영적 위치와 기본 태도에 따라 처음부터 전혀 다른 방향으로 나아가게 되며, 결국은 전혀 다른 방향의 끝에 다다른다고 보기 때문이다. 이렇게 기독교와 불교의 수련 방법은 심리학적인 현상도 다를 뿐만 아니라, 이에 따른 뇌과학적 현상도 다를 수 있는데, 자아의 의식 속으로 들어가는 명상과 타자와의 관계를 의식하는 뇌는 그 활성화되는 부위도 서로 다를 수 있다는 연구보고가 최근의 뇌과학자들로부터 제기되고 있다. 즉 불교 전통의 명상은 외부로부터의 자극을 차단하고 자신의 내면 깊숙이 들어가는 자기 폐쇄적 수련인 반면에, 기독교 전통의 묵상은 반대로 외부로부터의 오감에 의식을 열어놓고 마음의 눈으로 나 밖의 대상인 하나님을 바라보는 관계적인 수련이기 때문에, 불교 명상을 의식의 흐름을 바라보는 '마음챙김의 명상'이라고 한다면, 그리스도인의 묵상은 어린아이가 엄마 품에 안겨 엄마를 온몸으로 바라보는 '안정애착의 묵상'이라고 할 수 있으며, 최신 뇌과학의 발견들은 이 차이를 뚜렷하게 보여주기 시작하는데, 즉 불교 명상은 '마음챙김의 의식상태'로 뇌의 '비활동형 연결망(DMN)'이라는 구조를 중심으로 한 뇌 내측의 활성화와 관련이 있는 반면, 그리스도인의 묵상은 '안정애착의 의식상태'로 뇌의 거울뉴런과 두정엽-측두엽 경계부위(PTJ) 등의 구조가 추가되는 뇌 외측, '사회적 뇌(social brain)'의 활성화와 관련이 있음을 보고하고 있다.[6] 나아가서 이렇게 각기 다른 전통의 영성수련을 오랜 기간 지속하면 뇌의 가소성(neuroplasticity) 이론에 따라 양자에서는 서로 전혀 다른 뇌의 연결망이 형성된다. 따라서 불교 명상을 하는 사람과 그리스도인의 묵상을 하는 사람은 그 생각하는 바도 다르게 되며, 가는 길도 다르며, 그 끝은 전혀 다르다는 결론을 필연적으로 유추할 수 있게 된다. 그러므로 점점 수련하는 세월이 누적되어감에 따라 뇌의 구조적 변형이 고착될 경우 다른 방향으로 변화될 가능성이 줄어들기 때문에 초기에 신중히 고려해야 한다고 보는데, 이 부분은 앞으로 추가적인 뇌과학 연구를 필요로 한다.

향심기도는 상당 기간 기독교 세계에서는 소홀히 해 왔던 마음의 명료함을 수련하는 실제적인 방법으로서 상당히 효과적이고 일반인들에게 쉽게 보급할 수 있는 수련 방법으로 지대한 영향을 미쳤음은 의심의 여지가 없으며, 오늘날 기독교 공동체 가운데서 상당히 광범위하게 실천되고 있다. 그러나 한편 이 향심기도의 보급과 아울러 기독교적 관계성의 전통은 점차로 퇴색 되어갔음을 알 수 있으며, 시간이 흐름에 따라 처음의 미묘한 혼합적 입장에서 점차로 노골적인 불교적 입장으로 바뀌게 된 것을 알 수 있으며, 이는 Keating, Bourgeault, Finley, 등등의 기독교 영성 저술가들의 책들을[7] 발간 순서적으로 읽어 나가게 되면 파악할 수 있는데, 결국 그 끝은 유니언 신학대학의 석좌교수 Paul Knitter의 "붓다 없이 나는 그리스도인일 수 없었다."라는 제목이 보여주듯 그런 결론에 도달하고 만다.

이제 여기서 주목해야 할 점은 이런 기독교의 현대적 영성은 과거 기독교의 전통적인 영성과는 마음의 명료함의 수련에서는 상당히 공통점이 있지만, 관계적인 관점에서는 심각하게 차이가 난다는 점일 것이다. 오늘날 현대 영성가들이 그 모델로서 사막의 교부들, 아빌라의 데레사와 십자가의 요한 등 15~16세기 스페인 영성가들을 끌어오는 중요한 이유는 그들의 기도에 관상적인 요소가 있기 때문이었다. 그러나 이 관상적인 입장은 불교의 마음의 명료함의 수련과 매우 공통점이 많지만, 과거의 영성가들은 나름대로 자신의 마음을 맑게 갈고 닦아 주님을 자신의 감정이나 왜곡 없이 바라보고자 치열한 노력을 하였다. 예를 들어 에바그리우스의 무욕(*apatheia*)의 개념은 이러한 마음의 명료함 상태를 깊이 있게 추구하는 것이며 이 상태가 기도의 기본 상태이어야 함을 강조하지만, 그러나 동시에 그들은 현대 영성가들처럼 관계적인 요소에 무관심하지 않고 기독교의 절대자 하나님을 바라보는 것을 절대로 놓치지 않는다. 이는 아빌라의 데레사의 자서전에서도 또한 잘 찾아볼 수 있는데, 제자들이 기도에서의 혼란이나 장애를 호소해 올 때면 그녀의 유일한 처방은 '예수를 바라보라'라는 것이었으며, 이 점이 바로 사막의 교부들이나 이베리안 스쿨의 영성가들이 마음의 명료함과 동시에, 아니 그보다도 더욱 치열하게 추구하던 하나님과의 관계성인 것이다. 그들은 *"믿음의 주요 온전케 하시는 예수를 바라보자(히 1:2)"* 는 말씀을 영성 수련의 가장 기초로 삼았으며. 그들에게 있어 성부 하나님과 예수 그리스도는 당연히 철저하게 인격적인 주님이었던 것이다. 바로 이 점을 현대 기독교 영성가들이 놓치고 있는 부분이라고 할 수 있다.

이제 우리의 논의는 영성수련의 첫 단계, 즉 '마음의 명료함'으로 향하게 된다. 그리스도인들에게도 이에 해당하는 영적 수련과정이 필요한가? 그 부분은 관계성 안에서 모두 해결되므로 필요 없는 과정인가? 혹은 다분히 불교적인 수련의 모습과 유사하기 때문에 멀리해야 할 것인가? 나는 '아니다'라고 말하고 싶다. 오히려 오늘날의 그리스도인들이 만약에 불교에서 배울점이 있다면 바로 이 점이 아닌가 한다. 아니 사실은 과거의 기독교의 전통 안에서도 얼마든지 발견할 수 있는 것이다. 우리는 바로 이 마음의 명료함을 소홀히 했기 때문에 오늘날 기독교가, 그리스도인들이 어떤 면에서 사회적으로 비판에 직면해 있으며, 여러 가지 위선과 제도적인 병폐를 고치지 못 하고 있는 것이라고 말하고 싶다. 즉 우리의 마음이 맑지 못 하기 때문에 나를 제대로 보지 못 하고, 하나님을 제대로 바라보지 못하며, 그분의 뜻과 관계를 왜곡하는 것이다. 그분을 올바로 이해하기 위해서는 내 마음의 집착과 왜곡을 먼저 바라보고 정화해야 함은 당연하지 않은가! 구약의 선지자들, 그리고 무엇보다도 예수님의 수많은 바리새인을 향한 질타가 이를 말해주고 있다. 마음이 가난해야 하나님을 볼 수 있고, 어린아이와 같아야 천국에 들어갈 수 있다는 말씀을 우리는 구체적으로 실천하지 못하고 있다. 이것이 바로 첫째 단계 '마음의 명료함'을 의미한다. 특히 현대의 영성가들이 가장 먼저 기독교의 전통 속에서 발견하고자 했던 것도 바로 이 '마음의 명료함'을 얻는 방법이었는데, 그들은 자연스레 사막의 교부들의 치열한 자기 성찰에서 그 뿌리를 찾았다. 예컨대 에바그리우스의 '무욕(apatheia)'의 개념은 바로 자신의 편견과 집착, 내적인 욕망으로부터 떨어져서 마음의 평정을 이루는 노력을 통하여 하나님을 바로 보고 그분과의 친밀한 관계 안에 머물려는 노력을 의미하였는데, 사막의 교부들은 이것에 목숨을 걸었다. 그들은 모든 영성수련의 출발점에서 무엇보다도 침묵을 강조하였는데, 그것은 자신의 마음속에서 끓고 있는 성적 욕망, 분노, 물욕 등을 비롯한 감정의 혼탁함을 바라보는 것이 우선되어야 함을 깨달았기 때문이다. 그리고 이런 마음의 침묵과 평정의 추구가 기독교 영성의 오랜 특성으로 자리를 잡았던 '영적 분별(spiritual discernment)'의 기초가 되어 왔음을 알 수 있다.

그런데 여기서 주의할 것은 두 번째 단계인 관계적인 요소들은 그 두 번째 단계에만 국한되는 개념이 아니라 이미 첫 번째 단계인 마음의 명료함을 추구하는 과정을 시작하는 시점부터 염두에 둔다는 점이다. 그런 의미에서 침묵에 대한 수련도 '기독교적'인 침묵과 '불교적'인 침묵은 다를 수밖에 없다. 불교 전통의 침묵은 자신의 내면으로 들어가 처음부터 끝까지 공허함을 바라보는 것으로 일관되지만, 기독교 전통의 침묵은 내 존재 밖에 실존하시는 그분의 임재를 의식하면서 그분을 바라보는 침묵이라고 할 수 있다. 그러므로 거룩한 독서(lectio divina)든 의식성찰이든 예수기도 든 모든 기독교 전통의 영적 수련들은 한결같이 처음부터 관계성을 염두에 두는 것이다. 따라서 기독교의 영성수련과 불교의 영성수련은 처음에는 유사한 개념, 즉 마음의 명료함이라는 개념을 내포하고 있으므로 일견 겉으로는 같아 보이나, 인격적인 관계성의 유무에 따라 실은 처음부터 전혀 다른 마음의 기본자세를 함축하고 있다고 봐야 한다.

요약하자면, 모든 종교 전통의 영성수련은 두 단계의 과정이 있는데, 첫째 단계는 마음의 명료함(clarity of mind)을 분명히 하는 단계이고, 두 번째 단계는 각 종교 전통의 고유한 가치를 보다 뚜렷이 담아내는 단계로서 통찰의 단계라고 할 수 있고, 이러한 개념은 모든 종교의 공통적인 영성심리학적인 과정으로서 받아들일 만하며, 기독교의 입장에서도 동의할 수 있는데, 왜냐하면 인간의 초월하고자 하는 영성심리적 보편성은 인간심리의 내재된 특성으로서 기독교적으로 말하자면 하나님의 창조섭리라고 할 수 있기 때문이다. 그러나 여기서 우리가 매우 주목하고 강조해야 할 점은 기독교의 두 번째 단계는 불교의 그것과는 전혀 달리 인격적이고도 관계적인 영성이며, 바로 이 특성이 불교 전통과는 전혀 다르면서도, 매우 자랑할 만한 특성이라고 할 수 있다. 그리고 이 두 번째 단계는 첫 단계와 따로 떨어져 있지 않은 연속적인 단계이므로, 명상적 영성 수련의 방법에 있어서도 처음부터 이 점이 고려되어야 하는 것은 당연하다.

아울러 여기서 간략하게나마 덧붙이고 싶은 논의는 현대 기독교 영성의 흐름이 불교적 전통에 영향을 받으면서 소홀하게 된 기독교 고유의 영성적 특성들이 있다는 점인데, 여기서는 그 대표적인 예를 두 가지만

들고자 한다. 첫째, 영적 수련의 과정에서 깨어나는 것, 또는 깨달음을 얻는 역학에 기독교와 불교 간에 공통점과 차이점이 있다. 즉 공통점이란 일상의 관성, 어려서부터 고착된 생활의 관습적 패턴에서 놓여나는 것으로부터 얻어지는 자유함을 얻는 것이다. 그러나 불교에서의 깨달음, 또는 깨어남이란 자기의 내부에 본래부터 존재하는 참자아(진아), 또는 불성이 발휘된다는 것은 타자와의 관계성을 필요로 하지 않기 때문에 이를 깨닫는 과정은 순전히 자신의 내면에서 자신과의 직면이므로 그 영적 수련 과정은 보다 적극성을 띨 수 밖에 없는 성격이 되는 반면에, 기독교의 깨어남 또는 깨달음은 한편 자유함을 얻는 것과 동시에 다른 한 편으로는 자신의 내면의 가난함과 초라함, 때로는 절망까지를 직면하는 것이므로(계 3:17) 그 구원의 길과 완성은 홀로 자력적으로 이루어지는 것이 아니라 절대 타자와의 상호관계성 속에서 수용적으로, 특히 절대 타자이신 하나님의 사랑의 손길에 의하여 비롯된다는 점이다. 바로 이 점은 불교적 명상방법이 기독교적 영성 수련과 혼용될 경우 전체적인 흐름을 깨거나, 과정을 혼란스럽게 만들 수도 있다.

둘째, 불교전통의 마음챙김 수련은 '지금 여기에서'의 현존을 배타적으로 강조하는데 이는 불교의 무(nirvana) 사상과 밀접한 관련이 있다. 그러나 기독교의 영성전통은 크로노스의 세계 안에서 점진적인 완성을 현실로 받아들이므로 지금 여기에서의 깨어남은 그 자체가 "이미" 영원을 잠시 맛보는 순간이기는 하지만, 그러나 다가올 미래의 "아직" 이루어지지 않고 있는 완성 또한 중요시 한다는 면에서 당연히 기독교 영성수련의 길은 불교전통의 명상과는 상당히 다른 양상을 띤다. 이러한 특성들은 단순히 이론적인 문제에 그치는 것이 아니라 매일 매일의 영성수련의 과정에서도 깊은 영향을 주는 문제임에도 불구하고 그동안 매우 소홀히 다루어져 왔다고 보는데, 이런 것들은 기독교 교리의 신학적 논의와 깊은 관련이 있으므로, 다른 곳에서 심도 있게 논의할 필요가 있을 것이다.

---

1) 이에 관하여는 저자의 "그리스도인의 묵상 I"(로뎀 포레스트, 2023)에 상세히 기술해 놓았다. 요약하자면, 묵상(默想)이란, 유념적 '명상(meditatio)'만도, 무념적 '관상(contemplatio)'만도 아닌, 이 양자를 통합한 일반적인 기도 형태를 의미한다고 저자는 정의하는데, 여기서 중요한 점은 기독교 전통에서의 묵상(기도)은 관계성을 갖는다는 것이다.

2) Christian Mindfulness: Theology and Practice. Peter Tyler, 2018, SCM Press, London.

3) Han de Wit: The Spiritual Path: An Introduction to the Psychology of the Spiritual Traditions. Duquesne University Press, 1999.

4) 위의 두 책.

5) 마음을 열고 가슴을 열고. 토마스 키팅 지음, 엄무광 옮김: 가톨릭출판사, 1997.

6) "쉽게 쓴 대인관계 신경생물학 지침서" 대니얼 시겔 저, 이영호. 강철민 공역, 학지사 2016, p152, p165 및 "정신치료의 신경과학: 사회적 뇌 치유하기" 루이 코졸리노 지음, 강철민. 이영호 역, 학지사 2018. 등의 최신 뇌과학 저서들에서 볼 수 있으며, 이 부분에 대하여는 저자의 책 "그리스도인의 묵상 I" 로뎀 포레스트, 2023. p181-213에서 구체적으로 기술하였다.

7) 다음의 책들을 참고할 것. 토마스 키팅의 "마음을 열고 가슴을 열고", 신시아 부조의 "마음의 길: 향심기도와 깨어나기", 존 메인의 "그리스도교 묵상: 그 단순함에 대하여", 제임스 핀리의 "그리스도교 묵상기도: 하나님 임재 체험", 마틴 레어드의 "침묵수업: 그리스도교 관상기도 입문", 에크하르트 톨레의 "지금 이 순간을 살아라", Willigis Yaeger의 "Contemplation: A Christian Path", 폴 니터의 "붓다 없이 나는 그리스도인일 수 없었다".

2장

관상심리학과 그 연구 방법론

관상심리학의 출현

우리가 경험하는 초월적인 현상들은 매우 광범위하다. 새들이 둥지에 알을 낳고 새끼가 부화되어 어미 새가 벌레를 물어올 때마다 새끼들이 입을 짹짹 벌리면서 모이를 받아먹는 모습에서 생명에 대한 깊은 사랑의 감정을 느끼는 것, 석양의 아름다움을 바라보며 자연의 아름다움과 이를 창조한 신에 대한 경외심을 품는 것 등 평범한 삶의 어느 순간 감흥을 느끼는 것에서 부터, 깊은 묵상 끝에 삶과 세계에 대한 근원적인 깨달음을 얻거나 절망 가운데서 절대자의 인도하심에 회한의 눈물을 흘리면서 다시 살아나는 희망을 노래하게 되는 종교적인 회심의 현장에 이르기까지 우리의 현실 생활은 의외로 매우 다양한 초월적인 경험을 보여주고 있는데도 불구하고, 인류 역사는 이런 경험들에 대하여 종교적인 권위와 논리로 경직되고 제한된 해답을 내놓는 것으로 일관되어 왔다. 아주 가끔 신비가 들이라고 불리는 사람들에 의하여 그런 논리에 억눌리지 않은 생생한 체험적인 표현이 기술되어 오긴 했지만, 이 또한 객관적인 성찰의 볕을 쪼이지 못한 채 산발적인 눈길을 끌어왔을 뿐이다.

오랫동안 종교 전통이라는 우물 속에 갇혀 있었던 이러한 신비 현상, 종교적 현상 또는 영적 현상들을 지난 세기 들어 비로소 심리학이라는 현대 과학의 두레박으로 건져 올린 선구자로서 칼 융과 윌리엄 제임스를 꼽는 데는 아무도 반대하지 않을 것이다. 심리학자들이 이런 현상에 누구보다 관심을 갖게 된 것은 매우 당연한 것으로 여겨지는데, 왜냐하면 인간의 초월적 경험은 종교체험임과 동시에 그 자체가 심리적 현상이기도 하기 때문이다. 결국 현대 심리학의 영역 속에서 객관적인 심리학적 관찰 앞에 놓여진 초월 현상들, 영적 경험들은 롤로 메이, 빅터 프랭클 등의 실존 심리학과 아브라함 마슬로우나 칼 로저스 같은 인본주의 심리학의 관찰들을 보태면서 오늘날에는 자아초월 심리학이라는 분야에서 가장 관심 있게 다루고 있는데, 이에는 로베르토 아사지올리의 정신통합이론, 에릭 에릭슨, 로저 월시, S. 그로스, 그리고 켄 윌버의 통합심리학과 의식심리학 등 여러 이론들이 혼재한 상태로 있으며, 제각기 초월 현상에 대한 이해를 제시하고 있다.

이상의 심리학 분야 내에서의 초월 현상을 다루는 흐름의 중간에 새로운 '시대의 영성(new age spirituality)'이라고 부르는 거대한 태풍이 나타나게 된다. 제2차 세계대전을 거치면서 이제까지의 서구의 정신문화를 오랫동안 지탱하고 있던 기독교적 질서가 뿌리째 흔들리며 소위 '새로운 시대의 영성'이라는 이제까지 겪어보지 못한 매우 강력한 흐름이 나타난다. 이 흐름은 현대사회의 이중성, 논리와 지적 의지에 더 이상 기대할 것이 없다는 반문화운동으로 서구사회 전반을 뒤흔들어 놓으면서 그 저항과 허무의 공간을 새로운 신비경험으로 채우고자 하는 갈망으로 나타나, 필연적으로 동양 종교와 철학에서 그 답을 찾고자 하는 흐름으로 나타난다. 그중에서도 특히 불교의 영향력은 매우 절대적이어서 일본의 선불교, 인도와 동남아시아 지역의 남방

불교, 그리고 티베트불교의 영향을 받으면서 초월 경험에 대한 새로운 흐름은 엄청난 세력으로 정신문화의 밑바닥을 휩쓸어 버렸다. 이 흐름은 특히 기독교 내에서도 깊은 영향을 미치게 되는데, 이제까지의 서구적인, 소위 유념적 영성은 뒤로 밀려나고 동양적인 특징을 강하게 포함하고 있는 동방정교회의 무념적 전통이 새로운 영성의 조류로 전면에 등장하였다. 큰 안목에서 보면 그 태풍의 영향력은 현재까지도 맹위를 떨치고 있는 셈인데, 이전까지의 영성적, 신학적 주류를 어거스틴적인 교리적 우파에 경도되어 있던 것이라고 본다면 현재 서구세계를 휩쓸고 있는 영성은 지나치게 좌파적으로 기울었다고 볼 수도 있다. 다원주의니 혼합주의적 영성이니 하는 것들조차 과도기적인 개념으로 여기게 될 만큼 이제는 탈기독교적인, 보다 보편적인 종교의 색채를 띠어가고 있는 것이 현실인 듯 보인다. 이러한 흐름에 구체적인 영성수련의 실천적 모습을 제공한 것은 1970년대 중반 트라피스 수도원의 수도승들이 개발한 향심기도로 볼 수 있으며, 한동안 기독교적인 옷을 입고 유행되었으며, 이제는 이를 지나서 아예 불교적인 명상들, 대표적으로는 위빠사나 명상 같은 것들이 그대로 종파나 교파에 관계없이 영성 훈련의 현장을 지배하는 모양이 되었다. 과거 전통적인 기독교의 신학 이론들, 특히 기독론, 종말론, 성령론과 같은 부분들은 상당한 수정을 거치거나, 또는 아예 특정 종교의 철 지난 교리로 취급되어 다루지 않거나, 반대로 여러 종교 전통들에서 공통적으로 볼 수 있는 특성들을 그 개념과 표현은 그대로 살리되 현대심리학적인 통찰과 연결하여 표현하려는 방향으로 나아가고 있다. 이런 특성의 영성을 현대의 보편적 영성이라고 이름을 붙인다면, 그것은 표현 그대로 보편적이라기보다는, 사실은 그동안 서구사회가 전적으로 의존하고 있던 기독교 전통의 영성에서 벗어나 동양 종교적, 특히 불교적 무의 영성으로 갈아타는 것이라는 느낌을 부정할 수 없다. 즉 최근의 초월적 경험을 이해하고 표현하는 틀은 전적으로 동양 종교, 특히 불교 전통으로부터 유입된 개념들을 현대 서구인들의 논리로 재해석한 것들이 주류를 이루고 있다. 이제는 그 논리에 기초해서 서구의 전통적인 영성 이론이나 경험을 재해석하는 시도가 왕성하게 이루어지고 있는데, 이러한 심리학은 과거 대학의 연구 틀 안에서 객관적인 정보를 바탕으로 한 현대 심리학의 틀을 과감히 벗어나는 것으로, 그 차이에 대한 방법론의 차이를 아래에서 상세히 설명하고자 한다.

영적 현상이나 전통, 수련 등의 영역에서, 심리학적 통찰을 제시하는 흐름은 두 가지로 크게 나누어 볼 수 있다. 한 가지는 전통적 심리학의 경계를 벗어나지 않으면서, 영적 신비나 초월 현상들을 지적, 논리적 이해의 범위나 방법으로 풀어나가려는 흐름인데, 주로 자아초월 심리학이나 통합심리학 등에서 다루는 반면, 다른 한 가지는 이와는 달리 전통적인 심리학의 논리체계를 벗어나 영성 수행 전통들의 고전적인 이해, 즉 관상적(contemplative) 이해와 설명의 테두리 안에서 표현되고 실행되면서도 현대 심리학의 통찰을 연결해 보려는 시도로서 이를 영성심리학(spiritual psychology) 또는 관상심리학(contemplative psychology)이라고 할 수 있으며, 현재 그 대표적인 저술가로서는 Gerald May나 Han de Wit을 들 수 있다. 그러나 영성심리학이나 관상심리학은 그 이름에서도 느낄 수 있듯이, 아직도 심리학의 범주 안에 있다는 인상을 지울 수 없는데, 우리가 일상의 생활이나 영성 수련에서 겪는 초월 현상 또는 신비 현상들의 이해는 어떤 하나의 학문체계 안에 논리적으로 집어 놓을 수 있는 것이 아니다. 저자가 반복해서 주장하듯 모든 신비 현상이나 초월 현상은 항상 인간의 심리적인 측면과 초월적인 현상이 늘 함축되어 있는 현상이므로 이를 심리영성적 현상이라고 부르는 것이 더욱 적합하며 이에 관한 연구를 학술적인 체계를 가진다면 심리영성학이라고 부르는 것이 가장 근사하겠지만, 그보다는 심리영성의 연구라고 부르는 것이 더 자연스럽게 느껴진다. 여기서 특별히 강조하고 싶은 점은 심리영성에 관한 지식이나 현상은 과거의 전통적인 신학적인 교리-영성 신학을 포함하여-나 논리와 깊은 관련이 있기는 하지만, 결코 동일시하거나 그 안에 가둘 수 없을 뿐 아니라 일정한 거리가 있게 되는데, 오히려 때로는 심리영성의 이해가 심각하게 방해를 받을 수가 있으므로 의도적으로 일정한 거리를 두는 것이 더 좋을 수 있다. 이렇게 이해한다면 심리영성의 이해와 연구는 전통적인 심리학과도 일정한 거리를 두면서, 과거의 신학과도 일정한 거리를 두는 독자적인 영역을 이루게 되며, 앞서 언급했던 관상심리학 내지는 영성심리학과 영성신학을 모두 아우르면서도 하나의 독자적인 영역으로서 앞으로 점점 분명하게 자리를 잡아 나갈 것으로 기대된다. 이제 막 태동하고 있는 심리영성의 연구는 현재 풍부한 지혜를 선사하고 있는 관상심리학의 이론들을 바탕으로 출발하여 이에 상당 부분을 의존할 수 밖에 없으며, 그러나 앞으로 이에 더하여 의식심리학, 신경신학, 뇌 과학 등과 같은 첨단 학문의 열매들을 흡수하면서 자라게 될 것이다.

[용어해설]
관상심리학(contemplative psychology)과 영성심리학(spiritual psychology)

관상심리학의 '관상(contemplative)'이란 단어에는 불교나 기독교 같은 종교색이 명시적으로 있는 것은 아니나, 현대 유행하는 영성의 주류가 아무래도 불교 전통의 영향을 받은 관상적 영성이기 때문에 여기에는 불교 전통의 시각이 짙게 드리워 있게 마련이며, 이를 번역한 '관상(觀想)'의 '관(觀)'자 역시 사물의 본질을 본다는 불교의 개념적 용어이므로, 관상심리학이란 용어는 불교적인 마음챙김의 영향을 나타내는 용어로 볼 수도 있다. 반면 영성심리학의 '영성(spiritual)'이란 용어는 관상적 영성의 한계를 넘는 폭이 더 넓은 용어이면서, '영(spirit)'이라는 기독교의 영향을 내비치는 감을 주는 용어이므로 좀 더 기독교적, 또는 관계적이란 어감을 갖는다. 이 책에서는 이 양자를 서로 혼용해서 쓰기도 하지만, 일부의 경우 위와 같은 이유에서 경우에 따라서는 적절하게 취사선택하였다.

관상심리학이란?

이제 우리는 이미 어느 정도 그 개념적인 실체가 드러나 있는 관상심리학의 개념과 연구 방법론부터 다루어 갈 것이다. 앞서도 잠시 언급한 바와 같이 현대를 풍미하고 있는 영성의 특징은 관상적 영성인데, 20세기 들면서 서구의 영성가들이 동양 전통, 특히 불교 전통의 관상적 영성을 높이 평가하고 이에 매료되기 시작하였으며, 이를 기독교의 전통 속에서는 초기 사막의 교부들, 중세 수도원, 동방 정교회, 그리고 후기 중세 시대 스페인 영성가들에게서 재발견 하게 되었다. 우선 관상심리학의 '관상'이란 용어를 이해하는 것이 필요한데, Gerald May에 의하면, 관상(contemplaion)이란 *"a totally uncluttered appreciation of existence, a state of mind or condition of the soul that is simutaneously wide-awake and free from all preoccupation, preconception and interpretation."* [1]라고 정의할 수 있으며, 12세기 영성가 Hugh of Saint Victor에 의하면 *"the alertness of the understanding which, finding everything plain, grasps it clearly with entire appreciation."* 이라고 하였다.[2] 한편 힌두이즘과 불교에서는 이런 관상상태나 현상을 'samadhi' 또는 'satori'라고 부르는 일종의 '깨달음(awareness)'의 상태라고 보며, 'stillness joined to insight true.'라고 정의하기도 한다.

관상심리학(contemplative psychology)는 현대 심리학적인 개념이지만 그 자원들은 동서양의 고대 영적 전통들에 있는 것이다. 이는 기왕 존재하는 심리학적 지식들에 더해지는 단순한 추가로 볼 수 없는 것이며, 이러한 성향 때문에 심리학에서도 자신의 아이덴티티가 흐려질까봐 종교나 철학의 영역에 속하는 이런 관상 심리나 현상에 대한 논의에 끼어들고 싶어 하지 않는 경향도 있다. 관상적 통찰은 앎(knowing)에서보다는 알지 못함(not-knowing)으로부터 더 많이 오는 것이며, 아울러 관상심리학은 전통적인 과학적 접근으로부터 기대될 수 있는 의미, 정체성, 소유물 등에 대한 근본적인 질문에 대한 답을 위한 것이 아니라, 이런 질문들을 풍요롭고 생생하게, 더욱 친근하게 유지하려는 쪽으로 반응하는 것이라 할 수 있다.

관상심리학이 추구하는 바는 무엇인가? 이 질문에 대하여 de Wit은 인간이 관상적 삶으로 나아가게 되는 주 동기는 타고 날 때부터 지니고 있는 인간다움(humaneness)이라고 했으며, 이를 영적 전통에서 잘 수련하게 될 때 기쁨, 용기, 연민, 그리고 마음의 명료함(clarity of mind)의 네 덕목으로 자란다고 하여 이들을 관상심리학이 추구하는 바로 생각하였는데, 그의 이런 주장은 다분히 불교적 전통과 관련되어 있어 보인다.[3]

이에 대하여, "사랑의 각성"에서 Gerald May는 "이제 우리는 사랑의 빛을 견디는 법을 배우기 위해 이 땅의 작은 공간에 태어난다."라는 윌리엄 블레이크의 말을 인용하며, '사랑의 갈망'이라고 하는 관계성을 말하였는데, "우리는 모두, 소위 마음이라고 하는 자신의 깊숙한 곳 한가운데에 숨겨진 갈망을 가지고 있다. 그것은 태어날 때부터 주어진 것이며 완전히 충족되지도, 결코 사라지지도 않는다. 우리는 종종 깨닫지 못한 채 살아가지만 그 갈망은 언제나 깨어 있다. 그것은 바로 사랑에 대한 갈망이다. 이 세상의 모든 사람들은 사랑하고, 사랑받고, 사랑을 알기를 열망한다. 우리의 진정한 정체성, 존재의 이유는 바로 이 갈망 안에서 발견할 수 있다."[4]라고 하였다. 이어서 그는 "나는 사랑의 존재(loving presence)가 오랜 세월 내 안에 함께 있으면서

나의 열망과 실패를 통해서 사랑의 현존(love's presence)을 신비하게 엮어 왔다는 것을 확신한다. 나는 말할 수 없는 감사를 드린다."[5]라며, 이윽고 "즉 이미 주어진 더 큰 사랑에 응답하고자 하는 갈망, 사랑하고 사랑받으며 그 자체가 목적인 사랑 안에 완전하게, 의식적으로 존재하려는 갈망이다…… 우리는 이런 단순하고도 섬세한 열망 안에서 모든 소중한 순간마다 깨어 있을 때 비로소 진정한 우리의 모습을 깨닫는다. 그 모습이란 바로 하나님의 형상이다."[6]라고 고백함으로써 그의 추구가 기독교 전통에 배경을 두었음을 밝힌다.

저자는 기독교적인 관점에서 관상적 삶에는 두 가지 근본적인 측면이 있다고 생각하는데, 하나는 사랑(Love)으로 표현되는 인격적 존재(영혼)와의 관계성, 다른 하나는 명료화를 기다리는 의식(consciousness), 또는 마음의 명료함(clarity of mind)에 대한 추구로, 관상적 삶이 추구하는 바는 이 두 가지 인간의 특성이 더욱 성숙해 나가고자 하는 것이며, 이것이 바로 기독교 전통의 관상적 영성수련이 목표로 하는 요소들이라고 생각한다. 이 두 가지 근원적 특성들은 언제나 존재하는데, 불교의 영성 전통은 두 번째에 집중되어 있는 반면, 이에 비하여 기독교 영성전통은 첫 번째에 더 초점을 맞추어 왔다고 본다. 서구의 영성가들이 현대 들어 불교적 영성전통에 매료되어 마음의 명료함을 강조하면서, 이를 사막의 교부들과 이후의 관상적 영성에서 재발견하게 된 반면, 기독교 고유의 전통인 관계성의 전통을 거의 무시하게 됨은 애석한 일이며, 앞으로 저자는 이 책에서 바로 이 양자의 영성이 균형있게 성숙되어가는 것이 기독교 본래의 전통적 영성이 추구하는 바라는 점을 반복해서 강조하려고 한다.

관상심리학의 전제들

이 세상에 태어나서 대부분의 사람들은 공통되고도 일정한 심리학적인 변화의 궤적을 그린다는 것을 지난 100년 간의 연구가 보여준다. 우리 인간은 태어나서 의존적이면서 즉각적인 욕구 충족을 추구하는 이기적인 유아기를 거쳐, 조금씩 이러한 충동들을 조절하고 주위환경과 적절한 타협을 이루면서 성숙하게 된다. 그러나 누구나 바람직한 방향으로 지속적인 성숙을 이루는 것은 아니며 대부분의 사람들은 정체를 보이거나, 오히려 나이가 들어감에 따라 유아기적인 미성숙으로 퇴행하기도 한다. 세상에서 용서, 자비, 봉사, 이타심, 긍휼, 용기, 헌신 등의 단어들은 특별한 경우에나 볼 수 있는 개념들로 치부되며, 끝없는 오해와 피해의식, 경쟁과 공격, 이기적인 자기 주장, 고립, 상호 배제, 온갖 폭력 등으로 얼룩져 있어 대체로 개인과 공동체의 성숙과는 거리가 먼 것이 현실이다. 이는 인간 실존의 뛰어넘을 수 없는 한계이며, 그런 의미에서 인간사회 전체가 시간이 지난다고 하여 성숙하는 것은 아니라는 절망이 주류를 이루게 된다. 그러나 반드시 그런 것만은 아니다. 흔치 않은 경우지만, 우리는 주위에서 어떤 위기의 순간에 개인의 내적 한계와 제약을 딛고 올라서서, 자신의 이기적 욕구를 넘어서서 타인과 세상을 향하여 용기를 가지고 놀라운 이타적인 행동을 하는 사람들도 있으며, 또 삶과 이 세계에 대한 폭넓고도 선명한 이해를 갖게 되는 경우가 있으며, 극히 일부이긴 하지만 어떤 사람들의 경우 이런 높은 성숙의 경지를 계속 유지함으로써 많은 사람들에게 존경을 받는 경우도 있다. 그런 예로서 de Wit은 넬슨 만델라, 다그 함마슐트, 마틴 루터 킹, 마더 데레사, 달라이 라마, 틱 낫 한 등의 인물들을 꼽는다. 이런 예는 사실은 섬세한 시각으로 살펴보면, 비단 이런 이름난 유명인의 경우에만 국한되는 것이 아니라, 우리 평범한 사람들에게서도 일생에 한두 번 쯤은 겪지만 강하게 인식되지 못한 채 기억 속에 비슷한 순간들이 있음을 발견하게 된다. 삶의 힘겨운 순간, 고난이라고 부르는 경우, 극한상황 속에서 섬광처럼 새로운 가능성을 보여주는 해방의 순간이 있으며, 이제까지 나를 얽매고 있던 어떤 논리의 굴레가 벗겨지며 그들 안에 있는 어떤 것을 인식하게 되고, 삶의 영적인 힘과 기쁨을 깨달으면서 한 단계 성숙했음을 느끼는 때가 의외로 상당히 있음을 알 수 있다. 많은 경우 우리는 이런 순간들을 경험하면서도 그 메커니즘을 쉽게 이해하지 못하기 때문에 그냥 막연한 신비나 거룩한 존재의 역사 등으로 치부해 버리고는 더 이상 이해하기를 포기하고 기억 속에 묻거나 종교나 신앙, 영적인 권위의 검증되지 않은 설명에 몸을 맡겨버리고 만다. 그러나 현대에 들어서면서 이러한 현상을 이해하고 추구하려는 시도로 물음의 끈을 놓지 않는 연구가 있어 왔는데, 바로 초월심리학, 종교심리학, 통합심리학, 관상심리학, 의식심리학 등의 명칭으로 불리워 오는 연구 분야로서, 이제 새롭게 우리들이 주목하고 들여다봐야 하는 학문으로 발돋움하고 있다. 자신에 대한 깊은 이해와, 이 세계와 사물의 근원에 대한 통찰을 바탕으로 보다 성숙한 인간됨을 추구하는 것은 가능한 것인가? 위의 기술한 바 순간적인 깨달음과 성숙의 순간을 좀 더 보편화하는 방법이 있는 것인가? 이런 질문들은 성숙하고자 하는 욕망을 가지고 있는 개인이라면 누구에게나 흥미를 던져줄 수 있는 질문으로서 우리 앞에 놓이게 된다.

관상심리학에서 다루는 행위와 현상들은 영성 전통들이 도달하고자 노력하는 목적과 깊은 관련이 있다. 그것은 치유와는 차원이 좀 다른 목표들, 즉 종교적 온전을 향하여 성숙하고자 하는, 현실을 초월하고자 하는 목표로서 각 영성 전통들이 뿌리를 두고 있는 종교적 신념들과 맞닿아 있기 마련이다. 이렇게 현실을 이해하고 초월하기 위해서는 마음에 두고 있는 종교적인 이상, 도달하고자 하는 믿음의 궁극적인 상황이 전제된다는 것인데, 따라서 이는 각 영성 전통이 뿌리를 두고 있는 각각의 종교 전통에 따라 다르다. 그러나 현재 서구 세계에 보편적으로 회자되고 있는 영성은 상당 부분 동양적, 특히 불교적 전통의 영성으로서 당연히 고대 불교적인 종교 철학에 그 뿌리를 두고 있는데, 여기서는 각 종교적인 차이점보다는 보편성, 종교적인 초월성의 보편적인 측면을 더 강조를 하고 있기 때문에, 이는 전통적인 기독교 영성의 추구하는 바와 당연히 거리가 있다는 점을 밝혀 둘 필요가 있다. 불교 신앙의 뚜렷한 몇 가지 핵심적인 사상은, 절대 타자로서의 신의 존재를 부정하고 인간 각자 안에 초월적인 신성이 존재한다고 보는 점, 이러한 개인 속의 신성이 발현되는 것은 자력으로 가능하다는 점, 타자와 나, 존재와 비존재와의 구분이 본질적으로는 없다는 점, 등을 들 수 있는데, 이런 시각에서 보면 각 종교의 특성들은 표면적인 차이일 뿐 본질적인 것은 차이가 없다고 보는 시각이므로, 차이점에 대하여는 상대적으로 소홀한 측면이 있다. 따라서 이 문제를 언급함에 있어서 저자는 우선 그들이 말하는 보편적인 영성의 가치, 초월의 궁극적인 상태, 추구하고자 하는 가치에 대한 언급을 한 다음, 이에 대한 비판적 시각에서 기독교적인 가치관에서의 관점을 덧붙이려고 한다.

관상심리학의 목표

불교적인 영성 수련의 목표와 그 추구하는 바를 여기서 체계적으로 언급한다는 것은 저자의 지적 수준의 한계를 초과하는 것이기 때문에 여기서는 제한된 차원의, 즉 관상심리학과 직접 연관이 있는 부분만 일부 언급하는 것으로 그쳐야 하겠다. 불교 전통에서 자아초월을 한다는 것의 목표나 과정 등이 너무나 다양하기 때문에 간단히 그에서 일어나는 현상이나 결과를 언급한다는 것 자체가 무리이기도 하며, 깨달음을 얻었다는 현상 자체가 쉽게 관찰할 수 있을 만큼 보편적이지도 않기 때문에 그 자체에 대한 상세한 묘사는 어렵다. 따라서 이 분야의 연구자들은 깨달음을 얻었다는 현상 자체보다 이로부터 일반적으로 보여지는 특성에 대한 묘사가 더 수월하고 이해가 쉽다고 본다. 최근 관상심리학의 기초를 놓았다고 평가할 수 있으며, 이 분야의 연구자들을 대표할 수 있는 인물로서 네델란드의 관상심리학자 Han de Wit[7]을 꼽을 수 있는데, 우선 관상심리학의 목표에 관한 그의 기술, 기본적인 인간성과 인간다움에 대한 설명을 먼저 소개하겠다. 인간이 자기초월을 하면 어떤 상태가 되겠기에 영성적인 수련을 통하여 이에 도달하고자 노력하는가? 그는 우리 인간 내면에 잠들어 있는 불성은 본디 선하고 완전한 신성을 지녔기에 이를 깨닫는 과정이 영성 수련의 핵심이라는 불교 보편의 주장을 빌려와서, 이 불성이 함유하고 있는 특성을 근본적인 인간성(fundamental humanity), 줄여서 인간다움(humaneness)이라고 불렀으며, 이는 구체적으로 용기(courage in life), 긍휼(compassion), 기쁨(joy in life), 그리고 맑은 마음(clarity of mind)의 네 가지 특징들로 표현된다고 주장하였다.[8]

이 네 가지 특징들을 좀 더 구체적으로 설명을 하자면, 우선 첫째로 진정한 용기란 살아가는 동안 자신의 고난이나 불행 가운데서도 용기를 잃지 않는 것이며, 둘째로 긍휼이란 타인의 고통이나 불행에 대하여 긍휼의 마음을 갖는 것, 즉 이타적인 돌봄으로 표현된다고 보았다. 삶이 어려운 상황이든 잘 나가는 상황이든 항상 삶 자체에 대한 희망과 기쁨을 잃지 않는 것이 세 번째 기쁨의 모습이며, 이상의 세 요소에 더하여 우리에게 자신과 세계를 바라보는 통찰을 제공하는 맑은 마음 상태는 초월적 상황을 추구하는 사람들이 가져야 하는 이상이며 목표라는 것인데, 이런 요소들은 자신이 현재 불행한 상태든 번영 가운데 있든 상황에 관계없이 독립적이라고 본다. 이런 특성들은 노력 여하에 따라서는 배우고, 보고, 깨달을 수 있는 인간의 보편적인 능력이자 열망이며, 무엇인가에 가로막히지만 않는다면 나이를 들어감에 따라 자신의 존재에 대한 이해, 타인을 이해하는 능력으로 발달한다는 것이다. 이상의 인간다움의 4가지 측면을 구현할 때 우리는 우리 존재의 현실을 총체적으로 살아갈 수 있게 되며, 이런 것들이 표현될 때 우리는 기쁨과 충만감을 느낄 수 있다고 de Wit은 말한다. 그런데 이런 것들이 표현되는 것은 반드시 우리의 욕망이 충족되었다든지, 우리의 능력이 베스트일 때는 아니며, 이런 조건들과는 무관하게, 우리 자신의 잠재된 어떤 것이 발견되거나 우리 자신의 한계를 넘어선다고 깨달을 때라고 보았다.

그는 비록 인간은 태어날 때는 전혀 무력하고 의존적이며, 전망이 없는 상태 같아 보이지만, 그렇다고 하여 자신과 세상에 대하여 절망적인 것은 아니고, 인간은 태어날 때부터 자신과 세상에 대하여 뭔가 관심을 가지고 개선하려는 경향을 타고나는데. 즉 인간다움의 요소들은 태어날 때부터 내재되어 있으며, 평생 지속되는 성향이라고 보았다. 예를 들면 삶의 기쁨은 환경이나 욕망충족과는 상관없이, 번영 속에서나 불행 속에서나 가능하며, 물론 불행 중에서는 훨씬 덜 접촉이 되지만, 그러나 불행의 상황을 초월하면서 기쁨을 느끼는 순간도 있으며, 이것은 욕망 충족 시의 기쁨과는 구별된다는 것이다.

통상적으로 행복은 욕구 만족과 연관되어 있으며, 주위 환경 조건에 따라 좌우된다. 물질적인 차원에서의 행복을 추구한다는 것은 불안, 갈등, 좌절의 이유가 되며, 일단 행복을 얻은 것 같더라도 오래 못 가며,

더 많은 물질적 추구로 인해 오히려 실망과 불안, 불행의 씨앗이 된다고 본다. 반면에 행복에 대한 영적 관점은 욕구 충족의 순간과는 전혀 다르며, 특히 물질적인 욕구 충족과는 전혀 다른 것으로 이로부터의 초월이야말로 진정한 삶의 기쁨의 순간이 된다고 보았다. 따라서 물질적인 욕망 충족의 바람은 오히려 불행의 주 원인이 될 수 있으며, 그러므로 인간은 자신의 욕망으로부터 자유롭기를 바라고, 이런 점에서 영적 훈련이 우리를 도와줄 것을 기대한다. 그러나 우리의 태도가 근본적으로 달라지지 않는 한, 우리가 원하는 것을 얻든지 못 얻든지 결과는 마찬가지인데, 심지어는 비록 추구하는 것이 영적인 것이라고 하더라도 그것에 도달함으로써 행복을 얻는다고 생각한다면 그것 또한 같은 의미에서 불행과 실망의 원인이 될 수 있다고 본다. 만약 우리의 적이 파괴되는 것이 궁극적으로 우리의 행복을 가져다준다고 믿는다면 우리는 적에 맞서 싸울 터인데, 같은 논리로 우리 마음이나 우리 자신을 적으로 간주한다면, 우리는 우리 마음을 정복하거나 스스로를 파괴하려고 시도할 것이다. de Wit는 종교 전통들이 인간의 초월과 행복을 이렇게 물질적 관점으로 접근하게 될 때 본래의 영적 의미를 놓치고 이에 따라 인간다움을 상실하게 될 것이라고 하였다.

삶의 기쁨, 용기, 연민 그리고 맑은 마음 등 우리가 구현하고자 노력하는 인간다움은 우리 존재의 외부에서부터 오는 것이 아니라 내부로부터 온다는 것, 즉 우리가 *획득할* 필요가 있는 것이 아니라 태어날 때부터 이미 *소유하고* 있는 성격이라는 것이 바로 영성적인 전제라고 본다. 따라서 문제는 그것들을 질식시키게 놔두는 대신 어떻게 계발할 수 있는가이다. 그렇다고 우리가 어떤 외적 상황을 그대로 방치하거나 돌봄을 중단하고 수동적이 되어야 한다는 것이 아니라, 삶의 환경이 줄 수 있는 기쁨을 위하여 자기기만, 환상, 비현실적인 기대 같은 것들을 포기해야 한다는 말이다. 우리는 행복을 추구하는 사람들이 아니라 수여하는 사람들인데, 그러나 우리는 대부분 현실적으로 전자에 속하고 있으며, 그것은 환경을 조정하거나 환경으로부터 충족을 추구함으로써 얻으려고 하기 때문이다. 그 점이 바로 우리가 특정 환경적 요소를 무시하지 못하는 이유이긴 하다. 우리의 인간다움이 우리의 환경이나 욕망 충족에 의존한다고 생각하는 한 우리는 우리의 환경이나 욕망을 무시하지 못하게 된다고 보는 것이다.

de Wit은 우리의 인간다움을 충분히 구현하고 그것을 잘 표출하고자 하는 욕망은 관상적 삶의 기초라고 보는데, 그것은 보편적인 것이기에 수긍할 만한 주장이며, 그 자체는 인간다움의 표현이며 증거이기도 하다. 그러나 우리의 삶 속에서 이를 획득하는 형태들은 극단적으로 다양하다. 불교의 깨달음을 얻은 선각자들, 성경의 위인들의 예, 어거스틴의 예, 등등 오랜 세기를 거쳐 사람들은 관상적 삶을 강화하고 지지하는 삶의 방식들을 꾸준히 발견하고 추구해 왔다. 그러나 어떻게 영성 생활을 살아왔고, 특정 시간과 세기에서 어떤 형태를 취해 왔든 상관 없이 두 가지 사실에 기초해 왔는데, 즉 하나는 진실한 인간다움을 발견하려는 욕망과, 다른 하나는 인간의 마음에 대한 깊은 심리학적 통찰 및 인간다움이 발전될 수 있는 방향으로의 통찰이었다고 de Wit은 강조하고 있다.

마지막으로 de Wit이 가장 중요하게 언급하고 있는 것은 수많은 종교 전통들에 의하면 인간 존재들은 자신의 경험을 명료화할 수 있는 '분별할 수 있는 알아차림(a discriminating awareness)'을 소유하고 있다는 것이다. 환상과 현실, 자기기만과 진실 사이를 구분할 수 있는 능력, 그리고 일반적으로는 이 분별하는 깨달음, 즉 마음의 명료함(clarity of mind)은 평상시에는 적절히 기능하고 있지는 않지만, 훈련에 의하여 함양될 수 있고, 그렇게 해서 우리 자신의 정신 영역을 명확히 볼 수 있고 그 속에 있는 패턴을 인지해 낼 수 있다는 것이다. 이 마음의 명료함이 없다면 위에서 열거한 여러 덕목들, 관상심리학이 추구하는 인간다움은 결코 얻어질 수 없으므로 다른 무엇보다도 마음의 명료함을 이루는 것이 가장 근본적인 영성수련의 목표이자 방법이라고 주장하였다. 모든 종교 전통들은 각자 이를 확인할 수 있는 방법을 지니고 있지만, 그러나 이런 훈련과 분별력은 매우 시간이 걸리는 훈련이다.

결국 de Wit이 주장하는 바는, 관상심리학이 관심을 가지고 이해하고자 하며 동시에 종교 전통들이 영성 수련을 통하여 얻고자 추구하는 가장 핵심 되는 중요한 개념은 마음의 명료함이라는 것이며, 바로 이 점은 불교에서의 이루고자 하는 궁극의 목표이자 방법, 즉 명상 그 자체라고 할 수 있다. 그가 위에서 주장하는 인간다움의 여러 특성들은 현상적으로는 기독교적인 관점에서도 배치되지 않는 것들, 즉 기독교 전통에서도 중요하게 여기는 여러 덕목들과 같은 것들임을 알 수 있다. 성경에서 표현하는 성숙한 그리스도인들이 나타낼 수 있는 여러 덕목들인 인내, 양보, 용서, 겸손, 용기, 선함 등등은 그 표현이나 보는 관점이 다소 다를 뿐 대부분 동일한 측면이 있음을 인정할 수 있다. 아니, 오히려 성경에도 인간다움에 대한 기술이 차고도 넘치는데, 얼핏 떠오르는 것만 해도, 의와 평강과 희락(롬 14:17), 항상 기뻐하라, 쉬지 말고 기도하라 범사에 감사하라(살전 5:16-18), 또는 믿음, 덕, 지식, 절제, 인내, 경건, 형제 우애, 사랑(벧후 1:5-7) 등 얼마든지 들 수 있을 것이다. 뿐만 아니라, 관상심리학자들이 특별히 중요성을 강조하는 '마음의 명료함'에 대한 강조 또한 동일하게 볼 수 있는데, 그 대표적인 표현으로는 "마음이 청결한 자는 복이 있나니 그들이 하나님을 볼 것임이요(마 5:8)"를 들 수 있다. 그러나 이 책에서 반복해서 강조하는 점은, 이런 타고나는 인간다움-기독교 전통의 개념으로는 주어진 하나님의 형상-을 구현하는 데 있어서 그 방법이 불교 전통과는 정반대라는 점이다. 즉 불교 전통에서는 이러한 덕목들이 영적 수련에 의하여, 스스로의 내적 성찰과 깨달음을 통하여 깨우쳐진다고 주장하는 반면, 기독교의 영적 전통은 나와 절대 타자 하나님과의 관계성 속에서 하나님의 다가오심과 이끄심, 이를 수용하고 받아들이는 과정-이것이 기독교 전통의 영성수련의 핵심적인 특성인데-, 그리고 함께 이루어 가는 과정에 의해서만이 가능하다는 점일 터이다. 그러므로 기독교 전통의 영성은 궁극적인 관계성의 표현인 사랑, 즉 상호주관적인 사랑을 가장 중요한 덕목으로 여기게 된다.

그런즉 믿음, 소망, 사랑, 이 세 가지는 항상 있을 것인데 그중에 제일은 사랑이라 (고전 13:13)

관상심리학의 방법론

지난 50년간 심리학적 개념의 변화는 실로 엄청나서 과거에는 간과했던 많은 일들이 심리학적인 측면을 가지고 있다는 것을 알게 되었고, 인간 존재 자체를 이해하기 위하여 사람들은 심리학적인 용어나 개념을 써서 말하고 생각한다. 우리들은 최근까지도 존재하지도 않았던 우리의 무의식을 포함한 감정이나 사고, 행동의 동기 등을 들먹이며 서로 대화를 하게 된 것을 당연히 여기게 되었다. 일상생활에서도 심리학적인 용어나 개념들을 어렵지 않게 사용한다. 이것은 장점과 단점이 있다. 우리는 우리의 경험을 심리학적 이론에 맞추려다 보니, 더 이상 우리의 경험을 있는 그대로 보지 못하고 어떤 개념이나 이론에 제한시키게 된다. 특히 인간의 영적, 종교적 체험을 기존의 심리학적 개념으로 이해하려고 할 때 많은 무리가 따르게 된다. 인간성에 관한 주제들 또한 그렇다. 인간 심리를 연구하는 데 있어 욕구나 갈망, 행동의 동기 등은 이미 오래전부터 논의의 주요 주제가 되어 왔지만, 이에 반하여 마음, 의식, 경험의 성격에 관한 이론들은 비교적 최근까지 거의 논의되지 않았다. 특히 자기-지식, 연민, 용기, 지혜 등과 같은 개념들은 어떻게 얻어지는지에 관하여는 더욱 논의되지 않는다. 어떻게 우리가 삶을 견뎌내거나 극복하거나, 또 이런 것에 어떻게 반응해야 하는지 등에 관한 토픽들은 철학에 미루어지거나, 부분적으로는 대중매체의 흥미 거리로 밀려난다. 일반적으로 과학적인 심리학으로서는 이런 이슈들을 아직은 본격적으로 다루지는 않고 있는 것이 현실이다.

대부분의 문화에서 영적인 삶에 관해서는 종교적으로 말하여지는 까닭에 정확하게 정의되지 않은 채 막연하고, 비현실적, 도덕적인 주제로 취급되는 반면, 이에 대하여 과학적인 방법으로서의 심리학적 개념이 잡혀있는 사람들은 이런 종교적인 전통으로부터 나오는 소리에는 쉽게 귀를 기울이지 않는다. 그러나 종교 전통들로부터 우리는 인간의 마음과 현실 경험에 대한 통찰을 얻을 수 있으며, 최근 들어 현대 사람들이 잘 이해할 수 있는 방식으로 표현하려고 노력하는 경향이 심리학의 영역 안에서 나타나고 있는데, 그 중심에 있는 것이 바로 관상심리학(contemplative psychology)이다.[9] 관상심리학은 인간의 신비적 체험을 다룰 뿐만 아니라 여러 종교적인 전통들 안에서 이루어지는 영적 수련과 이 과정에 참여하는 사람들의 경험과 변화, 마음의 상태와 영적 발달, 영적 수련의 기능들을 명료화하는 심리학을 포함하고 있다. 결국 그것은 현대 서구 심리학이 그 자체의 개념 틀로서 영적 경험들을 탐색하고 명료화할 수 있게 된 것인데, 예를 들면 융이나 마슬로우 등이 이런 식으로 영성에 접근했다. 그렇지만 여기에는 한계가 있다. 이에 대하여 관상심리학은 매우 다른, 어쩌면 정반대의 방법으로 접근하는데, 애초에 종교적 전통들에서 발전하고 유지되었지만 나름 심리학적인 개념을 담고 있는 것들을 다루는데, 왜냐하면 이들은 인류에 매우 중요한 통찰들을 포함하기 때문이다. 그래서 최근의 관상심리학은 영성을 기존의 심리학적 개념 틀의 관점에서 살펴보지 않고, 종교적 전통들 자체에 있던 개념 틀과 사고방식을 드러내려고 한다. 이 양 자 사이에는 상당한 논리의 차이가 있을 수 있지만 동일한 현상으로서의 인간의 경험과 마음을 연구하는 것이므로 상호 보완이 될 수 있다.

이 세상의 종교적 영성 전통들은 신학이나 심리학과 같은 인간이 만들어 놓은 개념의 틀에 가둘 수 없는 초월적인 지혜나 덕목 등의 정신세계에 관심을 두는데, 관상적인 삶은 이런 것들이 인간의 정신을 보다 풍요롭게 만들도록 권장되며, 이에 비하여 현실에서의 자유나 건강은 관상적 삶의 목표가 아닌 일종의 보너스 같은 것이다. 그래서 관상의 길에 서 있는 사람들은 더 이상 전통적인 심리학에 의하여 잘 서술되거나 만족스럽게 설명되지 않는다.

현대 들어 과학적 심리학과 종교 사이에 생긴 갈등은 여러 원인이 있으나, 그 하나는 서구 문화가 종교와 해리되었다는 것인데, 이는 현대 영성가들이 휴매니티에 대한 기독교적인 개념을 포기한 것과 관련이 있으며, 이 때문에 심리학은 영성적인 경험에서 오는 지혜의 가치들을 버렸다. 인간 생활에 대한 연구 방법은 좀 더 과학적인 방법론을 요구하게 되었고, 이는 연구의 경험적 방법론으로 과학의 일반적인 접근이 되었다. 이것은 인간에 관한 통찰의 종교적인 전통들의 방법과는 다른 것이다. 과학적 심리학은 누구에게나 동일한 결과가 관찰되는 방법으로, 관찰자 개인의 태도나 주관적 경험에 좌우되지 않는, 그래서 얻은 객관적인 사실들에 집중한다. 이러한 과학적 심리학은 어떤 한계점을 가질 밖에 없는데, 즉 이런 방법으로는 인간의 정신, 내적 삶에 직접적으로 접근할 수 없기 때문에 이를 배제할 수밖에 없게 되며, 그 결과 과학적 심리학은 겉으로 보이는 인간의 언어와 행동에 초점을 둘 수밖에 없게 된다. 이는 인간이 자기 이외의 다른 사람(들)을 대상으로 삼을 때 우리가 다른 사람의 말과 행동을 연구한다는 것으로 축소될 수밖에 없다. 그러나 여기 훨씬 큰 연구영역이 있는데, 그것은 마음, 경험, 생각들이다. 이런 정신 현상의 영역은 제삼자에 의하여 접근할 수 없으므로, 이 영역들은 결국 자기에 의한, 일인칭 연구(research in the first person)가 될 수 밖에 없다. 만약 우리가 진정으로 정신 활동 영역을 연구하고자 하면 우리는 더 이상 제삼자에 의한 경험적 연구 방법을 택할 수 없다. 따라서 영적 전통들도 자기 자신에 의한 일인칭 연구를 할 수밖에 없는데, 즉 일인칭 방법(first-person methodology)을 포괄적으로, 신뢰적으로 하게 되며, 바로 이것이 관상심리학이 추구하는 방법이 된다. 이것은 우리의 성찰(introspection)을 사용하는 방법이다. 20세기 초 제삼자에 의한 과학적 심리학에서는 이를 배제했으나, 일부 심리학자들이 이 방법을 계속 사용해 왔는데, 그 중 대표적인 것이 자기 보고서(self-report)를 사용하여, 자신의 우리의 경험에 관한 우리의 생각(이론)을 명료화하는 시도이다. 그것은 우리의 의식과 사고의 방법의 변형에 의한 방법인데, 이에 관한 또 다른 예로서는 임상심리학, 심리치료를 들 수 있다.

관상심리학은 지혜의 함양과 인격, 또는 영혼의 변형을 지향한다. 지식의 수집을 배제하지는 않지만, 수집이 아닌, 수집자, 지식자 자신의 변형에 관한 것이다. 여기서 변형이란, 정신적으로 눈이 멀었다거나, 무지하다는 것은 지시이나 정보의 결핍으로부터 온다기보다는 어떤 것이 우리를 깨달음으로부터 도피하게 만들거나 혼란을 주는 것으로부터 온다고 보고 이런 상태로부터의 변형을 의미한다. 즉 우리 마음이 맑지 못하면 사람에 대한 지각이나 사고가 잘못되거나 틀릴 수 있으며, 이것이 모든 종류의 혼란과 정서적 갈등을 일으킨다고 보는 것이다. 따라서 관상심리학은 우리 자신과 세상에 대한 현실 경험을 명료화하는 데 관심이 있으며, 이에 대하여 각 종교 전통들은 각각 고유의 방법들을 가지고 있다. 이 방법들은 매우 다양하지만, 공통적인 요인으로서는 깨달음이나 의식 같은 것들을 명상이나 관상, 기도 같은 형태의 수련을 통하여 계발하는 것인데, de Wit는 이를 '관상적 삶의 핵심(hard core)'이라고 보았다.

과학적 심리학에서는 나는 다른 사람의 관찰 대상이 되며, 다른 사람은 나의 관찰 대상이 된다. 우리는 서로 간의 상호 기대의 대상이 되며, 나란 존재는 타인의 관점을 통해 본 간접적인 자기 지식이 된다. 이 간접적인 자기 지식은 관찰하는 과학적 심리학의 방법으로 얻어진다. 그러나 이와는 다르게 관상심리학에서의 인간성은 자기 자신을 직접 관찰하는 데서 얻어지는 일차적이고 직접적인 지식이며, 다른 사람으로부터 들은 데에 기초하는 것이 아니라 직접 관찰로부터 얻어지는 것이다. 따라서 우리는 이것이 잘못 치우쳐 있는지 아닌지 모르는 상태이며, 바로 이 때문에 각 종교 전통들이 특화하고 있는, 우리 자신의 마음을 체계적으로 탐색하는 것이 필요한 이유이다. 그러나 직접적인 자기 지식은 고립적인 관찰로부터 일어나지는 않는데, 왜냐하면 다른 사람들도 똑같은 경험을 하는 것을 관찰하기 때문에 인간 보편적인 현상이 되며, 예를 들면 사랑, 분노 등의 감정이 그렇다. 따라서 우리의 개인적인 자기 지식은 때로는 우리 자신을 초월하여 다른 사람에게 확산되는 타인 지식이 되는데, 이를 일종의 공감적 지식(empathic knowledge)이라고 할 수 있다. 마치 타인을 우리 자신인 것처럼 볼 때 나타나는 사람에 대한 지식은 자기 지식의 탐색이 된다. 즉 직접, 간접적인 지식의 총화가 결국 자기 개념이 되며, 이것이 바로 관상심리학에서 치유와 성숙의 개념을 이루게 된다.

요약하자면, 인간에 관한 지식에는 두 가지 소스가 있는데, 즉 하나는 자기 관찰-자기 지식으로부터, 그리고 다른 하나는 타인 관찰, 즉 나에 관한 다른 사람의 관찰로부터이다. 전자는 관상심리학의, 후자는 과학적 심리학의 개념을 이룬다. 이 양자는 모두 치유와 성숙이라는 목표를 향한 바탕이 되지만, 둘 사이에는 차원의 차이가 있다. 과학적 심리학이 추구하는 것은 우리가 이 세상을 사는 동안, 즉 현실에서 보다 쾌적한 삶, 행복한 삶을 살기 위하여 필요한 기본적인 장애 제거를 목표로 하는 데 도움을 줄 수 있는 지식이라고 한다면, 관상심리학은 현실적인 삶을 넘어서는 초월적인 삶을 추구함으로써 온전한 치유와 성숙을 이루어 내려는, 그렇게 함으로써 현실적인 차원의 치유와 성숙은 덤으로 얻어지는, 그런 목표에 기여하는 지식이 된다. de Wit에 따르면 관상심리학은 앞서 말한 인간됨의 개념이 의식화되고, 인도주의의 방향으로 증진되는 것에 관심을 가진다. 물론 우리 인간성에는 부정적인 요소 또한 존재하며, 우리는 관상적 삶이 발달함에 따라 이런 부정성에 직면할 수 있는 용기를 갖게 된다. 그리고 이들을 긍정적인 방향으로 다루게 되며, 이는 운명 지워진 그 무엇에 그치는 것이 아니라 하나의 도전이 된다. 불교에서 말하는 대로 그것은 거름이며, 구린내가 나지만 발효되어, '*bodhi*(the enlightened state of mind)'라는 밭에 뿌려진다. 결론적으로 그는 관상심리학은 인간의 인간됨(humaneness)을 추구하는 것이란 점을 강조하고 있는 것으로 보인다. 그는 주장하기를 우리가 익숙한 과학적 심리학과 관상심리학은 그 근본부터 다르지만, 이 모두에서 인간 경험과 인간 마음에 대한 각각의 보편적인 통찰(universal insight)를 발견할 수 있으며, 과학적인 심리학이 비록 욕구의 만족과 고통의 회피를 그 동기로 출발하지만, 그런 관점을 관상심리학이 배제하는 것이 아니라, 이를 포용하고 가는 것이기 때문에 이 양자 간에는 대화가 필요하며, 마찬가지로 세상의 여러 종류의 위대한 종교들은 비록 그 이데올로기, 즉 교리에서 많은 차이를 보이지만, 공통적으로 인간다움(humaneness)을 추구하는 것이기에 이를 영성의 길(spiritual path)로써 여기며, 종교 간의 대화 또한 필요한 것이라고 주장한다.

사실 이러한 연구방법론은 성서의 해석과 관련하여 기독교 안에서도 이미 오래전부터 있어 왔다.[10] 우리가 생활에서 겪는 사건, 그것이 큰 사건이든 소소한 사건이든 그 사건-우리가 묵상을 하면서 깨닫는 우리의 정신내적인 사건을 포함하여-이 우리의 현실 경험으로 인식되려면 의식적이든 무의식적이든 우리가 그 사건에 대하여 의미를 부여할 때 그 사건은 비로소 우리의 현실 경험이 된다. 이때 우리가 내리는 의미 부여를 해석이라고 하는데, 이는 때로는 언어적으로, 때로는 언어 이전의 직관적인 것으로 내릴 수도 있다. 만약에 우리가 타인의 경험에 대하여 어떤 해석을 하고자 할 때 두 가지 요소를 고려할 수 있는데, 하나는 그 사건이 지니는 보편적인 성격에 보편적인 요소로서의 의미와 이에 따른 해석이 있을 수 있고, 다른 하나는 이로서는 설명할 수 없는 그 개인의 특수한 내면적인 삶과 연관된 특수한 요소로서의 의미와 그에 따른 해석이 있을 수 있는데, 즉 개인의 특수성과 존엄성을 존중하는 측면으로서, 우리가 성서와 같은 고대 문서를 해석할 때 이 두 가지 측면을 다 고려해야 한다는 것이 빌헬름 딜타이나 프리드리히 슐

라이에르마허 등의 근대 해석학자들의 주장이다. 이에 따라 이 세계의 현상이나 우리의 경험을 이해하고 해석하는 방법은 오늘날의 과학이라고 부르는 기계론적인 해석체계를 포함한 여러 논리적인 학문, 철학과 심리학, 교의학 등으로 그러한 보편적인 경험의 체계화를 추구해 왔지만, 인간이나 신, 혹은 사후세계 등과 같은 현상이나 경험을 이해하기 위하여는 그런 해석 방법에 한계가 생기며, 이를 극복하기 위해서는 보다 개인의 특수한 경험에 밀착하고, 공감이입적이며 직관적인 이해하고 해석하는 방법이 필요하게 된다. 전자는 주로 언어를 통하여 표현되는 반면에 후자는 언어를 넘어서는, 혹은 언어 전단계적인 소통 방법으로 표현된다. 전자는 공통된 개념체계와 언어표현을 필수로 하지만 후자는 그것만으로는 부족하며 이를 초월하는 이해와 표현이 필요하다. 전자는 따라서 그 시대의 문화나 관습 등에 의하여 규정되어진 틀 안에서 이해되는 경향이 있지만, 후자는 이런 것들을 초월한다. 특히 우리가 논의하고자 하는 영적인 경험, 신비경험 또는 초월적인 경험들은 논리적이고 보편적인 신학이나 심리학의 언어로는 해석해 낼수 없고, 직관적이고 공감이입적인-저자는 여기서 이를 관계적이라고 표현하고 싶다.-표현이 필요한데, 충분치는 않으나 그것에 접근할 수 있는 표현 방법이란 비유, 예화, 상징, 이미지 등의 예술적 표현, 시적 언어 등이 이에 속한다고 본다. 이렇게 볼 때 성경의 기술들은 어떤 부분은 논리적인 표현, 예를 들면 서신서나 역사서 등에서 볼 수 있는 대표적인 교리적 해석이나 역사적 사실의 기술 등이 있으며, 다른 한 쪽에는 보다 더 직관적이고 영적인 기술이 있는데, 그 대표적인 것들이 시가서, 예수님의 비유나 예화 등을 들 수 있다. 이런 영적인 표현들은 결코 논리적으로 해석하는데 그쳐서는 안 되며, 영의 인도하심 가운데 보다 직관적이고 관계적으로 이해함이 옳다.

이제 우리가 영적인 경험을 이 책에서 다루고자 할 때도 마찬가지의 해석에 관한 문제가 생긴다. 우리가 다루고자 하는 영적인 경험은 어느 정도까지는 논리적인 해석, 즉 심리학적이거나 신학적인 해석이 필요할 수도 있으나, 결국 핵심은 직관적, 관계적인 이해가 필요하게 된다. 여기서 또 다른 한 가지 사실을 우리가 기억해 두는 것이 필요한데, 즉 영적인 이해는 유사한 경험을 해본 사람에 의해서만, 예를 들어 말하자면 묵상기도를 말할 때 묵상기도에 대한 객관적 이해에 더하여 실제로 묵상적 경험이 있는 사람이라야 관계적인 경험이 가능하다는 말이다. 이는 바로 타인을 보편적으로 관찰함으로써 이루어지는 것이 아니라 자신의 깊은 성찰을 통하여 이루어지는 것이므로, 여기에 핵심이 있으면서 이 또한 극히 개인적인 특수경험에 의한 통찰이므로 이것이 보편적으로 누구나 이해하는 데 한계가 있으며, 논리적으로 학문적 체계화를 하는 데도 한계가 있음을 알아 두어야 한다. 그렇게 볼 때 다는 아니지만 영적 경험을 어느 정도라도 이해하기 위해서는 각자 스스로 경험을 위한 노력을 하는 것을 전제로 한다. 이것이 현대 심리학이 관찰 가능한 이인 또는 삼인 심리학(two or three person psychology)임에 비하여 영성심리학은 일인-심리학(one-person psychology)이라고 불리는 까닭이다. 영성심리학의 방법론인 일인 심리학의 해석과정을 좀 더 구체적으로 표현하면, 가장 중요한 핵심 개념은 자기성찰이다. 즉 우리가 영성 서적이나 타인의 신비체험을 듣고 이해하기 위해서는 평소에 이미 자기 스스로의 영적 체험, 초월적 체험에 대한 상당한 자기 성찰을 필요로 한다는 뜻이다. 자신의 내면세계에 대한 성찰은 자신의 경험, 자기가 외부세계로부터 보고 듣고 느낀 것들은 물론이고, 스스로의 사고, 기억, 추론에 의하여 새롭게 추가적으로 알게 된 사실들에 대하여서도 자신의 관찰적인 자아로부터 일정 거리를 두는 것이 필수적인 첫걸음이다. 심리치료를 공부해 온 사람들은 이 점을 비교적 잘 이해할 것으로 아는데, 즉 심리치료에서는 관찰자아와 경험자아라는 개념이 있어 왔다. 내담자가 말하는 삶에서의 경험, 생각과 감정을 상담자로서 그 관계 속에서 겪고 느끼는 부분을 상담자의 경험자아라고 하며, 이를 일정 거리를 두고 평가하고 해석하고 상담을 어떻게 이끌어 갈지 전략을 세우는 관찰자아가 있으며, 이 두 부분이 건강하게 균형을 맞추는 사람이라야 잘 수련된 상담자라는 개념이다. 그런 숙련된 상담자가 되기 위해서는 일정한 교육 수련을 거치면서, 또 그 후에도 지도감독과 자기성찰을 통하여 스스로의 심리 내면에서 느껴지는 감정과 생각들에 대하여 스스로 거리를 두고 성찰하는 지속적인 수련을 필요로 한다. 바로 이런 자기성찰은 우리가 타인의 영적인 체험이나 신비경험을 이해하고 해석할 때 더욱 필수적이며, 마찬가지로 자신의 영적 수련을 위하여 서로 동일하게 필요한 방법이 된다.

이상 요약을 하자면, 영성심리학은 그 방법론에서 비언어적인 표현수단, 즉 비유나 예화, 예술적으로 표현될 수 밖에 없는 측면이 있으며, 아울러 자신의 내면을 스스로 관찰함을 통해서 얻어지는 일인칭 심리학이며, 이를 바탕으로 할 때만이 타인의 영적 현상을 이해할 수 있게 된다. 그런데 여기서 커다란 걸림돌이 되는 것은, 자신의 내면을 성찰하는 자아의 시각 자체가 어려서부터 이미 각자가 성장한 지역과 시대의 문화나 관습, 개념에 노출되어 왔기 때문에 자신이나 타인의 영적 체험이 일종의 고착된 편견에 의하여 관찰되어질 수밖에 없고, 있는 그대로의 원형적인 이해와는 거리가 있게 되며, 나아가서는 각 개인이 어려서부터 성장하면서 겪게 되는 개인 심리적인 편향이나 방어적인 요소에 의하여 심각하게 왜곡된 채 경험되어질 수밖에 없는 것이 인간의 조건이다. 바로 이 점을 불교는 아주 처절하게 직시하고 철저하게 강조함으로써 조금도 집착이 없는 맑은 마음의 열린 상태를 이루도록 하는 수련의 과정을 제시하는데 그 핵심적인 것이 바로 마음챙김 수행과 통찰수행이란 것이다. 이와 같은 마음의 맑음(clarity of mind)에 대한 강박적인 강조는 불교 수행법의 매우 훌륭한 요소로서 기독교적 영적 수행이 깊이 고려하고 참고해야 할 부분이라고 본다.

그런데 불교 수행이 추구하는 완전한 상태의 명료한 마음 상태는 결코 가능하지 않다(고 보는 것이 저자의 주장이다). 그리고 가능하지 않다고 보는 것이 기독교의 전통적인 입장이라고 생각한다. 기독교 전통에서는 그것이 완성되는 것은 죽는 순간, 또는 주님의 재림이라는 종말의 순간에나(좀 더 분명히는 부활의 순간에나) 이루어지는 것이며, 이 또한 전적으로 스스로의 수행에 의하여 이루어지지 않는다고 본다. 다만 어느 정도는 이루어질 수 있으며, 어느 정도 이루어지는 것을 목표로 하는 것이 현실적으로 타당하고, 그것이 바로 '이미, 그러나 아직'의 기독교 전통의 종말신앙과 상통하는 것이라고 본다. 이에 관해서는 이미 다른 곳에서 좀 더 상세히 언급했으며,[11] 다만 여기서 강조하고자 하는 것은 그럼에도 불구하고 기독교 영성에서도 이러한 마음의 명료함에 대한 보편적인 추구를 매우 중요하게 이해하고 실천할 것이 요구된다는 점을 강조하고 싶으며, 이는 기독교 영성 전통이나 신앙적 교리에 배치되는 것은 아니라고 보는데, 왜냐하면 인간 마음의 현상과 현실을 신앙(종국적으로 추구해야 할 의미체계)적으로 올바로 바라보기 위해서는 결코 배치되지 않는 과정이라고 보기 때문이다. 그렇다면 영성심리학의 방법으로서 중요한 성찰을 구현하기 위한 전제로서 마음의 명료함이 완전하지 못한 것을 받아들이면서도 영적 체험을 온전히 이해하는 것이 가능한 것일까? 방법론으로서 아직도 유효한 것일까? 답은 그렇다고 생각한다. 단적으로 말하자면, 아무것도 변치 않는 것은 없다는 절대 허무의 시선으로 우리의 경험을 본다는 불교적 허구에 대하여, 기독교는 그와는 정반대의 잣대, 시선, 관찰의 근거로 절대로 변치 않는, 절대 타자인 하나님의 시각으로 본다는 희망에 근거한다는 주장을 제시할 수 있기 때문이다. 그것도 죽기(부활하기) 전에는 온전히 성취되지 못하는 것이 또한 현실이기도 하지만, 반복해서 하나님의 시각으로 돌아가고자 하는 자발적 의도(willingness)야말로 오직 유일한 움직일 수 없는 인간의 현실 조건임을 수용하고 반복되는 실수와 그것의 수정을 통하여 절대자에게 조금 더 가까운 관계로 나아가고자 하는 것이 바로 사랑의 관점에서는 하나의 온전한 시선이 된다는 것이다. (더 정확히는 하나님이 인간의 그 알량한 의도를 온전한 시선으로 인정해 주심으로, 온전한 시선이 된다.) 바로 이 점은 불교적 관점에서는 받아들여질 수 없는, 니르바나에 도달하지 못하는 점이지만, 기독교의 관점은 관계성의 특성 안에서 수용이 된다. 즉 성령과 인간의 영 사이의 관계, 공감과 돌봄의 상호주관적인 교류를 통하여 가능해진다는 믿음이다. 돌봄의 관계 속에서는 한쪽의 주체성과 한계가 노출되지만, 상호 이해의 지평을 열어 다른 인격과 세계, 그리고 현실 경험이 들어옴을 허용하게 되며, 이를 통한 상호주관적인 지평 융합(fussion of horizons)을 이룸으로써 바라는 바 현실 경험의 길로 접어든다.[12]

1) Gerald May: Will and Spirit: A Contemplative Psychology. HarperCollins Publishers, New York, N.Y., 1987, p25.

2) Ibid.

3) Han de Wit: The Spiritual Path: An Introduction to the Psychology of the Spiritual Traditions. Duquesne University Press, 1999.

4) 사랑의 각성. 제랄드 메이 지음, 김동규 옮김. IVP, 2000, p15.

5) Ibid, p22.

6) Ibid, p35.

7) 다음 3장의 첫 머리에 그에 관한 구체적인 소개를 하였으므로 이를 참고하기 바란다.

8) Han de Wit: The Spiritual Path: An Introduction to the Psychology of the Spiritual Traditions. Duquesne University Press, 1999.

9) James 1902, Fortman 1974, van Kaam 1983, de Wit, 1991. 이상 3)에서 재인용.

10) 살아 있는 인간문서: 해석학적 목회상담학. 찰스 거킨 지음, 안석모 옮김. 한국심리치료연구소, 1998.

11) 이만홍, "그리스도인의 묵상 I"(2023, 로뎀 포레스트)에서 상술한 바와 같이, 그리스도인들은 마음의 명료함을 완벽히 훈련할 수도, 그럴 필요도 없다는 것은 마음의 명료함 훈련이 그 자체에 목적이 있다기보다 '하나님 바라봄'이라는 관계성을 위한 준비단계에 불과하기 때문이다.

12) Hans-Georg Gadamer. Truth and Method. New York: Seabury Press, 1975, pp269-274, 인간문서 p54-55에서 재인용함.

3장

Han F. de Wit의 관상심리학

이 장에서는 네덜란드의 관상심리학자 Han F. de Wit의 저서 『The Spiritual Path: An Introduction to the Psychology of the Spiritual Traditions』[1]를 중심으로 그리스도인들이 알아야 할 관상심리학을 소개하고자 한다.

Han F. de Wit(1944-)은 암스테르담 대학의 실험심리학자로서, 그는 기존 심리학의 영역을 뛰어넘어 영성에 관한 연구에 많은 활동과 저서를 남겼으며, 아직 체계가 확립됐다고 볼 수 없는 관상심리학의 기초를 논 학자로 국제적으로 알려져 있다. 그는 일찍이 티베트 불교 각자인 chogyam Trungpa로부터 티베트 명상에 대한 많은 가르침을 받고, 불교 전통의 영성을 서구 사회에 심리학적인 언어로 많은 소개를 하였으며, 영성에 관한 연구가 기존의 심리학적 한계를 뛰어넘어 그 해당 종교 전통 자체의 심리학으로 이해해야 한다고 주장하였다. 그의 마음의 명료함에 관한 마음챙김 명상과 통찰 명상에 대한 깊은 이해는 관상심리학이라는 새로운 차원의 학문적 세계를 만들어 가고 있을 뿐 아니라, 그 스스로 네덜란드에 있는 Shambhala 센터에서 명상과 불교 영성심리학을 강의하고 실천하고 있다. 그는 또한 기독교 영성에도 깊은 관심이 있어 양자를 비교하는 데 이해를 돕고 있으며, 기독교 심리영성의 수련 분야에 있어서도 적지 않은 영향을 미치고 있다. 이 책에서는 그의 저서들 중 위의 책을 중심으로 그의 깊이 있고도 체계적인 불교 명상의 이론들을 설명함으로써 마음의 명료함이라는 측면의 영성수련에 관한 구체적인 이해를 돕고자 한다. 저자의 종교 전통과는 다른 입장이기 때문에 각 종교 영성이 전통적으로 추구하는 더 깊은 영성, 즉 통찰수련의 측면에서는 다른 길을 가고 있지만, 이 분야에 관한 그의 논리적 전개의 체계는 향후 그리스도인 연구자들에게도 영성심리학의 기본 토대가 될 것이 분명해 보인다.

현실 경험과 영성의 길

영성의 발달을 길(Path 또는 the way)이나 길을 가는 여행, 여정(journey)으로 상징화하는 것은 아주 보편적인 표현인데, 여정(journey)이란 용어는 그 길 위에서의 실제적인 과정을 뜻하며, 이런 메타포어들이 의미하는 것은 결국 우리가 겪는 현실 경험이란 지속적으로 변화하는 현실 경험을 의미하는데, 그 특징들은, 관상적 삶 또는 영성이란 인간은 어떤 방향으로든 발달한다는 뜻을 내포한다.

de Wit은 관상적인 연구가 추구하는 것은 우리의 정신 내에 어떤 공간을 만드는 것, 발견하는 것과 관련 있으며, 이로써 통찰과 함께 동료 인간들에 대한 연민과 같은 성숙한 인간다운 요소들을 발달시키는 것으로 표현한다. 이 책에서 de Wit은 성숙한 인간다움을 인도주의(humanism 또는 humaneness)로 줄곧 표현하고 있는데, 이를 그는 성숙의 궁극적 가치로 본다. 특히 우리가 삶을 살면서 겪는 현실 경험은 항상 상대적인 요소가 있음을 깨닫는 것이 관상심리학에서는 중요한 전제가 되는데, 성숙하지 못했던 상태나 어린 시절 현실로 느끼던 것들, 예를 들면 아빠가 제일 힘 센 존재라는 환상 등은 나이가 들어감에 따라, 혹은 성숙해 감에 따라 현실이 아님을 깨닫게 된다. 즉 현 시점에서의 현실 경험은 변하는 것이며, 그것은 상대적 현실이며, 그 현실 경험은 물질적이든 영적이든 어느 방향으로든 변화하고 발달해 간다.

왜 이런 현실 경험의 상대성이 중요한 것인가? 관상 전통들은 물질적으로부터 영적으로 그 방향이 정해지는 대로 발달하는 것에 관심이 있기 때문이다. 이는 여러 가지 용어로 표현된다. 외양(appearance)에서 현실(reality)로, 이미지(imagenary)에서 참(real)으로, 상대적 현실(relative reality)에서 절대적 현실(absolute reality)로, 자아 중심적 현실 경험(egocentric experience of reality)에서 탈자아적 현실 경험(egoless experience of reality)으로 등등. 따라서 관상적 변형이라는 것은 외형, 가상, 자기기만, 환상으로부터 현실, 대상을 있는 그대로 보는 법을 배워가는 것이며, 그럼으로써 자신을 자유롭게 하는 데에 관심을 쏟는 것으로 표현된다. 그렇다고 하여 마치 우리가 어느 하나를 포기하고 다른 하나를 취하는 것처럼 여기기 쉬운데 그건 아니다. 이 둘은 서로 다른 영역에 속하는 것이 아니고, 서로 상반되는 것이 아니라 서로 보완되는 것이다. 상대적인 현실 경험이라 절대적 현실 경험이라 하는 것조차도 상대적인 개념일 뿐이다. (마치 불교에서의 주장처럼) 처음에는 절대적인 것처럼 보이던 것이 나중에는 상대적인 것으로 변한다는 점이 중요하다. 상대적인 것을 더 이상 절대적인 것으로 보지 않고 있는 그대로 보게 되는 바로 그 순간이 절대적인 현실의 경험이라는 것이 '관상적 비틈(contemplative twist)'이다. 영적 전통들이 지향하는 것은 우리 삶에서의 보다 구체적인 사건들 속에서 경험의 변화인데, 즉 우리의 삶의 기쁨, 연민, 마음의 자유, 공간 이런 인간다운 것들을 가로막고 있는 것으로부터의 발달을 지향한다. 삶의 모든 면에서의 현실 경험의 변화는 우리의 정서, 사고, 기억, 정신적 가치, 휴매니티, 나 자신에 대한 개념, 그리고 신에 대한 개념 등을 포함하게 된다. 우리가 겪고 있는 현실 경험을 놓아 보내는 것은 현실 자체를 놓아 보내는 것처럼 여겨지므로, 자칫 정신병으로 가는 것처럼 오해될 수도 있기 때문에 사람들은 자신의 경험 인식을 바꾸려고 하기보다는 대상을 파괴하거나 집착함으로써 자신의 공격성이나 사랑의 욕구를 해결하려는 경향을 띤다. 그러나 그렇게 현실 자체를 놓아 보내는 대신 현실 경험을 놓아 보내는 것이 우리에게 자유로움과 현실 대상을 잘 다룰 수 있는 자유를 허락한다. 그러므로 관상적 삶이 현실을 도피한다는 것은 오해이며, 오히려 더욱 현실에 참여할 수 있는 자유와 능력을 준다.

저자는 바로 이 점이 삶에 찌든 현대인들에게 매우 신선한 메시지를 주기도 하며 동시에 관상이 현대인에게도 필요한 이유에 대한 오해를 풀어주는 관점이 된다고 본다. 현실을 자유롭게 본다는 것은 당장에 처한 현실, 바꿀 수 없는 현실에서 오는 스트레스를 해결하는 기본적인 마음의 심리학적 자유를 부여하기 때문이다. 이것은 그리스도인이든 타 종교인이든 마찬가지이다. 특히 현실의 개선이나 충족을 바라는, 실제로는 자신의 욕망을 바라면서 그것이 하나님의 뜻이라는 명분으로 덧칠함으로써 관계나 공동체에서의 갈등을 초래하는 많은 그리스도인들이 심각하게 받아들여야 할 대목이다.

그러면 어떻게 해서 매 순간순간 우리의 현실 경험의 흐름(The Stream of Experience)-그것이 물질적이든 영적인 것이든-이 실제로 우리 실존 속으로 들어오게 되는가? 영적 전통 속에서는 그 답은 신학이나 철학에 의한 것이 아니라, 자신의 마음을 관찰하는 훈련을 통해서 얻어진다는 심리학적 통찰에 의해서이다. 우리 마음에는 늘 내부적

리포터라고 부르는 것이 작동하고 있는데, 우리가 무엇을 보고, 듣고 경험하는지 말해 주는 부분이며, 이는 객관적인 현실과는 다소 거리가 있다. 심리치료에서도 관찰자아와 경험자아란 것이 있어서 서로 다른 시각을 갖는다는 개념이 있다. 이 때문에 우리는 다소간 우리가 경험하는 것을 다큐멘터리나 뉴스처럼 우리 자신에게 알려주고, 평가하고, 경고하고 강의한다. 현실 경험은 자아의 대상적 성격을 띠게 한다. 그래서 그 경험이 때로는 불쾌할 수도, 때로는 즐거움이 될 수도 있다. 예를 들면 어떤 사람이 공격적이라고 느끼면 우리는 적이 있다고 여기고, 우호적이면 친구가 있다고 여긴다. 그러나 내게 친구는 누군가의 적일 수도 있으므로, 보이는 것처럼 객관적이지는 않다. 또한 과거에 한번 적으로 여겼던 사람은 새로운 순간에 그렇게 다시 여기지만, 다른 경험에 따라서 변화될 수도 있다. 이렇게 우리는 늘 그때그때 상황에 따라 계속적으로 적응해가면서 우리의 개념을 바꾼다.

위의 문제를 남이 아닌 우리 스스로에 관하여 말할 때, 우리 자신의 해석이 우리 자신의 경험에 얼마나 영향을 미치는지는 더욱 결정하기 어렵다. 우리는 어떤 형태로든 우리 자신을 바라보고 다루는 데에 우리의 해석이 영향을 미친다. 우리는 우리가 생각하는 바대로의 우리일까? 이 질문에 실수는 없을까? 우리는 우리 자신에 대하여 점검한 적이 있는가? 우리 마음의 작용을 직접적으로 살펴본 적이 있는가? 우리 자신의 해석을 듣고, 그것에 자신을 허락하고 그대로 휩쓸리기보다는 그 해석 자체를 점검해 본 적이 있는가?

우리의 경험의 총화에 얼마나 우리의 사고의 흐름이 영향을 미치는지는 가늠하기 어렵다. 우리는 현실을 위협적으로 느끼는가? 성스럽다고 느끼는가? 그것이 현실인가 아니면 단지 우리 자신의 경험 방식인가?

이 문제는 중요하다. 왜냐하면 우리는 그렇게 삶을 살아가고, 이 세계와 이웃들에게 그런 식으로 영향을 주기 때문이다. 여러 영적 전통들이 지칠 줄 모르고 강조해 오는 것은 바로 이것, 우리 자신이 우리의 맹점, 어둔 점을 정확하게 알지 못하고 있다는 것이다. 영적 전통들은 이렇게 우리 자신이 처한 현실을 객관적으로 보지 못하는 상태를 영적으로 "잠들어 있다", "깨어나지 못한", "눈먼 존재"라고 표현하며, 영적 수련에 의하여 우리의 현실 경험의 방식을 보다 분명히 보도록 어떤 장소에서 "깨어날" 수 있게 우리의 정신을 함양할 수 있다고 주장한다. 따라서 우리의 현실 경험은 정도를 알 수 없는 어둠, 혼란, 눈 멂, 무지, 반대에 쏠려 있으며, 그 반대의 개념들, 빛, 마음의 명료함, 통찰 등의 용어들이 영적 전통들에서 사용된다. 예를 들면 유대 전통에서는 "눈을 뜬다"라는 표현을 쓰며(특히 바락 선지자와 당나귀의 일화를 상기시킨다), 신약에서는 바울이 "이해의 눈을"(엡 1:18, 너희 마음의 눈을 밝히사… 너희로 알게 하시기를 구하노라), 불교 경전 수트라에서는 "지혜의 눈을 뜬다"라는 표현을 쓴다. 즉 "눈을 뜬다", "빛을 비춘다" 등의 표현은 우리의 현실 경험이 우리 자신의 잘못 만들어진 경험임을 바라보게 한다는 뜻으로 사용된다.

영성 전통들의 지도란 우리의 현실 경험의 필요한 버팀목처럼 보이는 것을 조정불능으로 공포스럽게 만들지 않고 놓아 보낼 수 있도록 공간을 창조하도록 돕는 것이다. 어린아이에게 "네가 10살이 되면 더 이상 엄마 품 같은 그런 장소는 존재하지 않는다는 걸 아니?"와 같은 잔인한 질문은 하는 것이 아니다. 영적 전통들도 아이가 자신의 세계를 자연스럽게 넘어설 수있게 부모가 인도하는 것처럼 현실 경험이 좀 더 자신 스스로의 것에 가까운 것으로 발달하도록 다른 요소들을 위한 공간을 창조하는 것이다. 영성의 길은 그런 임무를 행한다. 그렇다고 하여 그 목적이 다른 현실 경험으로 대체하는 것은 아니다. 수련자로 하여금 그의 현실 경험을 노출하고 그것이 투명하게 보이도록 해주는 것이다. 때로는 삶의 여정 가운데서 현실 경험에 총체적인 붕괴가 일어나고 내적인 파괴(contritio cordis)가 일어나는 순간이 있는데, 그때 그 붕괴가 견딜 만하도록 잠정적인 버팀목이 되어 줄 수도 있으며, 그 버팀목은 수련자들을 도망가지도 않고, 눈이 먼 방어 속에서 혼란에 빠지지도 않도록 현실성과 연민의 성장을 증진시키기도 한다.

한편 영성의 길이라는 상징에는 위험 요소들이 있기도 하다. 때때로 우리는 이 상징 자체를 절대화하는 유혹을 받는다. 그 결과 그 자체를 새로운 현실 경험의 버팀목으로 사용하려고 한다. 그 약점은 단계적인 개념에 집착하는 약점이 있다. "내가 어느 단계에 있나요? 그에 맞는 참고문헌을 소개해주세요."라는 식으로 흔히 질문한다. 또 남들과 비교하여 평가하기 쉽다. 이런 관점들은 전체를 볼 수 없게 하여 더욱 나아가는 것을 방해한다. 한편 영성의 길이라는 상징성은 서구 기독교 개념에서 흔한 것처럼 일직선상에서 (마치 갈멜산 오르기, 베네딕트 전통의 사다리처럼) 발전하거나 위로 향하여 올라가는 것 같은 상징으로 묘사될 때가 많다. 그러나 실제로는 내려가는 것이라고 볼 수도 있다. 특히 불교 전통에서는 거꾸로 걷는 것, 반대 방향으로 깨닫기, 뒤로 가는 감각 등으로 표현된다. 즉 스스로의 자아 중심성, 우리의 유치한 야망과 자기 계발 등의 개념을 좌절시키기 때문이다. 그래서 영성의 길을 간다는 것은 우리의 이상, 기대 등을 제거하고 떠나는 것이기도 하다. 오히려 때로는 이런 영적 이상이나 기대는 관상적 발달을 방해할 수도 있다. 거룩, 완전, 충족 등의 목표를 향한 이상은 더 이상 우리 자신을 열린 마음으로 볼 수 없게 하는데, 이를 Dom Louf는 말하기를, "순종, 자기 훈련, 심지어는 기도조차도 살아계신 하나님으로부터 먼 방향으로 향하게 하며, 세속적인 윤리와 본질적으로 다를 바 없는 완전의 이상에 종속되게 한다."[2] 그래서 우리는 다시 한번 영적 야망과 성공의 사다리를 오르게 되는 우를 범하게 된다. 쵸기암 트룽파는 이런 영성의 왜곡 내지는 가지치기를 영적 물질주의(spiritual materialism)라고 이름 붙였다. 그것은 단지 우리 자신을 풍요롭고 구원받는 느낌을 주게 만드는 영적 실용주의에 지나지 않는다. 영성의 길은 야망을 쉽게 띨 수 있는 경향이 있다. 마치 영성의 길을 명예와 영광의 상을 받아 자부심을 갖게 하는 경주 트랙처럼 여기게 된다. 그런 유혹은 시작의 때만이 아니라 길의 전 과정에 걸쳐 있다. de Wit는 우리가 얻은 통찰을 펼쳐 보이고 싶은 유혹에 저항하지 못하고 노골적으로 나타내기도 하고, 때로는 공개하지 않고 아무도 보지 못하는 작은 상자에 넣어두고, 가끔씩 펼쳐보면서 은연중에 부질없는 자부심을 부양해 나가기도 한다고 지적한다. 우리가 새로운 영적 체험을 하거나 영적 성장의 어떤 경험을 할 때 자신의 영적 성장에 자부심을 갖는다는 것을 처음에는 충격으로 다가오지만, 점점 자신과 세계에 대한 새로운 통찰은 마음의 자유와 유머 감각을 불러일으키기도 하며, 때로는 오랜 수련자들이 영적으로 우쭐대는 것은 어린아이와 같이 유치한 것으로 보이기도 한다. 그러나 점차 우리는 자신 스스로의 상황의 심각성을 알게 되면서, 자신을 높이려는 경향을 넘어서서 자연스럽고 진정한 겸손을 얻게 된다. 이 겸손은 죄책감이나 자기 멸시로부터가 아닌, 자기 지식으로부터 오는 겸손이며, 관상적 훈련의 열매가 우리의 것이 아닌, 주어지는 은혜임을 깨닫게 되는 겸손이며, 많은 관상 전통들은 영적 자부심의 발달을 제거하는 치료법을 가지고 있기도 하다. 우리가 가는 길은 원래 불확실성의 길, 위험이 도사린 길, 익숙한 것과 관습적인 현실 경험을 떠나는 길이었다. 우리는 일종의 포장된 길에 관심이 있을지 모르나, 관상의 길, 영성의 길은 아직도 위험한 작업이고, 전통들이 비추는 빛은 겨우 약간의 앞만을 비출 뿐이다.

저자는 de Wit의 말과 같이 이상의 영성의 길에 깔려 있는 위험 요소들은 우리 주위에서 흔히 볼 수 있으며, 가장 경계해야 할 문제들이라고 본다. 예수께서도 최상급의 욕설을 동원하여 거듭거듭 비판하였던 점이 바로 당시의 바리새파 영성가들의 외식적인 행태였다. 정신분석에서도 한 때의 통찰은 그 다음 단계에서 저항으로 작용한다는 점을 정확히 꼬집고 있으며, 따라서 치료자는 늘 새로운 마음과 겸손히 열린 마음으로 관계를 잘 성찰하는 것이 그들의 주요 임무이다. 깨어남은 한 번으로 끝나는 것이 아니라 어쩌면 평생에 걸쳐 조금씩 반복해서 일어나는 현상으로 성숙은 죽을 때까지 그 끝이 없다. 한때 어떤 사람의 영성을 조금 성숙시킨 바로 그 방법은 다음 순간 그의 성숙을 발목 잡는다. 이는 매우 광범위하게 우리 주위에 널려 있는 현상으로서, 예를 들면 예수기도나 향심기도의 고식적인 방법, 영성지도 전통에서 반복되는 분별의 방법, 나아가서는 여러 모양의 종교 예전들과 장식들을 들 수 있는데, 자칫 어느 한 방법에 고착되면 그것은 오히려 해악이 될 수도 있다. 이런 경향은 외적인 것뿐만 아니라 여러 덕목들, 겸손, 자비, 거룩함 등등 가짜가 되면, 내면적 교만함으로 굳어져서, 자신을 깬 사람, 도사, 영성의 길을 가는 사람이라는 헛된 자부심으로 가면을 쓴 채 살아가는 사람들을 드물지 않게 볼 수 있다.

관상심리학에서의 마음과 지식

우선 경험(experience), 사고(thinking), 사고의 흐름(stream of thought), 분별(discernment) 등과 같은 용어들의 개념을 정리하는 것이 필요한 데, 이 모든 용어들은 우리의 마음의 측면들(aspects of our mind)과 지식(knowledge)과 연관이 되어 있다. 먼저 마음(mind)이란 단어는 우리가 보통 일상에서 가볍게 사용하는데, 사실 굉장히 다양한 용도로 쓰인다. 여기에는 현대의 심리학이 별 도움을 못 준다. 현대 심리학에서는 최근까지 마음(mind)이나 정신(psyche)이란 용어의 사용이 거의 타부처럼 되어왔다는 것은 놀랍다. 지난 20세기 들어 첫 10년 사이에 마음이란 단어는 심리학 사전에서 사라졌다. 물론 종교나 신학 영역에서는 마음이란 것에 대한 많은 논의가 있긴 했지만, 그것들은 관상적-심리학적인 이해가 아니다. 심리치료 영역에서는 논의가 있긴 하지만 그것은 정신적인 문제를 해결하기 위한 것이지 영적 자유에 초점을 맞춘 것은 아니었다. 이런 접근들은 특히 비서구적, 비기독교적인 영성 전통들에 풍부한 관상심리학적 통찰들을 흐리게 하는 위험이 있다. 관상심리학적 통찰들은 기존의 이러한 현대심리학의 개념적인 틀을 뛰어넘는다.

그러므로 de Wit은 우선, '마음(mind)', '의식(consciousness)', '사고(thinking)', '앎(knowing)', '경험함(experiencing)' 등의 용어들에 대하여 영성 전통들-주로 불교적인-이 그 자체적으로 차용하고 있는 특정 심리학적 해석들을 보여주는 것으로 출발한다. 즉 영성 전통들의 수련자 자신들은 이런 개념들을 어떻게 사용하는가? 그들이 사용하는 수련의 실제가 마음에 혹은 마음 속에서 어떻게 작용하는가? 그들은 영성수련에 의하여 그들의 마음에 주의를 집중할 때 무엇을 보는가? 이제부터 영성 전통들이 사용하는 심리학적 개념들과 우리가 가지고 있는, 즉 현대 심리학이 가지고 있는 의미와 어떻게 다른지를 살펴본다.

관상심리학에서는 '마음(Mind)'의 의미는 다른 의미를 갖는다. 이미 언급한 대로 관상심리학은 일인칭이므로 이에 의하면 정신영역은 경험되는 것이다. 우리는 어떤 의미에서는 우리의 마음을 "경험"할 수 있 거나, "볼" 수 있다. 따라서 마음은 마치 달의 이면처럼 단지 생각하거 나, 추론하거나, 상상할 수 있는 것이 아니라, 우리의 정신활동을 볼 수 있고, 그것을 의식적으로 경험할 수 있다. 사고(thinking)와 사고의 흐 름(stream of thought)은 경험과 분리된 것이 아니라, 그것의 한 부분 을 구성한다. 우리의 생각과 사고의 흐름은 '감각적 경험의 흐름(the stream of sensory experience)' 다음으로 오는 흐름인데 이 둘은 한 데 합쳐져서 '우리의 현실 경험(our experience of reality)'을 이룬다. 관상적인 관점은 "내적 지각능력"을 포기할 때 마음의 움직임을 명쾌 하게 볼 수 있는 입장이 된다고 본다. 예를 들면, 에베소서 1장 18절, "여러분의 마음의 눈을 밝혀주셔서"라는 표현이나 달라이라마가 말하 는 '지혜의 눈(eyes of wisdom)'이라는 표현에서 보는 바와 같이 '마 음의 눈(mind's eye)'은 마음의 어느 한 측면을 나타내는 일종의 메타 포이다. 이 개념은 앞으로 설명하게 될 마음챙김(mindfulness), 알아 차림(awareness), 의식(consciousness) 등과 밀접한 관련이 있다.

현대 심리학이나 일상의 심리학에서와는 다르게 관상심리학에서는 생각(thought)이나 사고의 흐름은 그 내용물들인 아이디어, 감정, 욕 구 등과 구별이 되면서, 동시에 이들과 함께 경험되어질 수 있다고 주 장한다. 앞의 두 심리학에서는 생각이란 경험의 밖에서, 경험에 반하 여 일어나는데, 마치 경험이 연극의 무대 위에서 일어나는 현상이라 고 한다면 생각은 무대 뒤에서 일어나는 별개의 현상이며, 일상에서 경 험되어지는 것에 대한 생각이 이와는 별개로 일어난다고 본다. 하지 만 관상심리학에서는 경험에 따른 생각이 일어나기도 하지만, 이와 반 대로 생각 그 자체 또한 경험되어질 수 있기 때문에 이 또한 무대 위에 서 경험되어지며, 이에 대한 감정이나 평가도 경험되어진다고 본다. 즉

'우리의 경험에 관한 생각(think about our experiences)'과 같이 '우리의 생각들에 대한 경험(experience about our thoughts)'도 상호적으로 일어난다. 이 점은 관상심리학의 키 포인트인데, 즉 어떤 생각이 일어나면 이를 하나의 경험으로 다룰 수 있게 된다.

'의식(consciousness)' 또한 다르게 이해된다. 우리는 일상생활에서 어떤 때는 우리가 생각하고 있다는 사실조차 의식하지 못하고 생각에 몰두할 때도 있다. 이때는 "마음의 눈(mind's eye closes)이 잠들어 있다"라고 말할 수도 있다. 생각의 흐름에 빠져 있고 정신적으로 깨어있지 않다고 표현할 수도 있다. 이런 현상은 말할 때나 어떤 행동을 할 때도 일어날 수 있다. '정신나간(absentminded)' 상태라고 표현되기도 하는데, 말하자면 우리는 분명히 의식적으로, 또는 무의식적으로 우리의 감각적 경험의 흐름에 의하여 어떤 행위를 수행할 수 있다는 것을 보여준다. 그러나 여기서 의식적이다 무의식적이다 하는 것은 정신의 기능이나 영역을 의미하는 것이 아니라 마음의 어떤 상태를 의미한다. 이 경우 마음의 영역을 의미한다기보다 '의식의 질적 부재(absence of the quality of consciousness)'를 의미하기 때문이다. 이러한 용법은 마음챙김이 있다 또는 없다, 마음이 있다 또는 없다, 알아차림이 있다 또는 없다고 표현할 때도 마찬가지이다.

감각영역에서 어떤 사건을 경험하는 것을 '지각(perception)'이라고 한다. 일상생활에서의 모든 것이 지각되는 것은 아니고 어떤 특정한 것만이 의식과 연결되어 지각되는데, 이는 선택적이기 때문에 '선택적 주의집중(selective attention)'이라고 한다. 반면에 어떤 것들은 의식과 연결되지 못하고, 즉 의식적으로 지각되지 못한 채 무(전)의식적으로 수행되기도 한다. 예를 들면 자동차를 운전할 때, 많은 감각들과 행동들은 의식하지 못한 채 수행된다. 우리는 감각만이 아니라 생각(심리적인 내용)도 지각할 수 있는데, 이 경우 '통각(apperception)'이란 용어를 사용한다. 그리고 우리의 알아차림(awareness)이나 통각(apperception)은 범위와 초점에 있어서 선택 가능하며, 그 범위를 벗어나는 것은 의식하지 못한다. 이런 개념들은 불교 전통의 관상심리학에서 사용하는 용어와 유사하다. 우리는 주목하거나 어떤 일에 주의를 집중하지 않고도 듣거나 일을 수행할 수 있다. 의식적 경험은 이와 반대이다, 즉 우리의 경험을 주목할 수도 있다. 이 경우 우리는 '부재(absent)'하지 않으며, '임재(present)'한다고 표현한다. (저자의 생각에는 이 '임재'의 개념은 기독교 전통의 관계성적인 개념과는 아주 대표적으로 다른 개념이라고 본다) 우리는 생각 속에 있을 수도 있고, 우리의 생각들을 바라볼 수도 있다. 만약 우리가 생각 속에 있을 경우 생각의 흐름들이 진행되면서 우리가 생각하고 있다는 것을 주목하지 못한다. 그 순간은 경험하는 생각의 세계 속에서 우리는 그것을 현실로써 살고 있는 것이다. 그 속에서 모든 기쁨과 슬픔을 겪고 있으며, 우리 생각들을 무의식적으로 경험하면서 사는 것이다. 우리가 이런 사고의 흐름에서 깨어나면 우리는 우리가 생각하고 있음을 주목하게 되고, 단지 그 흐름의 끄트머리만을 바라보게 된다. 그 순간은 우리가 '사고의 의식적 경험을 하는(conscious experiencing of our thinking) 상태'가 되는 것이다. 그때는 우리는 우리의 생각들을 더 이상 현실이 아니고 그냥 순수한 생각으로 경험하게 된다. 실용적으로 말하자면, 우리의 생각들은 의식적으로 경험하는 것으로부터 무의식적으로 경험하는 것까지의 사이에 다양한 배열이 있는 것이다. 어떤 경우 우리는 그것들을 볼 때 완전히 투명하게 있는 그대로 볼 수도 있고, 때로는 구름이나 안개가 낀 듯 불투명하게 보거나, 완전히 우리의 생각 속의 세계에 살 수도 있다. 정리하자면, 우리의 의식은 명료함의 정도(degree of clarity)를 가지고 있다. 그 명료함(clarity)이란 우리의 경험함의 질(quality of our experiencing)이며, 그런 현상은 많든 적든 의식적으로, 지속적으로 경험된다는 것이며, 이 점은 감각현상과 정신 현상 모두에서 경험된다.

따라서 의식에는 두 측면이 있다. 의식의 기능과 관련하여 서로 연관되어 있지만 명백히 구별 되는 두 측면이 있는데, 하나는 좀 더 정적인, 다른 하나는 좀 더 역동적인 측면이다. 첫 번째는 우리의 주의를 어느 한 곳에 집중하고 이를 지속하는 측면인데, 마음챙김(mindfulness), 주의(attention), 집중(concentration), 한 곳에 초점 모으기(one-pointedness) 등의 용어로 표현되는 능력인데, 이것은 정신이 나간 상태, 초조함, 마음의 혼돈상태와 반대된다. 이것은 우리의 경험하는 방식의 안정성(stability) 및 정확성(precision)과 관련된다. 그래서 마음챙김(mind-fulness)은 마음이 하나로부터 다른 하나로 왔다 갔다 점프하는 것과 반대되는 상태를 뜻하며, 따라서 영성 전통들에서는 마음챙김을 함양하는 것은 정신적 고요를 발달시키는 것과 같다고 강조한다.

의식의 두 번째 측면은 분별(discernment) 또는 분별하는 알아차림(discriminating awareness)으로써 앞의 첫 번째 측면이 이에 기초가 되어 발달하게 되며, 우리들의 경험의 흐름 속에서 표면을 형성하고 있는 현상에 대한 개관과 통찰을 제공한다. 이것은 역동적 또는 유동적이라고 할 수 있으며, 뭔가를 알고 싶어 하는 흥미의 특성과 연관된다. 예를 들면 건강한 어린이가 사물에 대하여 편견이 없이 열린 마음으로 있는 그대로를 바라보는 상태로 이해되며, 그래서 이것은 때로는 '열린 마음(openmindedness)' 또는 '마음의 명료함(clarity of mind)'으로도 불리며, 편견이나 선입견, 편향된 개념에 의하여 방해

받지 않는 열린 마음, 요약하자면 우리의 의식의 흐름 가운데서 자아의 해석이 있는 관습적인 경험으로부터, 즉 고착으로부터 자유롭게(free from fixation) 깨닫는 것을 말한다. 이러한 분별하는 알아차림(discriminating awareness)은 우리에게 진정한 지식과 통찰을 가져다주는데, 영적 통찰 훈련(disciplines of insight)에 의하여 함양되며, 추후 자세하게 논의할 것이다. 이미지로 비유하자면, 허공을 아주 편안하고 고요하게 활공하면서 날개를 거의 움직이지 않고 현상의 세계를 완벽하게 바라보는 독수리를 생각해 볼 수 있다. 또한 이는 우리의 인식(awareness)이 고정관념으로부터 자유로운 순간을 대표하는 이미지이며, 이런 순간들은 일상에서 가끔 자연스레 일어나는데, 그때는 경험의 강도가 매우 강하며 격한 감동의 순간이다. 그 순간 극단적인 강렬한 각성상태(energetic alertness)에 의하여 우리의 지각은 변하며, 그 순간을 아주 빨리 더 많이 경험한다. 시간은 멈춘 듯, 혹은 아주 느리게 기어가는 듯 한데, 비유하자면 영화제작자들이 어떤 중요한 순간, 사고나 죽음의 장면 등에서 슬로우 모션 기법을 사용하여 어떤 순간의 강렬한 암시를 각성시키려는 의도로 사용하는 것과 같은 것이다. 그 순간 우리의 의식은 느슨하게 풀어지고 자유롭게 되어서 아주 짧은 순간 믿을 수 없는 명료함을 가지고 가장 작은 디테일조차 잘 볼 수 있게 됨으로써 생명까지도 살릴 수 있는 능력을 보여주기도 한다. 이 분별적 깨달음은 억압과 고착으로부터 자유로운 '비조건적 각성(unconditioned awareness)'이다. 그것은 관상적 전통들이 함양하고자 시도하는 씨앗과 열매를 구성하고 있다. 이것이 충분히 함양된 상태를 여러 이름으로 부르는데, 즉 깨달음(enlightenment), 충족(fulfillment), 심연(abyss), 죽음(death), 영생(eternal life), 순복(surrender), 등등으로 부르는데, 이름이야 어떻든 핵심은 우리의 마음의 눈이 열려서 강렬하고, 학습된 적 없는 깨달음의 순간을 의미한다. 이는 우리로 하여금 환상과 현실의 뒤섞임을 풀어주고 인간사의 베일을 벗겨 보는 것을 가능하게 한다. 그 때 활성화되는 분별은 우리의 근본적인 인간다움에 대한 마음의 명료함(clarity of mind)이 이루어지는 것이다.

그러므로 마음의 안정성은 분별과 중요한 관계가 있다. 분별 또는 분별하는 각성은-우리의 참 얼굴을 볼 수 있는 능력으로서- 정신의 안정성 또는 고요함의 기초 위에서만 가능하다. 고요함은 우리의 생각이 탁류에 고착된 것을 놓아 보낸 결과로서 오는데, 이 고요함은 우리의 마음(의식)이 거울, 맑은 물, 촛불의 움직임 없는 불꽃이라는 은유로 표현되는 기능을 하게 만든다. 그러나 고요함은 사막의 교부들의 이야기에서처럼 흔히 우리가 생각하는 것처럼 목적이 아니고, 수단, 즉 통찰을 향한 수단이다. 두 수도승이 다른 한 명의 수도승을 찾아와 물었다. 진전이 있는가? 그는 잠시 고요히 앉아 있다가 컵에 물을 따라 놓고 "자 물을 보시오."라고 하였다. 물은 흐렸다. 잠시 후 그는 "이제 물이 얼마나 깨끗해졌는지 보시오."라고 말하였다. 그들이 물 위로 몸을 기울이자 자신들의 얼굴이 컵(거울)에 비치는 것을 보았다. 그는 그들에게 말하기를, "인간이 사람들 사이에서 살면 혼탁함 때문에 자신의 죄를 보지 못하지요. 그러나 사막에서 쉬게 되면 자신의 죄를 볼 수 있다오."라고 하였다. 그의 대답은 통찰의 발달을 위한 쉼과 고요함의 중요성을 보여준다. 쉼은 관상적 의미로는 분명히 졸림이나 무관심한 고요를 의미하는 것은 아니다. 정신적인 안정성(stability), 즉 혼탁한 생각의 흐름을 바라볼 수 있게 하는 내적인 안정성의 한 형태를 뜻한다. 이는 열린 통찰의 기초이며, 혼탁한 생각의 흐름에 끌리지 않을수록 더욱 그 흐름을 잘 볼 수 있게 하는 상태이다. 우리의 알아차림(awareness)이 더욱 열릴수록 분별은 더욱 생생하고 활성화한다. 그래서 영성 전통들은 쉼이 굉장한 에너지를 함유하게 된다고 말한다. 이 깨어남의 에너지가 작동하기 시작할 때 고요함은 굉장히 역동적이 되며, 매 경험의 순간의 총체성과 구체성을 제공하게 된다.

생각은 어떤 표상(representation)을 갖거나 표상일 수 있지만, 경험은 그 자체가 현존(presentation)일 뿐이다. 예를 들면, 나무 위에 있는 검은 새를 봤다면, 그 순간이 지난 다음 나는 나무와 검은 새를 봤다는 기억이라는 사고의 내용이나 대상은 있으나, 경험은 이미 사라진 뒤이다. 관상심리학에서는 경험은 언제나 '지금 여기(here and now)'이다. 나는 나무와 새를 본 경험이 있다고 한다면 그것은 이미 과거를 상기한다는 의미에 다가가는 것이다. 우리는 과거나 다가올 미래를 경험할 수는 없다. 경험은 현재 존재하는 것일 뿐이다. 그런 의미에서 경험은 시간 차원을 가지고 있지 않지만 사고나 생각은 그 내용에서 과거(기억)일 수도, 미래(기대 등)일 수도 있다. 그러므로 과거의 기억이나 미래의 기대를 경험하는 것은 단지 현재일 뿐이라고 말할 수 있다.

우리는 또 하나, 우리의 분별하는 알아차림 즉 정신적 분별을 통하여 통찰이나 지식을 얻을 수도 있는데, 이것은 개념적 지식이 아니라 지각적(perceptual) 지식, 즉 생각이 아닌 내면의 눈을 통한 지식인데, 불교에서는 이를 '암묵적 지식(mute's knowing)'이라고 부르며, 달콤함을 맛볼 수는 있으나 기술할 수 없는 것처럼, 깨달은 사람이 깨달음(enlightenment)에 대해 갖고 있는 지식은 지각적이며, 표현할 수 없는 지식이다. 현대 심리학에서는 개념적 지식만이 과학적이라고 보지만, 초기 서구 심리학자 중에서도 이 둘을 다 모두 과학적이라고 본 사람도 있는데, 예를 들면 윌리암 제임스는 이를 'knowledge-about, knowledge of acquaintance'라고 불렀다. 후자는 기술하기가 상당히 제한된다. 대부분의 영성 전통에서는 이 두 가지 지식을 잘 구분하는데 이를테면 기독교 전통에서는 '머리의 지식(이해)', '가슴의 지식(이해)'이라는 표현을 쓰기도 한다.

영적 전통들 안에서 개념적 지식과 지각적 지식의 기능은 어떤 것인가? 과학적 전통(심리학)에서는 지식을 이 세계를 지배하고 조정하기 위한 것으로 보지만, 영적 전통들에서는 지식을 이 세계를 지배하기 위한 것이라기보다는 인간을 변화시키기 위한 것으로 본다. 영적 전통들은 지식의 반대되는 것들, 즉 마음의 눈 멂, 무지, 어둠, 혼돈을 제거하기 위한 것으로 본다. 그래서 지식을 양적으로 많이 모으는 데는 관심이 없는데 왜냐하면 이 역시 혼란을 주기는 마찬가지이기 때문이다. 그보다 궁극적인 목적은 현실에 대한 독선적이고 자아중심적인 경험에서 오는 혼란과 무지를 제거하고 현명한 사람이 되고 인생을 더 깊이 있게 알기 위한 것으로 생각한다.

관상심리학에서는 개념적 지식(Conceptual Knowledge)은 오히려 지각적 지식의 발달을 저해한다고 주장한다. 만약 우리가 자신에 대하여, 또는 신에 대하여 잘 알고 있다고 생각한다면, 무엇 때문에 더 알려고 노력하겠는가? 특히 서구 문화에서는 개념적 지식만이 과학적이라고 보는데, 여기에 바로 지적 자기만족의 위험이 존재한다는 것이다. 특히 영적 삶의 방식에 대한 지적인 이해는 영적 삶의 방식에 대한 경험과 쉽게 혼동된다. 자신의 마음을 다스리고 지혜를 발달시키려는 의지 대신 지적 교만-그런 삶을 살아 보지도 않고 영성의 길을 안다는 교만-이 생기기 쉽다. 그것은 어느 정도까지는 지적으로 알 수 있지만, 가슴으로는 아니다. 우리는 영적 개념 속에서 놀이를 하듯 있을 수 있게 되고, 그렇게 하는 것으로 이미 영성의 길의 전부라고 생각하고 믿을 수 있다. 심지어는 세리와 바리새인의 기도의 비교에서처럼 우월감을 느끼고 실제 영성수련을 하는 사람들을 무시하게 된다. 영성 전통들은 달을 가리키는 손가락처럼 개념적 지식을 영성 발달 본래의 목적을 가리키는 수단일 뿐이라고 보지만, 그렇다고 하여 개념적 지식을 무시하지는 않는다. 그래서 영성 전통들은 더 중요한 가슴의 수련뿐 아니라 나름대로 머리의 수련들도 포함한다.

de Wit의 이상의 마음과 사고에 대한 관상심리학적 기술들은 매우 중요하고 보편적으로 우리의 뇌의 신경생리적 기능과 연결되는, 따라서 현대 과학에서도 그대로 적용될 수 있는 지식들이며, 우리 인간의 보편적인 특성을 나타내므로 기독교 신앙의 영역에서도 무리 없이 받아들일 수 있을 뿐 아니라, 불교나 기독교 등 모든 영성 전통들의 수련이 목적하는바 마음의 명료함을 수련하는 과정들을 잘 이해할 수 있도록 도와준다. 그러나 물론 기독교 전통의 영성 수련은 이 마음의 명료함 그 자체가 목표가 아니라 추후 상술하는 기독교 특유의 관계성에 대한 측면을 처음부터 고려하면서 이해해야 한다는 전제가 있긴 하지만, 현실적으로 이 부분의 이론이 더욱 소홀히 여겨지지 않도록 주의할 필요가 있다.

영성 수련의 길

이제 우리는 왜, 그리고 어떻게 모든 문화권에서 사람들이 명상(또는 관상)이나 기도와 같은 영적 행위들을 하는지를 살펴볼 것이다. 그리고 이런 일들을 수행하는 과정에서 왜 사람들은 어떻게 다른 사람에 의해서 인도되어지길 허락하는가에 대해서도 살펴볼 것이다. 이를 위하여는 우선 먼저 영성 변화 중 회심(conversion)이라고 불리는 현상의 첫걸음인 열림의 순간(the moment of openness)에 대한 현상, 그 의미, 그리고 이에 대한 반응과 결과 등에 대하여 살펴보고자 한다.

마음의 움직임에는 자아의 강화를 지속하기 위한 보편적인 움직임만 있는 것이 아니라, 때로는 정반대의 다른 움직임도 있는데, 즉 자비(grace)나 축복(blessing)이라고 불리는 것들이다. 우리 삶에서 이런 움직임의 순간들이 있는데, 자아의 입장에서 보면 그것은 목적도 없고, 근거도 없는, 심지어는 놀랄만한 것들로서, 평화롭고, 명쾌하고, 따듯하고 기쁨에 찬 것들이다. 이런 순간들은 영성 훈련을 할 때도 오지만, 일상에서도 가끔 느낄 수도 있는데, 즉 자연의 신비를 관찰할 수 있는 특별한 순간에도 오지만, 의외로 버스를 기다릴 때와 같은 아주 평범한 순간에도 올 수 있으며, 우리가 그것을 일으키거나 조작할 수는 없고 어떤 의미에서는 우리 자신의 것이 아닌, 견고한 자아의 울타리 밖에서 일어난다. 때로는 지나치게 명쾌하거나 지나치게 평화로워서 일종의 화해, 연합의 느낌을 띠는데, 너무나 완벽하여서 철회하거나 재발견할 수가 없기도 하고, 때로는 참아낼 수가 없고 너무나 놀라는 경우도 있다. 모든 영적 전통들은 이런 순간들을 '마음의 열림(openmindedness)'의 순간이라고 하며, 이를 우리에게 가르쳐 주기 위한 여러 방법들을 가지고 있다. 어떤 의미에서는 스스로 존재하는 절대적인 순간이며, 영성 훈련을 하는 것은 이러한 최상의 공간을 받아들이는 것과 관련이 있다고 주장한다. 이런 순간들은 큰 행복의 순간에도 일어나지만 때로는 아주 큰 상실에 직면했을 때도 일어나며, 현실의 일상적인 경험의 가운데를 뚫고 들어와 우리를 긍정적인 감각으로 몰아넣는다.

이 순간이 회심의 기초가 되기 때문에 대단한 순간이지만, 그것이 무엇인지를 인식하기는 쉽지 않다. 그것은 우리의 자아 중심적 현실 경험의 밖에 존재하는 것이기에 설명할 수도 붙잡을 수도 없는데, 말하자면 '자아라는 요새의 벽에 균열(cracks in the walls of the fortress of ego)'이 나서 자아를 열리게 만들고 그 안에 빛이 비추게 되는 순간인 것이다. 그 빛은 우리의 자아의 구조와 작동기전, 그리고 그것들이 어떻게 강화해 나가고 있는지를 객관적으로 비추어 준다. 이런 열림의 순간, 열린 마음의 순간은 일부가 아닌 모든 사람에게 존재하는 것이며, 유신론적인 신앙이든 무신론적인 신앙이든 모든 영적 전통들이 공통적으로 중요하게 보는 순간이다. 이런 관점에서는 이제까지 세상을 살아오는 데 필요한 방식대로의 자아를 유지한다는 것은 지는 전쟁이며, 반대로 자아의 벽 틈을 벌리고 그 안에 빛을 비춘다는 것은 평생에 걸친 전쟁이며, 포기할 수 없는 전쟁이다.

마음의 열림에 대하여 우리는 여러 가지 정신의 반응을 보이게 된다. 회심의 바로 첫 단계는 위에서 언급한 그 순간-즉 우리가 이를 신뢰하고 자신을 열 수 있게 되는 순간-이 아주 필수적이라는 사실을 알아차리는 데로 나아가는 것이다. 그러나 그 알아차림은 처음에는 명료하지 않으며, 자아의 정신상태의 관점에서는 쉽게 오해되거나 심지어는 남용되기도 한다. 그래서 그 첫 번째 반응으로서는, 이런 경험을 그 자체 있는 그대로 인식하지 못하고 아주 특별하게 여겨, 특별한 영적 경험으로 받아들이는 것이다. 그래서 이를 그냥 놓아 보내는 것이 이 순간의 어쩔 수 없는 움직임인데, 그렇지를 못하고 반대로 이것을 붙들려고 하는 정신적 움직임 때문에 오히려 그 순간 질식하게 될 수도 있다. 또 다른 반응으로는, 이 순간을 명백한 위협으로 여기는 것인데, 바로 자아의 관점에서는 이 순간들이란 우리가 친숙한 자아 중심적인 현실 경험의 벽을 깨는 것이라고 보기 때문이다. 이 순간 열림을 열림으로 보지 못하고 위협으로 보는 나머지 'horror vacui' 즉 '공허에 대한 두려움(the fear of emptiness)'을 일으킨다. 이것은 열림 자체가 실제로 공허하기 때문에 온다기보다는, 그 순간이 자아의 관점에서는 자신을 지탱해 줄, 붙잡을 만한 것이 전혀 없기 때문이며, 이런 공허한 순간, 즉 상실의 순간에 맞서 저항하거나 싸우려는 경향이 있다. 세 번째 반응으로는, 이런 순간의 진정한 성격이 우리에게 가려지게 만드는 것인데, 즉 무관심이다. 그것은 우리의 의식과 기억으로부터 이런 순간들을 추방하여 우리로 하여금 하루를 자아의 일로 보내게 만든다. 그러나 우리는 우리의 삶을 "의미 없게 만들도록", 또는 우리 마음의 평온이 불합리하게 방해를 받게 되도록 그것들을 한편으로 밀어놓기에는 전적으로 편하지는 않다.

이상의 세 가지 방법으로 반응하지 않고 그 순간들을 있는 그대로 받아들이고 인식할 때 우리는 더욱 이를 신뢰하게 되고, 회심의 과정을 가는 죄인으로써 우리의 자아의 요새화를 바라볼 수 있게 된다. 이때 영적 인도(spiritual guidance)는 참으로 중요한 의미를 띠게 되며, 우리는 그 순간을 더욱 신앙 안에서 신뢰하며 살게 된다. 우리가 이 순간들이 우리 삶에서 필수적인 것임을 인식할 때 우리는 더 이상 자아에 의하여 제한받지 않을 수 있다는 탈자아적인 영감(egoless inspiration)이 생긴다. 그렇지만 이런 과정은 시간이 많이 걸리는데, 이와 함께 우리 자신을 높이거나 계발시키려는 의도에서 이 순간들을 끌어 오려고 하거나 반대로 무시하려는 시도들, 즉 우리 자신의 유익을 위하여 이들을 조정하려는 자아지향적 동기(ego-directed motivation)들에 휘둘릴 수도 있다. 관상적 삶에서는 이들을 영적 물질주의라고 부르는데, 때로는 외적인 영적 수련을 하게 만들기도 하지만 이들은 오히려 자아를 강화하기 위한 시도이므로 결국은 우리를 궁극적인 열림(openness)으로부터 멀어지게 한다. 이는 우리를 불안정하게 만들어 에너지를 많이 들임에도 불구하고 실제적인 영적 성숙은 일어나지 않으며, 우리를 허무주의(nihilism)와 근본주의(fundermentalism) 사이에서 왔다 갔다 하게 만든다. 이 두 가지 태도 모두 자기확신을 추구하기 위한 야망에서 비롯되며, 특히 근본주의는 외형적으로 변치 않는 영원한, 그리고 절대적인 것처럼 보이는 것을 붙잡고 늘어지는 태도를 갖게 한다. 전통이나 분파적 교리 등의 지엽적이고 구체적인 외적인 형태에 광적으로 매달리게 하며 나만은 올바른 라인에 서 있다는 헛된 자만심을 갖게 한다. 그러다가 이에 잘못된 태도가 있다는 표시가 있을 때, 쉽게 반대편으로 허무주의를 향하여 눈을 돌리게 된다. 자아 중심적 또는 영적 물질주의가 충족을 주지 못할 때 우리는 종교 전통에 통째로 실망하고 거부하게 되며, 역시 자아 중심적 동기에서 이런 것들은 가치 없는 것으로 판명이 났다고 취급하게 된다. 결국 영적 전통이나 종교 전통을 통째로 파기해 버리고, 뭔가 우리의 자아를 충족시킬만한 새로운 것을 찾기까지 이들을 무시하고 반대를 하게 된다. 이렇게 해서 영적 허무주의와 영적 근본주의 사이를 오가며 새로운 영적 버팀목이 생길 때까지 신앙과 불신앙 사이를 헤맨다. 이런 태도들은 그런 열림의 순간들을 위협적으로 보며, 결국에는 마음의 명료함을 가로막는다. (인간이란 절대 창조자를 인정하고 결국 그에게 돌아가려는 궁극적인 피조물이라는 사실로부터 출발하는 것을 기독교 영성 전통에 깔려 있는 전제라고 한다면 이 두 종교는 그 끝이 전혀 다름을 알 수 있다.)

우리가 그 순간들을 의도적으로 추구하거나 무시하지 않을 때 이런 순간들이 우리 안에서 어떤 변화를 일으키는지를 살펴보자. 우리가 자아를 직시하고 그것의 궁극적인 실패를 감안한다면, 우리 삶에서 자아의 벽 안에서 통찰과 기쁨을 얻을 수 있다는 데 대하여 의문을 갖게 된다. 이 의심은 우리 자신을 못 믿는 비판적인 태도로 나타나지만, 이 자체는 긍정적이다. 왜냐하면 자아 중심적인 태도는 우리 삶에서 고통만 가져올 뿐 기쁨은 불가능하다는 알아차림에서 나온 것이므로 이는 바로 열림의 순간으로 연결될 수 있다. 이 불신은 우리가 영성의 길에 처음 들어설 때 매우 중요한 의미를 갖게 되는데, 왜냐하면 이 불신에 여지를 남겨두고, 대충 얼버무리고 넘어가지 않는 것은 일종의 마음의 명료함(clarity of mind)의 역할을 하기 때문에 우리를 허무주의와 근본주의로 빠지는 것을 방지한다. 이런 불신은 우리 자신에 대한 것만이 아니라 세계에 대한 것, 종교에 대한 것도 포함한다. 환경이 다 충족된다면 우리는 행복하게 될 것이라는 그릇된 믿음은 이 순간들의 불신에 의하여 깨지며, 이는 마음의 명료함의 역할을 한다. 따라서 세계나 종교가 주는 약속들이나 기대는 내적인 평화가 아니라면 모두 불신으로 깨져야 한다. 이런 자아 중심적 현실 경험의 실패가 분명해질 때, 보다 근본적인 질문이 떠오른다. "그래, 이제 어떻게 되는 것인가? 이런 것을 경험하고 살아남은 사람이 또 있는가? 내가 유일한가? 이에 관하여 대화할 수 있는 사람이 있는가? 그들을 어디서 찾을 수 있는가?" 이 질문들은 또 다른 버팀목을 찾는 것이 아니라 계속되는 외로운 탐색이다. 이제까지 수없이 많은 제도적 종교, 문화 등등이 여러 이야기를 하였지만, 그것들이 모두 비현실적인 약속이란 것을 분명히 보여주는 것은 바로 이 열림의 순간들이다.

진지한 영성 전통에서는 한 개인이 처음 심각하게 이런 접촉을 할 때 그에게 주어지는 충고는, 우선 릴렉스하면서 시간을 가지고 너 자신을 철저히 점검하라는 것이다. 이 시점에서 우리는 분별하는 알아차림(disciminating awareness)을 가지는 것이 중요하게 된다. 흔히는 다음과 같은 가이드가 주어진다. "하루 시간을 충분히 내어서 우리 영성 공동체에 함께 참여하세요. 잠시 읽던 심리학 책이나 영성 책, 철학 책 모두 내려놓고 잠시 시간을 내어서 명상을 하세요. 당신의 마음이 어떻게 움직이는지 살펴보세요."

여기서 '개인적 신뢰성(personal reliability)으로서의 자기지식(self-knowledge)'이 매우 중요한 역할을 하게 된다. '개인적 신뢰성(personal reliability)으로서의 자기지식'이란 우리 자신의 영적 물질주의, 자아 중심적 동기를 진정한 영감으로부터 구분하는 능력을 말한다. 그것은 우리 자신과 전통을 현실적으로 볼 수 있게 한다. 이 능력은 우리의 열림(openness)과 열린 마음(openmindedness)의 순간들을 신뢰하기 위하여 매우 중요하므로 잘 함양시켜나갈 필요가 있다. 왜냐하면 나 자신을 아는 것과 하나님을 알게 되는 것은 하나이며 동일한 움직임이기 때문이다.

이 시점에서 실제로 영적 전통들은 어떤 것들을 제공할 수 있는가? 우리 자신에 대한 신뢰, 자기지식에 대한 신뢰의 성숙과 함께 안내에 대한 신뢰는 어떻게 발전하는가? 그것은 'openness as surrender', 즉 '순복으로서의 열림'을 의미한다. 이는 '열림에의 순복(surrender to openness)'과 '자아에의 포기(surrender to ego)'를 의미하는데, '자아에의 포기'가 포함하고 있는 것은 우리의 마음의 자아 중심적 움직임에 대한 매 순간의, 시간이 지남에 따라 일어나는 움직임에 대한 적나라하고 열린 지식을 바탕으로 한 포기를 의미하며 그것은 상당한 자기 훈련을 필요로 한다. 자기 자신과 하나님에 대하여 가감 없이 노출하고 바라보는 것, 이에 따라 우리의 자아를 포기하는 것, 이것은 쉽지 않다. 내가 신뢰하게 된 동료 인간인 인도자에게 나를 노출하는 것, 그리고 인도자에게 순복하는 것, 이것은 쉬운 일이 아니다. 여기서 주의할 것은 이 순복은 "나는 내 지식이 없고, 무엇이 선한지는 전통이 알기 때문에" 그에게 항복한다는 것과는 전혀 다르다. 후자는 분별하는 알아차림의 발달을 포기하고 상위 권위자에게 책임을 미루는 것이기 때문에 '눈먼 순복자(blind surrender)'로 불리는 일종의 포기주의이다. 그것은 나 자신, 내 존재, 그것이 주는 의미를 직면하지 않으려는 동기에서 오는, 진정한 순복을 모방하는 자아의 시도인 것이다. 이런 순복은 강하지 못 하기 때문에 강력한 연대를 발전시키지 못하고, 결국 우리가 자신을 열림으로 들어가게 하는 어려운 순간에 용기를 갖도록 우리 곁에서 함께 지지해 줄 동료, 자아 밖의 사막, 황무지에서 살 수 있다는 것을 제시해 줄 누군가를 함께 있게 할 연대를 만들지 못한다. 앞서간 성인들과 위대한 관상가들이 바로 그 자리에서 우리에게 말하고 있는 사막, 그들이 우리를 모든 가능한 방법으로 "지금, 여기로"라고 부르는 바로 그 황무지로 이끌고 있음에 순복할 수 있는가?

모든 영성 전통들은 회심의 첫걸음으로부터 시작하여 각 전통의 신앙체계와 밀접한 관련이 있는 다양하고도 풍부한 수련 방법을 제공하는데, 수련이라는 단어가 의미하는 바는 딱딱하고 강압적인 것이 아닌, 단순히 체계적이고 지속적인 수련을 의미한다. 이들은 분명히 부드럽고 유연한 방법으로 수행되는 것이 옳은 것이며, 간혹 엄격하고도 거친 방법이 사용되는 것은 예외적이거나 잘못된 경우이다. 예를 들어 붓다는 수년간의 경험 끝에 제자들에게 두 가지 극단, 즉 자기고문이나 집착을 경계하였다. 흔히 사용하는 유비로는 정원사를 들 수 있는데, 그는 사랑과 지식으로 식물을 풍성하게 키우는데, 한편으로는 촉진제를 쓰면서 한편으로는 사랑의 전지가위를 사용하여 지나친 자기고문과 나태를 잘라낸다. 영성 전통들의 훈련을 고전적으로 분류하는 방법은, 세 영역, 즉 마음(mind), 언어(speech), 그리고 행동(action)으로 나눌 수 있으며, 이에 따라 마음의 수련, 언어의 수련, 행동의 수련으로 구분된다. 마음수련은 우리 마음의 성격에 대한 통찰을 함양하는 것과 관련이 있는 것들이며, 언어와 행동 수련은 동료 인간 또는 환경과 관계를 맺고 대화하는 것과 관련이 있는 훈련으로 이야기되어진다.

관상적 영성 수련의 실제

모든 위대한 종교전 통들은 각기 우리의 마음을 잘 이해하고 함양하기 위한 다양한 '마음의 훈련법'을 가지고 있다. 이는 모든 전통 수련의 기본적인 요소로서 이를 다시 두 그룹으로 나눌 수 있는데, 즉 '의식의 수련(the disciplines of consciousness)'과 '사고의 수련(the disciplines of thought이다)'이며, 다른 말로는 '알아차림의 전략(awareness strategy)'과 '개념적 전략(conceptual strategy)'이라고 하기도 한다.

의식의 수련법은 지각적 지식(perceptual knowledge)을 증진시키기 위한 목적인데, 이는 다시 두 가지로 분류할 수 있으며, 즉 마음챙김(mindfulness)을 함양하는 것에 의한 '마음챙김 또는 안정감(stability) 수련법'과, 분별적 알아차림(discriminating awareness)을 함양하는 것에 의한 '통찰(insight) 수련법'이라고 불리는 것이다.

'사고의 수련법(disciplines of thought)'은 정신적인 내용의 창조와 사용을 작업하는 것인데; 즉 개념들, 아이디어들, 이론들, 표상들, 이미지와 심볼 등을 다룬다. 이 중 어떤 것은 관상적 삶의 개념적 지식의 확장을 목적으로 하는데 즉 그 지적 이해를 위한 것이다. 또 다른 것은 상징화의 힘을 사용하는 것과 관련이 있는데, 즉 우리의 현실 경험을 마음의 명료함(clarity of mind)과 심령의 확장(greatness of heart)으로 이끄는 방향으로 도움을 주게끔 정신표상과 이미지들을 제공한다. 따라서 사고훈련법은 그 안에서 '지적 훈련법'과 '상상화 훈련법' 두 가지로 나뉜다. (이상의 수련법들은 오래전부터 기독교 영성 전통에서는 무념적 *apophatic* 수련법과 유념적 *kataphatic* 수련법으로 알려져 왔다.)

이상의 마음에 관한 다양한 수련법의 분류 중에서 특히 관상적 수련의 영역에서 중요한 역할을 하는 것은 의식의 수련법이며, 이에 반하여 사고의 수련법은 비교적 덜 중요하게 또는 의식의 수련을 위한 전 단계나 보조로서 이해가 된다. 따라서 여기서는 우선 먼저 이해가 비교적 어렵지 않은 사고의 수련법에 관하여 간략하게 다루고, 다음 의식의 수련법에 관한 내용을 비교적 상세히 다루려고 한다.

사고 수련법에는 대표적으로 두 가지 수련법이 있다고 할 수 있는데, 관상심리학적 입장에서 흔히 제기되는 주요 물음은 이런 훈련법들이 우리의 마음과 훈련하는 사람의 현실 경험에 정확하게 어떻게, 또 무슨 작용을 하는가 라는 질문들인데, 이에 대하여 지적 훈련법은 비교적 잘 알려져 있지만, 상상화 훈련법은 상대적으로 덜 알려져 있다고 할 수 있다. 우선 지적 수련법에 관하여 언급하자면, 모든 종교전통들은 각각 나름대로 조직적인 교리와 가르침의 형태로 특별한 개념적 틀을 가지고 있으며, 이것을 지적으로 훈련한다는 말은 영적인 삶의 방법들을 연구하고 분석하고 성찰하는 것을 포함한다. 지적인 훈련법들은 우리로 하여금 왜 어떻게 영성의 길을 여행하게 되는지 볼 수 있도록 돕는다. 그렇게 함으로써 우리의 현실 경험을 지적으로 탐색할 수 있도록 개념적 혼란과 개념적 무지를 없애 준다. 사실은 우리가 현실에서 다루는 종교적인 교육-신학적인 지식이나 교리-들은 대부분 이 지적 수련에 해당한다고 할 수 있다. 이에 반하여 상상화 수련법은 지적, 분석적 능력이나 개념을 다루는 것이 아니라, 상상화(imagination)의 힘, 즉 정신적 표상이나 이미지를 다루는 것을 말한다. 예를 들자면, 하나님 이미지나 표상, 자신의 지도자나 구루의 이미지, 선지자 일대기의 형태에서 온 이미지, 예수, 붓다, 모하메드 이미지, 여러 가지 기도와 관련된 이미지들, 간구기도, 중보기도, 감사기도, 단순기도 등, 성스럽게 구조화된 이미지, 의미 있는 만트라, 스스로에게 반복하는 서원기도, 깊이 성찰하는 관(koan, 觀), 죽음을 상기함(memento mori), 공식적인 종교 전통이 아니더라도 개인적으로 영적 의미를 지닌 이미지들, 예를 들면 신앙 시 등이 이에 속한다. 예수의 십자가로 가는 길의 14처에서 주님의 고통을 반추하는 것도 대표적인 상상화 수련법으로 볼 수 있는데, 이상의 사고의 수련법은 다른 용어로 말하자면 유념적 영성(kataphatic spirituality)이라고 할 수 있으며, 이는 의식의 내용물, 즉 이미지, 심볼, 표상, 개념 등을 다루는 것이다. 특히 상상화 수련법은 영적 성숙(즉 de Wit에 의하면 기본적 인간다움이 발현하는 것)을 가로막는 정신적 이미지나 표상화를 제거하고, 영적 성숙(인간다움)을 촉진하는 다른 이미지나 표상으로 바꾸는 것을 목적으로 하고 있는 훈련법이다. 즉 온전치 않은 이미지나 표상을 유익한 경험 상의 가치를 지닌 것으로 바꾸는 작업이며, 우리의 자아 중심적인 현실 경험과는 반대되는 것으로 바꿈으로써 자아가 점점 장악력을 잃고 열림(openness)을 향하여 더 공간을 열어가게 하는 것이다.

모든 시대, 문화, 종교에서 우리는 어떻게 이 기본적인 인간다움이 스스로 표출되는 이미지를 추구해 가는지를 볼 수 있는데, 이 이미지화의 훈련은 이것을 가장 효과적이게 실행하는 구체적인 방법이라고 de Wit은 주장한다. 즉 그것들은 우리 자신, 휴머니티, 세상, 하나님에 대한 자아 중심적인 이미지들을 더욱 관상적인 것들로 치환함으로써 변형시키는 것을 목적으로 하고 있는데, 좀 더 구체적으로는, 유신론적 입장에서, 우리 자신을 이 세계의 중심인물로 상징화하고 있는 자아 중심적인 이미지를 하나님의 종, 신부, 심지어는 노예로서의 이미지를 제공하는 것을 예로 들 수 있다. 즉 인간의 이미지를 악이나 짐승 같은 개념에서 신적 기원을 가진 성스러운, 선한 존재로 이미지화하고 있으며, 세상을 거부적이고 계속해서 욕구를 채워야만 하는 이미지에서부터 고난 속에서도 하나님의 자비로운 대상으로, 또는 "모든 존재에게 자비로운 존재로" 표현하고 있다. 마찬가지로 하나님을 빅 부라더, 압제자, 초자아 등으로 자아 중심적인 이미지를 갖고 있는 데서부터 선하고 자기희생적인 사랑의 존재로 바꾸는 것을 목적으로 한다. 요약하자면, 이미지화 훈련법은 우리의 사고와 감정 세계를 바꿈으로써 자아 중심적인 현실 경험을 변형시키는 데에 목적이 있다. 우리의 자아 중심적인 이미지들이 만들어내는 장애물들을 제거함으로써 탈 자아 중심적인 이미지를 제공하며, 이런 이미지들을 지속적으로 내재화함으로써 그것들의 경험적 성격이 발현될 때까지 우리 마음속에 유지하는 것을 목적으로 한다. 따라서 이미지화 수련법은 그 경험적 가치가 느껴질 때까지는 상당히 오랜 기간이 걸린다.

그러나 한편으로는 이 이미지화의 수련법은 그 자체만으로는 한계가 있음을 기억할 필요가 있다. 이미지화 수련법은 다른 수련법과 함께 보완되지 않으면 위험해질 수도 있다. 예를 들면 예수나 붓다의 생생하고도 역동적인 표상을 붙들고 있는 것은 내 안에서 예수나 붓다를 발견하는 것과 같을 수는 없다. 발견한 후에는 이미지는 더 이상 필요가 없다. 그것은 그 어떤 표상을 넘어서는 것이며 그것이 직접적인 만남 또는 바라봄의 열매이다. 마치 우리가 우리 손을 실제로 보게 될 때 더 이상 손에 대한 이미지는 필요가 없어지는 것과 같다. 그러나 이런 발견은 앞으로 논의할 통찰 수련을 통해서 일어날 수 있다. 또한 이미지화는 대단한 파워를 가지고 있기 때문에 유경험자의 안전한 가이드를 필요로 하며, 그렇지 못한 경우 영적 성숙에서 멀어질 뿐만 아니라 오히려 위험을 초래할 수도 있다. 지도자의 가이드가 없을 때 우리 자신이 만들어 낸 환상의 세계 속에서 헤맬 수도 있으며, 종교 전통의 표상을 현실 경험으로 착각한 채 붙들고 가게 될 수도 있다. 그 결과는 이 현실의 세계로부터 이탈될 수도 있을 뿐 아니라, 극단적인 경우 종교망상 속에서 여기저기 이 이미지에서 저 이미지로 끊임없이 헤매게 된다.

이상의 이미지화 수련법은 전술한 바와 같이 사고의 수련법과 더불어 유념적 영성에 속하며, 현대 영성의 세계에서는 무념적 영성인 관성적 영성에 비하여 그 중요성이 덜 강조되기도 한다. 명상(meditation)은 사고나 이미지와 같은 정신적 내용물을 사용하는 유념적 영성수련의 핵심적인 묵상방법이며, 이에 비하여 의식의 알아차림을 주로 하는 묵상법은 관상(contemplation)이라고 하는데 이는 무념적 영성 수련의 핵심적인 묵상방법이다. 후자는 과거의 기독교 전통에서 거의 잊혀졌던 적이 있어서 그 개념에 혼란을 보인 시대가 있었으며, 대표적인 예로는 로욜라의 영성수련의 핵심인 복음관상은 "관상"이라는 명칭에도 불구하고 유념적 영성의 대표적인 묵상방법이다. 현대의 영성은 1970년대를 전후하여 새롭게 일어난 것으로 무념적 영성인 관상을 중심으로 한 영성인데, 동양의 영성, 특히 불교 전통에서 크게 자극을 받아, 사막교부들과 수도원 전통 그리고 동방 정교회 영성을 새롭게 조명하고 있다. 단어의 원래 뜻으로 보면 명상(meditation)은 관상

(contemplation)의 준비단계로 인식되었는데, 이는 불교나 힌두교의 전통과 동일한 것이며, 즉 이 두 전통에서도 첫 번째는 형태와 함께 하는 명상(meditation with form)의 이미지화 수련법이고 후자인 형태 없는 명상(formless meditation)은 두 번째 의식수련법인 셈이다.

그러나 기독교의 여러 분파별 전통과 특히 성서는 유념적인 전통과 묵상법을 매우 중시하고 있으며, 이러한 다양한 전통들의 존재는 무념적 또는 유념적이라는 어느 한 쪽으로만 치우치기보다는 이 양자가 어떻게 잘 조화롭게 한 인간존재 안에서 영적 성숙을 이루어 나가는데 이바지하느냐는 숙제를 던져주고 있는 셈이다.

마음챙김 수련법

이 수련법은 의식의 두 측면 즉 마음챙김(mindfulness)과 분별(discernment)을 함양하려는 의도를 가지고 있는데, 의식수련법이 거의 대부분의 영성 전통에서 발견된다는 것은 놀랄만한 심리학적 사실이다. 그것은 모든 문화의 사람들이 어떤 방법이든 훈련에 의하여 그들의 의식을 함양할 수 있다는 것을 발견했다는 것이다. 그 이유는 우리의 마음이 흐트러져 있고 조각나 있다는 것이다. 지속적으로 흐르는 사고의 흐름-우리 자신과 세계에 대한 생각들-때문에 우리의 마음은 쉼과 안정성이 없다. 이는 지속적인 정신적 초조감과 마음챙김(mindfulness)의 결여 때문에 잠시 머물러서 마음의 움직임을 바라보고 우리 자신이 실제로 누구며, 무엇이며, 어디에 있는지를 깨달을 기회를 거부하고 있는 것이다.

의식수련법은 이상의 초조감과 사로잡힘을 극복하는 데 일차적인 목적이 있으며, 두 번째는 직접적인 지각적 지식을 만드는 데에 있다. 이에 따라 수련법은 두 가지 범주로 나뉘는데, 즉 마음챙김 수련(disciplines of mindfulness)과 통찰수련(disciplines of insight)이다. 전자는 후자의 준비단계이며, 지각적 무지(perceptual ignorance)를 없애는 데 목적이 있으며, 그래서 우리 주위에서 무슨 일이 일어나는지에 더욱 의식하고 더욱 유의하며(mindful) 주의집중(attentive)하게 되는 데에, 후자는 지각적 혼란(perceptual confusion)을 명료화하는 데에 도움을 준다.

우리의 마음은 초조하고 분주하고 변덕스럽다. 특히 자아 중심의 현실 경험에 사로잡혀 있을 때는 더욱 그러하다. 우리는 우리의 열정, 희망, 두려움, 갈망, 혐오, 명예와 비난, 이득과 손실에 의하여 좌우되어서 우리의 (정신적) 상황을 일관성 있게, 그리고 여유 있게 관망할 수 없다. 어떤 생각의 흐름 속에 빠져 있을 때 정신과 육체는 분리되어 있고, 우리의 정신이 무엇인가를 기대하거나 또는 과거의 어떤 일을 기억하는 상황에 빠져 있을 때-즉 미래와 과거라고 부르는 시간의 영역 속에 있을 때- 우리는 역시 우리의 현재의 실제 상황을 의식하지 못하는 것이다. 우리는 현재에 동기화되어 있지 못하다. 즉 우리는 현재에 존재하지 않는다. 없다. 거기에 온전히 존재하지 않는 상태인데, 많은 영적 전통들은 이런 상태에 대하여 우리는 '잠들어 있고', '깨어있지 않고', '각성되어 있지 않다'라고 말한다.

마음챙김 수련법은 바로 이 '마음없음(absentmindedness)'에 관한 것이다. 여러 전통마다 약간씩 다르기는 하지만, 모두 마음챙김을 함양하는 것인데 마음의 분열 또는 마음없음의 상태에 사로잡혀 있는 것으로부터 나오는 것을 목적으로 하는 것이며, 이를 위하여 우리의 정신을 주의집중(attention), 각성(alertness), 경계(vigilance), 집중(concentration), 또는 뭐라고 부르든 간에, 정신을 차리고 어느 한 지점에 초점을 맞추는 것이다. 여기서 지점은 어떤 대상일 수도 있고, 어떤 표상일 수도 있지만, 과정, 예를 들면 호흡이나 행동일 수도 있다. 모든 마음챙김 수련법은 동일한 기본 가르침에 기초한다. 즉 어떤 생각에 사로잡혀 있음을 주목하자마자 바로 수련법에서 제시하는 지점으로 주의를 다시 돌리는 것이다. 마음챙김 수련법은 이것을 체계적으로 하는 기법을 제공한다. 예를 들면 조용한 곳에 곧게 앉아서 주의를 호흡에 집중한다. 이때 호흡이 한 지점(focal point)이 된다. 그러나 우리의 주의는 곧 흐트러지고 어떤 생각에 사로잡히게 되며, 어느 순간 내 생각이 어떤 내용에 사로잡혔다는 것을 발견한 순간 다시 호흡으로 돌아가는 것을 반복한다.

보편적인 명상 훈련에서 지점은 마음챙김을 고정시키는 닻과 같은 역할을 하는데, 각 수련 전통마다 각기 다른 다양한 지점을 제공한다. 지점은 때로는 촛불, 아이콘, 향목 등 다양한 대상일 수도 있는데, 반드시 종교적인 것일 필요는 없다. 또한 반드시 어떤 사물일 필요도 없고 호흡과 같은 지속적인 움직임일 수도 있다. 정신적 대상, 이미지나 표상일 수도 있으나, 이미지화 수련법 때와는 달리 대상의 어떤 경험적 가치를 불러일으키는 것이 아니라 단지 닻과 같은 지점일 뿐이다. 예를 들면 향심기도에서의 거룩한 단어와 같은 역할을 하는 것을 말한다. 호흡이 수많은 전통에서 보편적인 지점으로 사용된다는 것은 매우 놀랄만한 데, 거기에는 몇 가지 이유가 있다. 우선 누구나 항상 호흡을 하기 때문에 실제로 쉽게 지점으로 정할 수 있고, 간단하고 단조로운 과정이란 이유도 있고, 움직이는 것이 움직이지 않는 것보다 더 집중이 잘 되는 심리적 이유도 있으며, 호흡과 의식이 밀접한 관련이 있다는 이유도 있다. 흔히 영적 전통들은 기초적인 수동적 작업, 정원관리, 마루쓸기, 딱기 등의 작업을 부가하기도 한다. 이런 동작들도 일종의 닻, 우리 마음이 쉬는 장소를 의미할 수 있다. 그것들은 사고를 위한 것이 아니라, 우리가 지속적으로 돌아오기 위한 어떤 지점, 즉 우리의 마음챙김의 초점을 위한 것이다.

그리스도교 전통 중 특히 무념적 전통에서도 마음챙김 수련을 매우 중요하게 생각하는데, 정교회의 영성수련 교과서 격인 philokalia에서 많이 발견된다. "해진 후 어두운 골방에 조용히 낮은 의자에 앉아 전능하시고 자비하신 예수 그리스도께 도움을 청하되, 습관적으로 밖으로 방황하는 너의 마음을 모으고, 호흡에 의하여 그것을 심장으로 이끌어라."라고 쓰여 있다. 호흡 대신 한 음절의 짧은 단어로 마음이 되돌아가도록 해도 좋다고 한다. '무지의 구름'에서는 어떤 생각이 너에게 지금 무엇을 구하느냐고 물으면서 압박을 준다면 이 한 단어만 대답하고 다른 단어로 하지 말라고 가르치고 있다. 사막의 교부, 에바그리우스 폰티쿠스는 "기도 중 한 점으로의 주의집중"을 강조하였다. "불과 함께 기도하되 일어나는 걱정과 의심을 버려라. 이것들은 너를 혼란케 하고 시끄러움으로 귀를 멀게 하며 너의 노력을 마비시킬 것이다."라고 말하고 있다.

마음챙김의 수련은 '평화(peace)', '단순성(simplicity)', 그리고 '순수함(purity)'의 수련이라고도 불리는데 이 세 측면은 중요한 개념이다. 평화는 안정성(stabilitas)이며, 마음의 일정한 안정성, 변함없음(steadfastness)을 의미하며, 사고의 흐름이 조용해지는 것을 의미하기도 한다. 단순성은 심리학적으로 중요한 개념이며, 거의 모든 관상적 전통에서 동시에 발견되는 특징이기도 하다. 우리의 마음에 복잡함이 있으면 마음의 명료함(clarity of mind)에 구름이 낀다. 기독교에서는 영혼이 가난해지는 것과도 같은(마 5:3) 개념으로써 실제로 단순하게 사는 것을 의미한다. 세 번째 특징인 순수함은 우리의 자아 중심적인 감정, 열정을 깸으로써 자유롭게 되는 것을 의미한다. 우리의 사고의 세계를 그냥 놓아 보내는 것이며, 그렇게 함으로써 열린 마음(openmindedness) 또는 무고착(nonfixation)을 함양하는 것이다. 에바그리우스는 이를 'apatheia'라는 단어로 사용하였는데, 번역하자면 "감정의 탁류로부터의 자유로움(free from emotional turbulance)" 이라고 할 수 있다.

마음챙김은 수련법의 실제를 통하여 어떻게 발전하는가? 여기에는 다양한 종류의 발견들이 있다. 우선 수련을 실제로 처음 시작하게 되면 그것이 어렵다는 것을 발견하게 된다. 지시사항은 아주 간단하다. 너무 간단하여 여기서 무엇을 배울 수 있을까? 하는 의문이 들 지경이다.

그러나 여기서 가장 중요하면서도 가장 의미 있는 발견이 있게 되는데, 즉 우리의 사고의 흐름은 너무 강압적이어서 우리의 주의를 명상의 지점에 유지하기가 어렵다는 것이다. 생각하고 안 하고의 선택의 여지가 없이 이 점은 거의 선택의 여지가 없다. 우리의 생각을 한 지점에 고정한다는 것은 거의 불가능에 가까울 정도이기 때문에 여기에 그 어떤 복잡한 지시사항이 있을 필요도 없고 있어봤자 아무런 의미가 없다.

두 번째 발견은, 우리의 생각이 우리 머리에 의도적이지 않게 생길 뿐만 아니라 거의 쉬지 않고 지속적으로 든다는 점이다. 이와 함께 또 다른 발견점은 우리의 사고의 흐름의 내용은 우리의 의지에 따라 조절할 수 없다는 것이다. 뿐만 아니라 우리가 원하는 것을 생각하는 것으로부터 자유로울 수 없다. 이래저래, 분명한 것은 어떤 생각을 할 것인지에 대하여 우리의 자유는 없으며, 단지 생각할 수 있는 자유밖에 없다는 것이다.

그 다음, 꼭 염두에 두어야 할 점은, 마음챙김이란 우리의 마음을 길들이는 것인데, 그것은 워낙 시간이 오래 걸리는 작업이므로, 급히 이루어지지 않는다는 점이다. 바로 이 점이 현대인들이 마음챙김에 쉽게 관심을 두기 시작하지만 오래지 않아 대부분이 그만두고 마는 것이 현실이다.

주의집중하는 능력이 발전함에 따라 우리는 우리의 사고의 흐름의 내용에 항복할 필요는 없다는 점을 점차로 의식하게 된다. 수련이 진행됨에 따라 우리는 생각으로부터 깨어나는 순간들을 발견하게 되며, 이는 우리에게 사고의 흐름이란 멈춤 없이 흘러가는 것은 아니라는 사실을 보여주는 데에 주목하게 된다. 거기에 열림이 있다. 즉 사고로부터 깨어나는 순간들이 바로 열림의 순간이다. 이 순간들이야말로 우리로 하여금 우리의 주의를 명상의 국지점으로 다시 한번 초점을 맞추는 것이 가능하게 한다. 조만간 이런 순간들은 항상 자연적으로 다시 나타난다. 우리는 그들을 소환하거나 조정할 필요가 없으며, 단지 그들에게 공간을 제공할 따름이다. 우리는 잠깐 그것이 자유로움을 의미한다는 것을 맛본다. 우리 자신이 깨어남의 정적 속에 있음을 발견한다. —하나의 신선한 정신적 여백. 이 깨어남의 순간들에서 우리의 몸과 마음은 상호 동기화(synchronized)된다. 우리는 지금 여기에서, 육체가 있는 곳에서 정신으로 존재한다. 우리는 흔히 사로잡힘으로부터 마치 뭔가 열려있는 듯한 자유로움으로 이해하는 도중에 있음을 경험한다. 우리의 걱정들은 뒤로 사라지고, 우리는 잠깐 동안 희망과 두려움, 과거와 미래에 사로잡힌 일상으로부터 해방된다. 모든 것이 과거에는 그랬어야 하는 것이라든가, 앞으로 그래야 하는 것이라든가, 지금도 그래야만 된다는, 이런 모든 것은 한순간 증발된다. 깨어남이란 우리 마음의 한 측면이며 우리는 그것을 함양할 수 있음을 발견한다. 이런 두 가지 존재의 순간들, 즉 우리 자신의 사고 속에서 스스로를 잃어버리는 순간들과 그 사고들로부터 떨어져서 그 사고들을 바라보는 순간 사이의 대비되는 어떤 느낌을 점차로 발달시킨다. 그리고 후자의 순간들 즉 '생각 없이 깨어있는(wakeful thoughtlessness)' 순간들, 즉 아무 사고도 없고, 그리고 그것을 알아차리는 그런 순간들에서 자유를 경험한다. 이 순간들에서는 우리는 분명히 사로잡히는 것으로부터 자유롭다. 왜냐하면 그 안에 사로잡힌 것은 아무것도 없기 때문이다.

그러나 바로 그 다음 순간, 우리는 고비를 맞는다. 그런 순간들에서 우리가 흔히 경험하는 공간에 대한 즐거운 느낌 때문에 우리는 그것들을 붙잡으려는 시도를 쉽게 하려고 하며, 사고 자체를 적으로 보려고 한다. 그러나 이것은 열린 마음(openmindedness)의 발달을 저해하는 잘못이다. 생각 없이 깨어있는 순간들을 의도적으로 붙잡거나 연장하려고 한다면 그것은 바로 그 생각이나 의도에 사로잡히는 꼴이 되는 것이다. 더 발달이 진전되면, 우리는 그것도 단지 하나의 생각일 뿐이라는 생각이 우리 마음을 지나가는 순간을 인식하게 된다. 그래서 그것도 역시 다른 무수한 생각들과 마찬가지로 그냥 지나 보내는 것이라는 인식이 들게 된다. 이 인식의 바로 그 순간 우리는 역시 자유하다. 이 단계에서는 열린 마음이란 단지 생각의 없음(thoughtlessness)에 좌우되는 것이 아니라, '생각에 사로잡힘이 없음(absence of captivity)'에 좌우된다는 것을 발견하기 시작한다. 이것이 중요한 점이다. 우리는 점차로 생각 속에서 생각에 저항하는 것 또한 사로잡힘의 동일한 형태임을 이해하게 된다. 즉 초기에는 생각들 그 자체가 강한 장악력을 가지고 열린 마음에 장애가 되었으며, 마음챙김 훈련을 계속할수록 그 생각 또한 점점 강해졌다면, 나중에는, 생각이 일어날 때 우리는 마음챙김을 잃지 않을 뿐만 아니라, 그 생각은 우리를 열린 마음으로 다시 향하게 하고, 사로잡힘이 없음을 향하게 하는 시그널이 된다.

통찰 수련

통찰수련은 기독교 전통에서는 원래 관상(contemplatio)이 핵심을 이루는 '무념적(apophatic)' 영성수련에 해당하는 것인데, 여기서 'apo'란 '~으로부터 분리된(separate from)'이란 뜻으로, 따라서 'apophatic'이란 '언어, 개념으로부터 분리된' 이라고 번역할 수 있다. 무념적 영성이란, 순수하고 텅 빈 방법으로 의식함으로써 신성이 그 자체로 발현되는 것에 목표를 두고 있는 것이다. 따라서 사고의 내용물들은 방해로 여겨지며, 의식이 이미지나 개념을 붙들고 있는 한 특별한 신적 경험이 일어나는 경지에 도달하지 못한다고 본다. 즉 이미지와 개념들은 신성을 명료화하기보다는 흐리게 하는 것들로 본다.[3]

어떤 불교 전통에서는 통찰수련은 '무형적 명상(formless meditation)'이라고도 불리워진다. 여기서 '무형적'이란 말은 개념이나 이미지 같은 정신적 형태들을 사용하지 않는 수련을 의미하며, 그 대신 마음이 열린 상태로 직접적으로 바라보고 현실 경험을 하는 것을 훈련한다. 여기서 '열린 마음'이 결정적인 요소인데, 즉 그 순간 어떤 왜곡도 없이 우리 자신의 경험을 바라볼 수 있게 되는 상태를 의미하며, 이렇게 비개념적인 지각적 지식에 이르는 것을 통찰이라고 한다. 마음챙김 수련과 이미지 수련이 어느 정도 성숙에 도달하면 그때부터 이 수련이 적용된다고 본다. 즉 통찰 수련은 별도의 출발이 있다기보다는 마음챙김 수련 위에서, 마음챙김 수련의 연장으로 진행된다고 볼 수 있다.

통찰수련 방법은 우리의 '분별(discernmenr)', 즉 '분별적 알아차림(discriminating awareness)'의 수련을 하는 것인데, 이는 모든 수련기법을 넘어선다고 할 수 있지만, 그렇지만 이것도 매우 체계화된 수련기법이다. 이 점을 어떻게 받아들여야 하는가? 이것은 '열린 마음(openmindedness)' 그 자체의 수련을 본격적으로 실습하는 것이라고 할 수 있는데, '열린 마음'이란 사고의 내용으로부터 자유롭거나, 잃어버린 상태의 마음 또는 의식을 말한다. 따라서 열린 마음은 마음챙김 수련의 과실이면서 이 통찰수련의 기초가 된다. 이 열린 마음을 한층 더 함양하는 것으로, 말하자면 '탈조건적인 열린 마음(unconditional openmindedness)'이 되는 것이며, 즉 어떤 경우라도 내적 또는 외적 경험에 의해서 유도되거나 방어하는 것을 허용하지 않게 되는 것을 말한다. 그렇다면 마음챙김 수련과의 차이점은 어떤 것인가? 만약 우리가 통찰수련에서 어떤 '기법'에 대하여 말하고 싶다면, 마음챙김에서의 그것과 같다고 말할 수 밖에 없다.

그렇다면 바로 여기서부터 근본적인 의문이 생길 수 있다. 즉 분별의 결과는 무엇인가? 어떤 것이 이 세계에 대한 현실인가? 기독교와 불교인의 세계는 다른 것인가? 같은 것인가? 열린 마음(open-mindedness)이란 실재인가? 실천 가능한 상태인가, 아닌가? 아무것도 실재란 없는 것인가, 아니면 천국이 실재인가? 이것도 저것도 아닌가?

통찰수련이 '순복으로서 열린 마음(openmindedness as surrender)'을 함양한다는 것은 그 수련의 열매에 매달리지 않는다는 것을 의미한다. 즉 매달림과 열린 마음은 공존할 수 없다. 이 "매달리지 않음"은 통찰수련 그 자체의 본질이다. 즉 통찰의 결과 어떤 것이 나타나더라도 그것들에 매달리거나 고착되지 않아야만 한다. 만약 그렇게 되면 우리는 다시 미묘하게 사로잡히는 것이 되며, 분별은 발달하지 못하고 적절한 효과를 내지 못한다. 즉 파노라마적인 알아차림(panoramic awareness)을 잃어버리게 된다. 그렇게 된다면 우리는 더 이상 자유롭게 날 수도, 주위를 둘러볼 수도 없게 된다. 분별을 함양한다는 것은, 통찰수련이 만들어내는 과실들-그것들을 유지하기 위하여 관상적 함양의 과실에 매달려야 한다는 생각을 포함하여-을 지속적으로 놓아 보내는 것을 의미한다. 좀 더 구체적으로는 말하자면 이것들을 잃는 데 대한 두려움을 놓아 보내는 것을 의미한다. 이러한 과실을 전혀 또는 더 이상 소유할 수 없을지도 모른다는 두려움을 통찰하는 것이며, 이런 두려움으로부터 자유로워지는 것이다. 성취에 대한 희망이나, 그 반대로 성취하지 못할까 봐 두려워하는 것 모두를 넘어서는 것이다. 그런 의미에서 이 수련에는 희망도, 두려움도 없다. 이전에 이미 확립했다는 목표도 없고, 그런 의미에서 이 수련에는 목표도 없다. 따라서 결론적으로 말하자면, 이 수련은 탈조건적 열린 마음(unconditional openmindedness)을 함양하는 것이며, 이는 목표가 아닌 단지 수단일 뿐임을 알아차리는 것이다. 그 결과 우리의 참된 인간다움(humaneness)이 발현됨을 보게 된다고 말한다. 그래서 이 수련은 '정신적 순복(mental surrender)'을 함양하는 것이라 할 수도 있는데, 즉 우리가 생각하는 우리 자신, 우리의 경험과 소유를 놓아 보내는 것이며, 자아가 경험을 소유로 봄으로써 나의 것, 내게 반대할 때 내 것이 아님의 이원론적으로 나누어 보는 것을 놓아 보내는 것이다. 따라서 완전한 순복이란 더 이상 아무것도 소유하지 않는 정신 태도를 의미하며, 마음은 원래의 벌거벗은 상태로 돌아가고 세상의 현상을 벌거벗은 상태로 보는 것이다. 이런 순복, 이런 정신의 벌거벗음을 통하여 삶의 기쁨, 부드러움, 통찰은 더 이상 내가 얻고자 희망하는 것이나 잃어버리거나 얻지 못할까 봐 두려워하는 것에 좌우되지 않는다.

저자는 위에서 de Wit이 무소유의 의미를 아주 명쾌히 드러내 주고 있으며, 그것은 윤리적 의미를 갖는 것이 아니라 탈조건적인 자아의 순복을 추구하는 것이란 관상적 의미를 말하는 것은 매우 의미 있다고 본다. 그러나 이와 같이 무를 추구하는 것 자체가 목표가 될 경우 그 끝은 아무것도 남는 것이 없는, 불교의 통찰을 말하는 것이며, 그 자체는 비현실적일 수 있다고 기독교 전통의 시각에서 볼 수도 있다. 결국 de Wit은 불교 전통에서는 이 '분별', 즉 자아 중심적 현실 경험이 굉장한 착각임을 깨닫게 하며 동시에 그것은 절대 무(nirvana), 즉 탈자아적 현실 경험과 우리의 진정한 마음의 성격, 즉 '불성(Buddha nature)'을 나타내 준다고 주장하며, 이를 기독교의 '셰키나'의 개념과 동일시 하고 있다. 물론 분별이 없는, 즉 마음의 명료함 상태가 이루어진 상황에서는 자아 중심적인 개념이나 욕망이 사라질 수 있다는 가능성, 이에 따른 신지식(God knowledge)이 보다 명료해질 수는 있지만, 그러나 마음챙김의 그 끝은 그러나 신개념마저도 없어지는 절대 무(nirvana)의 세계를 향한다는, 그 자체의 근본적인 논리적 모순을 극복하지 못함을 볼 수도 있다.

요약하자면, de Wit은 통찰수련이 우리의 눈 멂을 인식하도록 가르칠 뿐만 아니라, 나아가서 우리의 눈을 뜨게 만든다고 주장한다. 우리의 자아와 그 자아 중심적 현실 경험의 성격과 원인들을 보도록 도울 뿐만 아니라 자아 없는 현실로 대체하도록 돕는다는 것이다. '자아 없는 현실', 그것은 기독교의 '자아주도성'이 없는 현실, 그러나 자아가 하나님과의 관계성 안에서 불멸의 존재로 변형되며, 그 관계성 또한 '사랑'

이라는 이름으로 영원히 완성된다는 기독교 전통의 영성과는 그 끝이 다르다고 할 수 있지 않을까?

위에 기술했던 네 가지 정신수련법들은 서로 복합적으로 사용되는 경우가 많다. 가장 기초가 되는 것은 지식적 수련법인데, 즉 단어, 문장, 표상들이 침묵 속에서 사용될 수 있는데, 예를 들면 예수기도와 같은 것들이다. 이런 것들은 초기에는 복합적으로 사용될 수 있으나, 마음챙김과 통찰수련이 익숙하게 되면 이런 지적 수련법들에 더 이상 매달릴 필요가 없게 된다고 보았다. 그러나 때로는 지적 수련이 전 관상적 삶의 과정에서 계속 사용되어질 수도 있다. 이 지적 수련들은 우리에게 영성의 여정에 대한 지적인 오리엔테이션과 방향을 제공해 줄 수 있으며, 이미지 수련법은 다른 수련법과 상당히 파워풀하게 복합적으로 사용되어질 수 있으나, 어떤 수련을 어떻게 복합적으로 사용하는가는 각 수련단체나, 시대, 문화에 따라 다양할 수 있을 것이라고 하였다. (이 또한 기독교 전통과는 입장이 다를 수 있다고 본다. 추후 더욱 상세한 논의가 있어야 하겠으나, 저자의 생각은 기독교의 전통은 유념적 훈련과 무념적 훈련은 언제나 조화 있게 함께 갈 필요가 있다고 본다.)

행동적 및 언어적 수련들

이 수련법들 역시 시대나 문화에 따라, 그리고 영적 전통들에 따라 굉장히 다양하며, 각 수련 전통들은 그들이 속한 종교 전통의 경전과 주석서들에 기초한다. 예를 들면, 기독교는 경전인 성서와 십계명, 두 개의 사랑 계명, 예수의 삶 등에 기초한 기독교인들의 영성적 삶의 전통들, 구체적으로는 도둑질하지 말라, 살인하지 말라, 거짓말하지 말라, 부당한 방법으로 성적 욕구를 취하지 말라 등등을 들 수 있는데, de

Wit은 이런 훈련들에 대하여 윤리적 측면과 관상적 측면에서의 해석이 균형 잡혀야 한다고 하였다. 그러나 물론 영적 여정에서는 관상적 측면이 더 중심적이기는 하다는 점은 두말할 필요도 없다.

왜 영적 전통들은 행동과 언어의 수련방식을 처방하는가? 그것은 자아를 억압하는 행동이나 언어수련이 필요한 것은 자아 자체가 나쁘거나 도덕적으로 거스르기 때문이 아니라, 자아가 우리의 근본적인 '인간다움'[4]의 발달하는 것을 가로막기 때문이다. 따라서 이들 수련은 한편으로는 자아가 노출되어 보내버리게 함과 동시에 다른 한 편으로는 근본적인 인간다움이 발견되고 지지를 받게 하기 위함이다. 이 수련의 이와 같은 이중적 기능은 두 관점에 따라 다르게 경험하게 한다. 자아의 관점에서 이 수련이 제시하는 것은 일종의 억압, 제한, 심지어는 "모욕 주기" 같은 어렵고 비인간적으로 보이는 것일 수도 있는데, 이는 자아의 자기주장을 좌절시키려는 목적이다. 예를 들면 겸손의 수련은 거의 모든 관상적 수련 전통에서 요구되는 것인데, 베네딕트 규칙서에서는 관상 발달을 겸손의 12단계로 묘사해 놨으며, 불교 전통에서는 겸손이야말로 선각자들의 처소라고 묘사하면서 이를 적극 권장하고 있다. 그러나 이들 수련이 반드시 자아의 자기주장 쪽에만 제한을 가하는 것이 아니라, 그 반대, 즉 탈조건적으로 자기를 수용하는 수련으로서 제시되기도 한다. 행동과 언어수련법의 형태들을 좀 더 구체적으로 살펴보면, 어떻게 말하고 행동할지에 대하여 보편적인 것과 특별한 것들에서 지침들과 교훈을 담고 있음을 알 수 있는데, 예를 들면 (무)소유에 대하여, 또는 수도원장에 대한 순종과 관계에 대하여 매우 구체적인 사항들에 대한 규칙과 지침들이 그렇다.

일반적으로는 우리는 베네딕토 규칙서에 대하여 나름 편견과 반감을 가지고 보게 되는 경우가 많다. 얼핏 보기에는 지나치게 인간적인 면을 억압하거나 인위적으로 보이기 때문이다. 그럼에도 불구하고 이들의 핵심은 무엇일까? 어떤 관상심리학적 의미를 가지는 것일까? 핵심은 자아가 숨거나 자신을 확립하려는데 여지를 주지 않으려는 목적이 있는 것이다. 자칫 수도환경이 오히려 자아를 방어하고 세상과 거리를 두려는 경향을 들추어내서 그것을 철저히 포기하고 순복하게 하는 것이 목적이다. 그런데 바로 이 점이 오늘날의 문화에서는 특히 조장하려는 프라이버시의 문제와 관련된 것이므로 편견을 가지고 보기가 쉽다. 즉 프라이버시를 포기한 사람, 자기를 찾기 위한 열린 상황에서부터 신체적으로나 정신적으로 도피하지 않는 것, 자아의 세상으로부터 철저히 철회하는 것이 관상적인 삶의 핵심이자 목표이기 때문이다. 기독교 전통에서는 이 철회를 'anachorese'라고 하는데, 최초의 수도승을 'anachoretes'라고 불렀다. 수도원적 삶이란 베네딕트가 묘사한 대로 프라이버시를 포기(surrender)하는 것인데 이 점은 대다수의 관상공동체에서 볼 수 있으며, 외부인은 종종 이런 공동체를 자아의 피난처, 황량한 바깥세상으로부터 숨는 장소로 의심하지만, 실제 관상공동체의 현실적 삶은 매우 다르며, 오히려 이런 생활에서는 자아를 위한 공간은 극도로 없다.

살펴볼 첫 번째 수련법은 행동에 관한 것인데, 즉 '정주(Stabilitas Loci)'와 '공동체 내의 정주(Stabilitas in Congregatione)'이다. 대부분의 영성 전통은 일정 기간, 때로는 평생동안 수도공동체나 피정 장소를 포기하지 않는다는 규칙을 포함하고 있는데, 그것을 지키겠다는 자발적인 서약, 즉 정주(stabilitas loci; remaining in one place)의 서약을 먼저 함으로써 이루어진다. 그 장소란 고독한 피정 장소로 들어가는 것인데, 수련자는 특정 영적 수련을 끝마칠 때까지 그곳을 떠나지 않겠다는 서약을 하는 것이다. 힌두전통에서도 yogi는 일정한 피정 장소 주위로 선을 그어놓고 특정 수련(sadhana)을 완료할 때까지, 또는 해탈을 하거나 죽을 때까지는 그 선을 넘어가지 않겠다는 서약을 한다. 이런 관상공동체를 'congregatio'라고 하며, '공동체 내 정주(stabilitas in congregatione)'라는 말이 사용된다. 이런 수련의 기능은 무엇인가? 신체적인 정주(stabilitas) 및 그에 대한 서약의 관상심리학적 기능이란 우리의 자아가 어떤 대안, 즉 철회의 가능성을 늘 생각하고, 가능한 대안과 탈출구를 열어둔 채로 있는 것을 원하며, 이 때문에 철저한 순복과 수용에 이르지 못하는 성격을 가졌으므로 이를 포기하게 만드는 기능을 하는 것이다. 정주(stabilitas loci)의 서약을 통하여 우리는 이런 정신의 주요 부분을 포기하게 된다. 수도공동체에서 우리는 형제자매를 자유롭게 선택할 수 없고, 좋든 싫든 모든 종류의 인간 동료들을 제공받고 어쨌든 그런 서약 안에서 표현되는 작업을 기꺼이 이루어 가게 된다. 이러한 관상심리학적인 의미는 개인적인 피정의 경우도 마찬가지이다. 예측할 수 없고 우리가 선택할 수 없는 상황으로의 서약은, 모든 불안, 기쁨, 욕망, 슬픔, 혼란, 명료함 등 그 어느 것도 예견됨이 없이 그런 상황이 피정을 포기하게 부추기는 상황에서도 회피하지 않고 존재한다는 서약을 함으로써 우리는 자기 확신, 마음의 힘, 예약되지 않은 공간에의 존재들에서 오는 열매를 기대하게 된다.

복종 또한 중요한 관상심리학적인 의미를 가진다. 복종은 하나의 거울로서 자아의 의지를 보이게 하는 기능을 한다. 자아 중심적인 충동을 인식하고 이를 포기하도록 한다. 이때 얻어지는 신축성은 탈조건적인 것이다. 자아 중심적 충동의 여지를 기술적으로 잘 박탈했을 때 삶의 기쁨은 강박성으로부터 자유롭게 된다. 즉 자아를 자아없음에 복종시킬 때 자유는 창조된다. 신학적 전통들, 이슬람이나 기독교에서는 복종을 신적 기원(신성함)으로 본다. 계명들과 규칙으로 재구조화된 명령들은 인간다움을 재발견하고 이를 행동의 기저로 삼도록 한다. 그래서 계명에 순종하는 것은 더 깊이 내재하는 순종을 발견하도록 하는 목적을 가진다. 즉 신의 목소리, 예수의 목소리에 복종하거나, 불성의 목소리에 복종하도록, 또는 우리의 기본적인 인간다움에 복종하도록 하는 목적이 있다. 여기서 우리는 두 가지 형태의 복종을 이해할 수 있는데, 즉 말과 개념으로 구조화되어 있는 규칙에의 복종과 개념에 고정되지 않고 더 깊은 근본적인 인간성(혹은 신성)에 뿌리를 내리고 말과 행동에 기초한 복종의 형태를 구분할 수 있다.

'침묵'은 수도원의 관상전통에서 흔히 있는 언어수련으로서 자아에게 재갈을 물리고 탈자아를 풀어낸다. 자아가 타인에게 자신의 인상이나 이미지를 확립하기 위하여 언어를 사용하여 상황을 조작할 필요의 가능성을 없애 준다. 침묵이라는 상황이 하나의 거울로서 이런 자아의 욕구를 보이게 한다. 동료 수련자나 자신과의 관계에서 자신이나 우리의 과거를 장식하기에 익숙했던 고정된 아이디어나 스토리로부터 분리하여 관계를 맺게 한다. 침묵으로 인하여 생긴 비언어적인 공간은 자신과 타인에게 아주 즉각적인 지각적 방법을, 단순히 서로를 경험함으로써 익숙해지게 하는데, 이를 두고 시인 주디스 헤르츠버그는 "서로 침묵했기에 우리는 서로를 알게 된다."라고 말하였다.

이상과 같이 불교 전통의 모든 수련은 자아 중심적으로부터 탈조건적, 탈자아 상태, 그것 자체가 목적이다. 그러나 기독교 전통은 이런 요소들을 일부 포함하기는 하지만, 이와는 달리, 이보다는 더 근원적으로 하나님과의 관계성에 초점을 맞춘다. 이에 관하여는 추후 더 구체적인 논의를 필요로 한다.

이런 행동적, 언어적 수련을 시작하게 되면 처음에는 답답하고 불확실하다. 우리는 동료 수련자에게 당신은 누구냐? 어디서 왔느냐? 전에 뭘 했느냐? 등의 질문을 할 수 없으며, 자기 자신을 소개할 수도 없고, 내가 누구인가에 대하여 마음 속에서 작성해 두었던 안을 통과시킬 수도 없게 된다. 침묵에서는 이런 것들을 위한 공간은 더 이상 없다. 우리는 단지 타인을 현재의 환경 안에서 바라보고 파악할 수 있을 뿐이다. 처음에는 이것이 좀 압박이 될 수도 있지만 침묵수련이 진행됨에 따라 우리는 즐거운 공간을 발견하게 되고, 더 이상 지속적으로 나 자신, 나의 이미지를 팔 필요가 없어지면서 오히려 이완이 된다. 이윽고 삶의 상황은 넉넉하고, 깨끗해지고, 순수하게 된다. 침묵수련이 진행됨에 따라 타인과의 교제에서 나타나는 자아의 모습이 의식화되고, 더 이상 자아 자체와 자아의 자기 이미지를 강박적으로 붙들거나 과시할 필요가 없게 된다. 즉 정확하게 말하자면 침묵은 우리 자신을 명쾌하게 볼 수 있게 하기에 자아의 인위적인 이미지들은 더 이상 필요가 없게 된다.

'자비'의 수련은 자신 스스로의 이득 추구를 포기하도록 강제하는 것이 목적으로 대다수의 영성 전통에서 강하게 강조하는 수련이다. 시간과 소유에 있어서 자신이 생각하기에 필요하다고 하는 것들에 매달리려는 우리의 성향에 역행하도록 수련함으로써 역설적으로 우리 자신과 환경에서 동시에 풍요함의 감각을 창조한다. 일상적인 삶의 방식에서 실제 이득을 초래하는 어떤 것이나 자기보존의 감각을 애매하지 않고 분명하게 포기하도록 충분히 도전적인 상황을 부과하는 것이다. 그것들의 포기에서 오는 두려움 밖에도 삶이 있음을 주목하고, 이로부터 자유로움을 경험하고 동시에 근본적이고 탈조건적인 풍요로움을 발견한다. 오히려 전 세계가 우리에게 풍요로움으로 주어진 것임을 깨닫도록 한다. 이는 단순히 무엇이든 주어버리는 것을 의미하지는 않고, 도덕적 의무가 아닌 실제적인 일로서, 우리 자신의 이득을 발작적으로 지키려는 현상으로 나타나는 자아 중심적인 정신을 포기하는 데 익숙해지도록 함이다.

수도공동체에서 살아가는 수도자들뿐만 아니라 일상의 삶을 살아가는 일반인들에게 이상의 열거한 행동과 언어적인 수련법이 어디까지 적용될 수 있을까, 이는 그 동기와 통찰에 의하여 좌우되는 문제로 이해된다. 특히 많은 경우 우리의 일상생활이 전체적으로 혹은 부분적으로 우리의 자아 중심적인 현실 경험을 포기할 여지를 허락하지 않을 수가 있기 때문에, 행동과 언어수련을 통한 관상수련은 사람마다 그 조건에 따라 다르며, 때로는 수도승적인, 때로는 일반인으로서 각기 다른 정도의 수련을 하게 된다.

이상의 여러 행동 및 언어수련법이 실제로 적용될 때 어떤 일정한 순서나 단계가 있느냐 하는 문제는 나아가서 영적 성숙에 보편적인 발달단계가 있느냐 하는 문제로 확장될 수도 있는데, 일반적으로 영성 전통들은 이 수련들을 순차적으로 제시하기는 하지만 반드시 지켜야 할 고정된 것으로 보지는 않는다. 대체로 초기에는 금지, 절제, 겸손, 고상한 언어사용 등 자아 중심적인 행동을 순화하는데 집중되어 있는데, 이런 수련들은 때로는 윤리적이기도 하고 또 그렇게 보이기도 하지만 그 근본 목적은 자아 중심적 눈멂과 감정 상태를 드러내어서 통찰을 얻음으로써 자아 중심적 행동과 그 제약으로부터 자유로움을 얻으려는 것이고, 그 다음에는 이러한 자유와 좀 더 순화된 상태를 기본으로 하여 자비(generosity)와 같은 선한 작업을 하는 것, 즉 우리의 근본적인 인간다움을 발휘하게끔 돕는 수련으로 그 중심을 이동한다. 마지막 세 번째 단계는, 점점 더 원래의 금지와 명령이 온 정신(영)에의 깨어남과 열림을 만들게 되며 그 마음 상태에서 살 수 있음을 믿게 된다. 이는 우리의 영성훈련을 실천하는 것이 외적인 수련에서부터 내적인 수련으로 바꾸게 됨을 의미하며, 마음의 탈자아 상태가 우리의 모든 행동의 출발점이 된다. 이 삼 단계 초기에 우리는 마치 다시 어린애가 된 것 같이 새롭게 걷고 새롭게 말하는 것을 배워야만 할 것 같은 느낌을 받는다. 그러나 우리는 우리의 근본적인 인간다움에 대하여 배운적이 없기 때문에 이 초기에 한 편으로는 극도의 불확실성과 위험부담을 느끼기도 한다. 하지만 수련이 계속 진행됨에 따라 점차 신뢰가 생겨나고, 결국 우리의 모든 행동은 이제 더 이상 의무나 윤리에 의하지 않고 근본적인 인간다움에 의하여 촉진되며 우리의 모든 행동은 관상적 행동이 된다. 오거스틴은 "Ama et fac quod vis", 즉 "사랑하라. 그리고 네가 원하는 대로 하라(love and do as you wish)"고 하였고, 마하야나 불교에서는 "탈조건적 연민(unconditional compassion)"이라고 하였다.

결론

de Wit는 그 스스로 "궁극적으로 깊은 안정성(stability within)의 최종 관점에서 볼 때 여정이나 자아나 모두 착각에 지나지 않는다. 따라서 관상심리학도 하나의 환상(illusion)에 불과하다. 그러나 우리가 이런 착각으로부터 자유롭게 될 수 있는 것은 영적 전통의 심리학적 통찰과 열정을 통하여 강력하고 효과적인 영적 수련을 발달시킨 영적 전통에 가치를 두기 때문이다."라고 자기 모순적인 최후적인 진술을 남기고 있다. 절대 무를 추구하는 불교 전통으로서는 너무나 당연한 귀결이 아니겠는가? 저자가 반복적으로 주장하는 바는 기독교 전통은 이와는 정반대의 여정과 종착점을 향하고 있다는 점이다.

1) The Spiritual Path: An Introduction to the Psychology of the Spiritual Traditions. Duquesne University Press, 1999. 그의 대표적인 저서로는 이 책 외에도 "The Great Within: The Transformative Power and Psychology of the Spiritual Path. Shambhala Boulder, 2019."가 있는데, 후자는 주로 기초적인 이론, 전자는 주로 실제적인 영적 수행에 관한 내용을 담고 있으며, 이 책에서는 주로 전자를 중심으로 논의를 한다.

2) 위의 책에서 재인용.

3) jaeger 1992, p72. 위의 책에서 재인용.

4) 앞서 언급한 바와 같이, 기독교 전통에서는 창조된 본래 인간상의 회복, 즉 하나님의 자녀로서의 인간상으로 표현될 수도 있다.

4장

Gerald May의 영성심리학

이 장에서는 Gerald May의 『Will and Spirit; A Contemplative Psychology』[1]를 중심으로 그의 관상심리학에 관하여 논의하고자 한다.

Gerald May(1940-2005)는 1940년도에 미국에서 태어나 어린 시절부터 감리교 교회에서 신앙생활을 하였다. 정신과 의사로서 베트남전에 참전하여 공군 소속으로 전쟁과 관련된 정신과 환자들을 치료하였으며 나중에는 교도소 환경에서 일했고 이런 경험들을 바탕으로 저술한 "중독과 은혜"는 베스트셀러가 되었다. 그는 미국의 유명한 영성형성 센터 중의 하나인 샬렘의 창립멤버로 참가하여 죽을 때까지 샬렘의 영성지도자로서 활동하였다. 저서로는 "중독과 은혜"를 비롯하여 "영성지도와 상담", "사랑의 각성", "Will and Spirit: A Contemplative Psychology", "영혼의 어둔 밤" 등 영성심리학 분야의 저서를 여럿 남겼다. 이 장에서는 그의 저서 "의지와 영: 관상심리학"에서, 특히 "2장 관상심리학을 위한 기초"의 내용을 중심으로 논의를 할 예정이다.

인간의 몸을 성전이라고 한다면 의식(consciousness)은 지성소에 비유할만하다. 그 안에서 치열한 영적 투쟁이 일어난다. 감정이나 행위보다도 의식은 영성의 핵심 역할을 하는 부분이다. 기억하라 기억하라는 하나님의 말씀도 의식 속에서 기억이 되는 것이며, 묵상기도가 이루어지는 곳도 의식을 중심으로 해서이다. 따라서 우리는 우리 존재의 기본 양식인 의식의 메커니즘을 이해하여야 한다. 즉 인간을 이해하는 가장 기본적인 측면은 인간의 의식의 특성을 이해하는 것이다. 따라서 의식에 관한 연구, 즉 의식은 관상심리학(또는 영성심리학)의 기본적인 연구주제가 될 뿐만 아니라, 심리학의 범주를 넘어서 생물학, 뇌과학, 신경사회학, 신학 등이 어우러진 통합적인 분야의 지식을 필요로 하며, 앞으로의 심리학과 정신의학, 상담, 치유의 중심 연구영역 중의 하나로 자리매김할 것이다.

기독교 영성을 공부함에 있어서도 의식에 관한 연구는 매우 중요한데, 그 이유는 하나님의 임재를 느끼는 것도 의식이며, 동양철학에서 명상의 훈련을 통하여 이루어지길 시도하는 것도 의식상태의 변형이기 때문이다. 우리는 그리스도인으로서 의식을 어떻게 이해하여야 하는가? 어디까지 하나님의 형상을 따라서 창조 받은, 그리고 축복받은 특성으로서의 의식을 계발하는 것이 허락되는가? 아니면, 그것이 동양종교에서와 같이 하나님의 구원과 성령의 이끄심을 배제한, 단지 자아의 완성을 위한 의식상태의 변형을 위한 노력인가? 이 양자를 구분하는 일은 그리스도인들에게도 매우 중요하게 되는데, 왜냐하면 인간의 모든 종교의식, 특히 기도 행위 속에는 혼합되어 있기 때문이다.

뇌와 의식심리학

May는 의식심리에 관한 논의를 하면서 뇌에 관한 생물학적 고려를 우선 포함하고 있다. 뇌는 인간의 영적 경험을 매개하는 육화된 매개체(incarnated mediator)이다. 그것은 수십억의 신경 세포들이 셀 수 없을 만큼 복잡한 통로들을 통해서 연결되어 있는데, 바깥층의 세포들을 우리가 뇌피질(cortex)이라고 부르며, 여기에는 우리의 사고, 감각을 지각하는 것, 기억, 의도적인 몸의 움직임들을 조절하는 중추들이 있다. 그리고 뇌의 깊은 부위에는 감정, 신체적인 욕구들, 우리 몸의 체온, 신진대사 기능, 그리고 자고 일어나는 각성 수준을 조절하는 중추들이 있다. 이 모든 영역들은 통로를 통해서 복잡하게 서로 영향을 주고받으며, 서로 촉진하기도 하고 억제하기도 하고, 피드백을 주기도 하면서 복잡하게 복합적으로 연결되어 있다. 뇌의 기능은 전기화학적(electrochemical)이다. 시그널이 신경세포의 줄기로부터 전기적으로 전달이 되어 한 세포의 끝에서 다른 세포의 끝으로 넘어갈 때는 특정 생화학물질, 곧 우리는 그것을 신경 전달물질이라고 하는데, 이 신경전달물질이 분비되고 흡수되는 것에 의해서 전기 자극이 전달되며, 이 과정을 통해서 우리의 모든 생각과 감각과 영감, 모든 기억, 희망, 지각, 이런 것들이 일어나고 전달이 된다. 따라서 이 신경세포와 신경세포의 생화학적 자극과 전달에 우리 인간의 모든 경험들, 단순한 조건반사적인 경험으로부터 아주 고결한 영감에 이르기까지 전적으로 이 기능에 의존되어 있다. 말하자면 우리가 느끼고, 생각하고, 때로는 생각할 수 없는 느낌까지도 모두 이 세포들에 의해서 야기되고 창조된다고 말할 수 있다. 우울증이나 조증(mania)과 같은 정신병리적 상태에서는 뇌의 이 화학물질의 변화가 발견되고, 그것으로 인해서 생각의 과정에 혼란이 오거나 병리적으로 왜곡되기 때문에 즐거운 감정이나 불쾌한 감정이 거기에 따라서 일어나게 된다. 그래서 우리가 느끼는 감정이나 사고가 세포 안에서 일어나는 단순한 전기 화학적인 작용으로 일어나는 것이냐, 그렇지 않으면 객관적인 실체냐 하는 것은 구분하기가 불가능하다. 뇌의 어떤 특정 부위의 세포를 전극으로 자극을 하면, 그에 따라 어떤 특별한 기억이나 감정이나 깨달음을 불러일으킬 수 있는데, 그것은 우리가 의도적으로 어떤 주제를 주관적인 의지에 의해서 생각하고 깨닫는 것과 조금도 구별할 수가 없는 것이다. 따라서 우리가 생각하는 모든 것이, 심지어는 신에 대한 우리의 생각조차도 그것이 우리 뇌세포의 전기 자극으로부터 오는 현상인지, 그렇지 않으면 그 자극 너머에 있는 객관적인 실체인지를 과학적으로 구별할 방법은 없다.

여기서 한 가지 관심 있는 현상은 특정 정신병리에서도 유사한 영적 현상을 경험할 수 있다는 것이다. 예를 들면, 정신분열병(조현병)에서 내 생각이 밖으로 퍼져나가는 느낌(broadcasting thought), 또는 외부로부터 어떤 목소리가 주입되는(infuse) 느낌, 이런 것들이 아주 현실적으로 다가오기 때문에 환자들은 그것을 현실로 지각한다. 또 많은 정신병 환자들이 환상을 보거나 환청을 듣거나, 신의 목소리를 듣는 유사 영적 경험을 한다. 유사 영적 경험의 다른 대표적인 예는 해리 현상(dissociation)에서 볼 수 있는데, 많은 무속인들의 경우처럼 해리 현상 하에서는 평소에 느낄 수 없던 특수한 감각들, 자아와 우주가 합일을 한다든지, 초월적 존재와의 통합 속에 들어있는 느낌이라든지, 신이나 다른 존재에 의해서 사로잡히는 신들림 현상, 이런 것들을 우리가 볼 수 있다. 이런 현상들 또한 어떤 객관적인 실체에 의한 현상인지, 그렇지 않으면 단순히 뇌세포들의 물리화학적 자극이 일으키는 정신병리 현상인지를 구분한다는 것은 거의 불가능하다고 볼 수 있다.[2]

역사적으로 인간의 뇌에서 영혼의 위치를 확인하고자 하는 뇌 연구가 있어 왔는데, 초기에는 공상과학 소설 수준의 시도로 취급되었으나, 최근 뇌과학의 발전은 그 가능성을 현실로 다가서게 하는 느낌을 준다. 일 예로 우울증을 들 수 있는데, 우울증은 뇌의 변연계이라는 부위에 생화학적 물질, 대표적으로 세로토닌의 감소로 인한다는 것이 입증

되었고, 그 결과 세로토닌의 감소를 막거나 증가를 일으킬 수 있는 약물이 개발되어 현재 우울증에 사용되고 있으며, 이에 따라 우울증이 쉽고 분명하게 호전되는 것을 얼마든지 관찰할 수가 있다. 마찬가지로 뇌의 일정 부위에서 신에 대한 갈망이나 합일의 느낌을 불러일으키는 위치가 발견된다면, 이 부위에 약물이나 전기 자극 등 생물학적 조작을 통하여 그런 초월적 감정이나 사고를 인위적으로 유발할 수도 있겠다는 상상이 가능하다.

이미 오래된 얘기긴 하지만, 향정신성 약물(psychedelic drug)들이 뇌의 생화학에 직접적으로 영향을 주어서 사람의 지각과 경험을 자연적으로 일어나는 영적 경험과 매우 유사한 상태를 일으킬 수 있다는 것은 이미 알려져 있다. 한편 여러 종교적인 전통들에서 극단적인 수덕훈련, 예를 들면 금식이나 다른 신체 지각의 탈감각화(sensory deprivation)을 통하여 초월적 심리상태를 이끌어 내고자 하는 시도들을 흔히 볼 수 있는데, 이런 시도들을 살펴보건대, 만약 인간이 우리의 뇌의 생리와 활동을 과학적으로 충분히 파악하게 되는 시대가 온다면, 사람들은 이 뇌의 활동을 조작함으로써 우리 자신의 영적 구원을 작업해 내려고 할 것이다. 사실 어찌 보면 이미 오래전부터 있어왔던 동양적인 명상의 방법이 인간이 뇌의 조작을 통하여 영적 웰빙 상태를 만들어 내려는 노력의 대표적인 예라고 볼 수도 있다. 그 수련방법이라고 하는 것이 바로 우리가 우리의 생각이나 느낌이나 지각이나 다른 어떤 각성 상태(즉 의식의 변형)를 다양한 방법으로 변화시키려는 시도라고 할 수 있는데, 이는 나름대로 치유적인 효과와 영적 풍요로움을 만들어 내는 듯 보이지만, 기독교의 관점에서는 이것이 진정한 구원을 이룰 수 있는가는 믿음의 문제일 수밖에 없다고 본다.

결론적으로 보면, 뇌의 모든 조작된 경험들, 그것이 약물이건, 탈감각화건, 뇌파를 이용한 바이오피드백(biofeedback)의 유도된 이미지들이건, 금욕적인 극단적 수덕이나, 기도의 형태건, 명상의 형태건, 모두 어떤 특정한 심리학적인 상태를 이루기 위해서 고안되었다고 볼 수 있다. 물론 이러한 활동들이 일방적으로 비난받아야 하는 것은 아니다. 확실히 거기에는 우리가 도움을 받을 수 있는 것도 있기는 하다. 예를 들면 기도할 때, 좀 더 효과적으로 이완(relax)을 한다든지, 이미지나 통찰수련이 좀 더 감각적이고 섬세한 수준으로 우리의 마음을 열 수 있는 방법이 될 수도 있다. 그러나 이런 방법들은 결코 (기독교적인) 영적 성숙을 이루려는 것과 같은 것은 아니다. 기도나 명상이나 금식이나 마인드 콘트롤 등의 여러 가지 방법들은 개인적인 영적 성장에 때로는 중요할 수 있지만, 이러한 의도적인 것은 반드시 하나님을 향해서 직접적으로 보다 더 깊고 자유롭게 반응적이 될 수 있도록 우리를 고쳐시켜 주는데 도움을 주는 것이어야 하며, 우리 자신의 구원을 작업하는 방향으로 전환되어서는 안 된다. 이 점이 평가하기는 매우 어렵지만, 구분을 잘 해야 하는 것이다. 왜냐하면 만약 인간이 자신의 수준, 경지를 바꿀 수 있는 방법을 발견한다면, 거의 예외 없이 신을 향해서 자기 자신이 명령하고 싶은 위치로 바꾸고 싶은 욕망에 사로잡히는 것을 피할 수 없기 때문이다. 그렇게 해서 자기 자신의 운명을 스스로 결정하려고 하는 성향을 피할 수 없다. 이 점이 바로 전통적인 호흡법, 관상법, 이런 것들을 특히 개혁주의 입장에서는 주의 깊게 평가를 하고, 꼭 필요한 것이 아니면 지나치게 그 쪽을 파고 들어가지 않고 가치를 많이 두지 않아야 하는 이유이다. 이러한 의도가 우리 자신의 영적인 각성 상태를 변형시키려고 하는 그런 인간적인 노력이 되어서는 반드시 실패할 수밖에 없는 것이고, 그것은 하나님에 대한 반역이 될 수도 있기 때문이다.[3]

최근 수 년 사이에 인간의 영적 경험과 신경생리적인 요인들, 예를 들면 뇌파의 패턴, 좌측 뇌와 우측 뇌의 밸런스, 이런 것들과 인간의 영적 경험 사이의 상관관계를 탐구하는 연구들이 많이 진행되어 왔다. 이런 모든 노력들은 때로는 매우 근사해 보이고, 성공적이 되는 것 같이 보일 수 있다. 많은 영적 경험들, 초월적인, 또는 신과의 합일을 추구하는 영적 경험들이 뇌파 패턴과 관련이 있다는 보고가 있는데, α파라고 하는 서파와 관련이 있고, 그것이 좌우가 동시에 작용한다는 (synchronize) 것과 관련이 있다는 것이 많이 연구되어졌다.[4] 이러한 상관성에 관한 연구들은 역시 인간의 영적 운명을 극복하려는 저항할 수 없는 열정을 자극하게 된다. 우리가 우리의 적절한 뇌파를 어떻게 생산하는지를 배울 수만 있다면, 만약에 우리가 우리 뇌의 좌우 반구에서 밸런스를 잘 맞추는 방법을 발견한다면, 혹은 우리가 영적 가이드 프로그램을 효과적으로 구성함으로써 영적 각성 상태를 보다 더 깊게 하고 하나님과의 합일이나 현실을 초월하는 감각을 더 효과적으로 불러일으킬 수만 있다면, 그런 노력들은 우리 자신의 웰빙의 측면에서 보면 가치가 있기는 하지만, 바로 우리 자신이 하나님의 역할을 하려는 위험에 너무나도 가까이 다가간다고 볼 수가 있다고 Gerald May는 경고하고 있다.[5]

의식과 마음(consciousness and mind)

생각들은 정서, 이미지, 기억, 희망, 그리고 여러 다양한 심리적 및 신체적 감각들과 함께 의식의 내용물들로 볼 수 있다. 우리들은 보통 이런 내용물에 몰두해 있기 때문에, 의식 그 자체의 성격, 질, 심지어는 그 존재 자체를 주목하는데 실패하고 만다. 의식은 보통 그 안에 어떤 혼란이 일어나거나 그 존재 자체가 사라질 것 같은 위협에 직면하지 않고는 관찰되지 않는다. 우리는 거의 항상 생각들, 느낌들, 감각들 이런 것들은 깨닫고 있지만, 그 깨달음의 사실 자체를 감지하는 것은 단지 이따금씩 일 뿐이다.[6]

의식이란 어떤 것일까? 이는 대단히 광범위하게 사용되는 개념인데, May는 세 가지 차원으로 설명한다.[7] 첫째, 생물학적인 개념으로서의 의식인데, 의식을 하나의 상태(state)로 보는 것이다. 이는 의학적인 개념으로서, 의학에서는 의식을 개체가 기능하는 하나의 상태나 수준으로 보는 것이다. 과다각성(hyperalertness), 정상적 각성(normal wakefulness), 착란(delirium), 졸음(somnolence), 수면(sleep), 반혼수(semicoma), 혼수(coma) 등과 같이 의식의 상태로 알려진 수준들이 있다. 그것은 외부 자극에 대한 개체의 반응에 기초한 개념들인데, 이는 그 반응도가 가장 관찰과 측정 가능한 특성이기 때문이다. 최근에는 이를 측정하는 방법의 하나로서 뇌파 활동도를 측정하기도 한다. 둘째는 심리학적 개념으로서의 의식인데, 뭔가를 파악하는 기능, 각성된 상태, 감각이나 사고 등을 일어나게 하는 기본 정신상태를 의미할 수 있다. 셋째는 존재론적인 개념으로서, 의학 ─심리학적 이해를 넘어서는 시점에서 실존적 이해를 고려할 수 있다. 실존주의적인 사상가들은 의식을 존재(being) 또는 세계 속의 존재(being-in-the-world)와 관련시킨다. 야스퍼스는 의식을 "존재의 발현(manifestation of being)"으로, 롤로 메이는 "자연과 존재 사이에 간여하는 변수(the intervening variable between nature and being)", 하이데거는 '의식'의 대체 개념으로서 'dasein', "거기에 존재함 또는 인간 존재(being there or human being)"를 선호하였다.

그러나 의식을 관상적 심리학으로 이해하려면 더 진전된 개념이 필요하다. 명상이나 관상 전통의 훈련을 경험한 사람이라면 누구나 마음의 기능들이 한꺼번에 정지되는 순간들을 느낄 때가 있음을 알 것이다. 아무 생각이 일어나지 않는 아주 귀중한 순간들이 있는데, 그 때는 그 어떤 내적 또는 외적 자극에도 아무런 반응이나 입력이 없으며, 어떤 이미지, 기억, 감정 등도 일어나지 않으며, 그럼에도 불구하고 의식은 명확하고도 강력하게 존재한다는 것이다. "이것이 바로 내용이 없는 의식, 즉 빛과 공기일 뿐이다."라고 May는 표현한다.

이런 상태는 황홀(trance)과는 다른데, 최면이나 상상력의 분출(flights of imagination), 기타 다른 의식의 변형된 상태와 같은 황홀(trance)에서는 해리현상이 나타난다. 즉 황홀에서는 개인적인 인식은 '분열'되거나 정상적인 환경으로부터 분리된다. 그 다음 순간 다른 곳으로 갔었다는 감각과 함께 현재의 현실로 돌아와야 한다는 느낌이 있다. 반면 내용없는 의식(consciousness-without-content)이라는 '관상적 상태'는 이러한 '가버린'(going away) 느낌이 없다. 오히려 있는 그대로의 즉각적인 세상 속으로 직접 움직인다는 느낌이 있다. '내용'이나 '자극입력'이 없이 어떻게 이런 현상이 일어나는지 설명하기 어렵다. '내용없는 의식'은 자극의 차단을 결코 포함하지 않는다. 모든 것은 그곳에 있고, 즉각적인 임재가 있으며, 다른 어떤 의식의 상태에서보다도 더욱 그렇다. 그런데도 거기에는 관찰대상으로부터 관찰자를 분리하는 그 어떤 작용이나 반작용은 없다. 여기서 우리는 의식의 영적 내지는 신비적 고려의 차원으로 들어가게 되며, 이것은 개인적인 경험이 따라주지 않으면 이성적인 마음으로는 더 이상 이해할 수 없게 된다. 동양 전통의 영성가들은 이를 '순수한 알아차림(pure awareness)', '우주적 의식(cosmic consciousness)', '큰 마음(Big Mind)', '순수한 주의집중(bare attention)' 등으로 부르며, 서양에서는 직관의 상대적인 지속상태, 근본적인 관상 경험으로 이해한다. 내용이 있든 없든, 의식이 직접적으로 지각될 때, 필연적으로 신비 감각이 수반된다. 의식은 광대하고 공간적이며, 마치 일종의 에너지(따라서 'spirit')처럼 강하고 역동적이지만, 이해를 초월하는 에너지라고 보았다. 그것은 매우 생동적이며, 최상의 항상성을 반영하는 듯하며, 그 어떤 내용물들에게 전혀 영향을 받지 않는 불변의 형체처럼 여겨진다. 그러므로, 그것은 마치 모든 삶의 경험과 활동들이 기초하는 초석 또는 터전같이 느껴진다. 그럼에도 불구하고, 진정한 물질은 아닌 듯 보인다. 마지막으로, 그 의식은 개개인을 초월하여 마치 거대한 대양과도 같은 것으로서 개인은 그 위에 있는 파도와 같다고 하였다.[8]

알아차림(awareness)과 주의집중(attention)

알아차림(awareness)은 관찰되어지고, 인식되어지고, 이해되어지는, 즉 어떤 개인에 의하여 감각되는 의식의 한 측면이라고 설명한다. 그러나 의식은 깊이 퍼져있고 항상적이며 심지어는 영원한 속성이 있는 반면, 알아차림은 넓은 범위에서 변화하는 다양성의 대상인데, 예를 들면 수면과 같은 상태에서는 전혀 없는 상황이 된다. 대개의 경우 그것은 제한되어 있거나, 막혀 있거나, 단지 희미하게 활성화되어 있을 뿐이며, 반면 알아차림은 의식의 거대한 성격을 점점 더 인정하기 시작할수록 더 확장될 수도 있다고 보았다. 그리고 알아차림은 반대로 제한되거나 한정될 수도 있는데, 이 경우 '주의집중하기(paying attention)'라고 부른다.

주의집중은 초점이 모아진, 또는 예리해진 알아차림이라고 할 수 있다. 알아차림은 기본적으로 두 가지 속성을 가지고 있다. 하나는 열림

(open-ness)의 정도로, 알아차림은 때로는 '넓게 열림'으로 감각의 파노라마를 포함하게 된다. 예를 들면, 어떤 사람이 한 겨울 저녁에 문을 나서면, 어두운 하늘과 모든 별들, 공기의 차가움과 신선함, 여린 여러 소리들을 한꺼번에 경험한다. 내가 거기 존재해 있고, 호흡하고 바라보며 듣고 있음을 알아차리는 것이 가능하다. 이런 순간들, 다양한 감각들이 한꺼번에 경험되는 때를 '열린 알아차림(open awareness)'의 순간이라고 할 수 있다. 그 어떤 특정한 감각이 더 우위를 차지하는 것은 아니며, 모든 것이 동일한 열림으로 받아들여진다. 반면, 이와는 달리 대부분의 일상에서 우리가 지내는 때에는 알아차림은 제한적이며 어떤 특정한 자극이나 활동에 초점이 맞추어져 있다. 이 경우가 알아차림의 '열림 정도'가 감소되었다고 할 수 있다. 위의 경우에서 문을 열고 나가면서 저녁 신문을 집는 경우 단지 그 신문에 초점을 두고, 다른 밤의 아름다움에는 닫혀져 있는 것이다. 즉 열림을 제한함으로써 주의를 집중하는 것, 알아차림에 초점을 두는 것이다. 두 번째 알아차림의 특성은 예민성(sharpness), 또는 각성(alertness)이다. 개인이 졸리거나 나른할 때와 개인이 일어나고 있는 일에 아주 관심있게 깨어 있을 때를 상호 비교해 보면 이해할 수 있다.

May는 알아차림의 특성을 경험하기 위하여 다음과 같은 연습을 할 것을 제안한다. 5분 동안 가만히 의자에 앉아 있다. 눈은 감아도 좋고, 떠도 좋다. 알아차림을 유지하도록 한다. 앉아있는 것, 의자, 이 방안, 그리고 자신의 호흡에 각성하고 있도록 한다. 여러 가지 생각들이 오고 간다. 때로는 어떤 생각이 당신의 알아차림을 빼앗아가기도 하고 어떤 생각이나 느낌들은 그냥 왔다가 쉽게 가기도 한다. 그런 것들을 그냥 관찰하라. 두 번째 일어나는 것은, 점점 몽롱하고 졸리게 되는 것. 이 연습에서 중요한 것은 알아차림을 유지하려고 애쓰지 말고 그냥 관찰하라. 어떤 이미지나 생각이 알아차림을 빼앗아 간 것을 느끼면, 그냥 부드럽게 돌아오라. 몽롱하거나 졸림을 느꼈다면, 그냥 부드럽게 깨어나라. 처음 1-2분 동안에는 어떤 사고가 주의를 빼앗아가고, 반 이상이 지나면 각성상태의 변화를 더 오래 느낀다. 즉 시작 초에는 알아차림은 명료하고 조용하다. 그러면 바로 어떤 흔들림과 흐트러짐이 일어나고, 각성상태의 예민도가 떨어져 알아차림이 둔화될 때가 온다. 나중에는 이 양자가 동시에 온다. 알아차림을 길게 연습하는 고전적인 방법은 호흡을 조작함이 없이 관찰하는 것이다. 요가에서는 호흡과 사고는 깊이 연결되어 있다고 주장한다.

깨달음(awakening)

May는 깨달음을 다음과 같이 정의한다. 즉 존재를 깊이 있게 이해하는 것, 내가 누구인가를 깊이 있게 이해하는 것을 말한다. 여기서 '깊이 있게'란 전 단계에서부터 한 차원 높이, 한 차원 더 깊이 불연속적으로 이해하는 것을 의미하는데, '불연속적'이란 전 단계에서의 이해의 연장선 상이 아닌 다른 성질의 이해를 의미한다고 보았다. 깨달음에는 여러 차원, 또는 단계가 있는데, 한 생명체로서의 생물학적 이해에서부터 심리학적 존재, 그리고 사회적 이해, 예를 들면 가족으로서 아빠, 남편, 아내, 등등, 그리고 국민, 사회의 구성원에서부터 철학적, 종교적 차원에 이르기까지 다양하다. 그러나, 여기서 관심이 있는 깨달음이란 이런 차원들보다 더 깊고, 더 넓은 차원의 이해, 즉 초월적 이해 또는 영적 이해를 말한다. 그리고 깨달음의 중심에는 나란 어떤 존재인가에 대한 깊은 존재론적인 이해가 있다고 본다.

여기서 우리가 좀 더 깨달음에 관한 종교적인 이해를 발전시켜 보자면,

저자는 기독교적인 깨달음과 불교에서의 깨달음은 분명한 차이가 있다는 것을 강조하고 싶다. 불교적 깨달음은 내가 우주의 한 존재, 분열이 없는 통합된 존재, 황홀하고 빛나는 하나, 참마음, 불심, 신적인 존재, 근원 등으로 일견 매우 긍정적으로 묘사되는데, 그 대표적인 표현으로 선가귀감[9]을 들 수 있다. 그 첫 장에 보면, "有一物於此, 從本以來, 昭昭暎暎, 名不得狀不得, 不增生不增滅."이라고 하여, 풀이하자면, "여기 한 물건이 있는데, 처음부터 맑게 빛나, 이름을 붙일 수도, 형상을 그릴 수도 없고, 더 생겨나지도, 더 없어지지도 않는다."라고 하였다. 이런 참마음, 불성을 얻게 되는 것을 불교의 깨달음이라 하였다. 그러나 신학적으로 "회심"이라고 표현되는 기독교적 깨달음은 이와는 달리 두 차원이 공존함을 보여준다. 한 부분은 나의 영은 하나님의 호흡으로 이루어진 신적인 존재, 하나님의 형상, 한데 모여 예수의 몸을 이루는 성전, 존귀하고 신성한 부분임을 깨닫는 것과 함께, 그러나 이런 부분만 있는 것이 아니라, 육적인 부분, 흙으로 빚어진 부분, 타락한 땅의 한 부분, 죄로 가망이 없는 존재로서의 나, 무엇하나 내세울 것이 없는 악으로 연결된 부분임을 깨닫는 과정을 의미하는데, 이에 따른 부끄러움, 수치, 죄책감, 절망, 죽음을 깨닫는 것으로서의 부정적인 감정이 함께 동반된다. 따라서 기독교의 깨달음은 회개를 수반하며, 구원의 기쁨과 함께 한없이 진리의 빛 앞에서 절망적인 죄성이 드러나는 슬픔이 같이 있는 깨달음이라고 볼 수 있다. 이런 시각에서 보면 토마스 머튼의 루이빌 사건[10]은 기독교적인 깨달음이 아니라, 불교적 깨달음에 가깝다고 봐야 하지 않을까? 이런 관점에서 볼 때 기독교적인 성숙 또한 두 가지 측면을 함께 수반한다고 본다. 즉 영적 수련을 해 감에 따라 하나님과의 친밀, 거룩에 가까워지는 것과 함께, 자신의 죄성, 부족함, 절망적인 미완성을 더욱 철저히 깨달아 가는 것을 의미한다고 볼 수 있다.

합일경험(Unitive Experience): 관상적 영성의 한 패러다임(A Paradigm for Contemplative Spirituality)

우리가 겪는 온갖 종류의 영적 경험들, 회심경험, 치유, 예언, 방언 등의 은사경험들, 그리고 직관적인 여러 경험들은 우리의 인격, 속한 환경, 문화 등에 강하게 영향을 받는다. 그리고 대부분의 경우 그 경험을 하는 동안 자기감(a sense of self)이 유지된다. 이 때문에 이들을 '자기-확인적 경험(self-defining experience)'이라고 부른다. 그런데 이런 경험들보다 훨씬 더 자주 겪으면서도, 각기 다른 문화나 환경들에서도 보편적인 양상을 띠는 영적 경험이 있는데, 특히 '자기-정의의 상실(a loss of self-definition)'을 보이는 경험으로서 이를 '합일경험(또는 연합경험, unitive experience)'이라고 하며, 이는 자기-상실 경험(the self-losing experience)이 특징인 경험이다. 이 경험은 또한 '참다운 직관과 근본적인 자발성(true intuition and radical spontaneity)'을 특징으로 하는데, 이것이 바로 관상적 영성(contemplative spirituality)의 초석이 되는 개념이다.[11]

자연발생적으로 일어나는 연합경험에서는 삶이 갑자기 압도되고 정지된 순간에 사로잡히는 느낌을 받게 되는데, 시간은 정지되어 있는 것 같으며, 알아차림은 그 두 차원 모두에서 최고조에 이른 느낌을 받아서, 즉시 그리고 완전히 '넓게 깨어남과 열림(wide-awake and open)'의 상태가 된다. 즉각적인 환경(immediate environment)의 모든 것은 경이로운 명확성과 함께 경험되며, 의식의 거대한 파노라마가 열리게 된다. 그 경험 동안 -그 경험 자체는 그리 길지 않는데- 다른 정신 활동은 정지된다. 선입견, 불안, 걱정, 욕망들은 증발되며, 모든 것은 "완전히 있는 그대로" 있게 된다. 이 경험의 끄트머리에 이를 때 어떤 반응적인 느낌이 있게 되는데, 즉 경외감, 경이로움, 확장된 느낌, 자유, 따듯함, 사랑, 총체적인 진리 또는 "정의(rightness)" 등의 감각이다. 그 경험이 끝나면, 예외 없이 거기에는 모든 게 하나의 상태였다는 회상이 있게 된다.

이와 같은 상태의 느낌은 자연과 관계된 연합경험에는 산 위나 바다 지평선 위로 해가 떠오르는 것을 볼 때, 숲 속을 걷다가 예상치 않던 폭포를 보게 될 때 등의 경우에 느끼게 될 수도 있다. 심포니를 듣거나, 위대한 미술품에 압도되거나 시에 감동될 때도. 성관계시, 깊은 나눔, 화해의 순간, 아가의 출산, 가까운 사람의 죽음, 중병이나 중요한 위기 때 경험할 수 있으며, 대체로 여러 종교 또는 영적 전통들은 이러한 연합경험을 알아차리기를 격려한다. 그래서 흔히 예배나 피정, 공식적인 명상이나 기도 등의 기간 동안 보고되기도 한다. 많은 영적 전통에 따른 이상적인 명상 상태 속에서는 알아차림은 대단히 넓게 열리고 깨어 있게 되는데, 거기서 물은 조용하고, 분명하고, 정지되어 있다는 느낌을 받는다. 의심할 여지 없이 어떤 명상 훈련들은 이러한 상태들을 촉진하지만, 그럼에도 불구하고 이러한 훈련들이 연합경험 자체를 일으킨다고 말할 수는 없다. 알아차림의 깨어남과 열림(wakefulness and openness)은 단지 연합경험의 일부일 뿐이다.

여기서 주의할 점은 동서양 영성의 대가들은 명상 가운데 무엇인가를 유도하려는 시도는 방해가 되고야 만다는 것을 계속적으로 주장해 왔다는 점이다. 어떤 단계에서도 그 알아차림의 열림과 깨어남은 '유도' 될 수 있다고 말할 수는 없다는 것이다. 비유하자면 파도를 멈추려는 어떤 노력도 더 큰 파도를 일으킬 뿐이라는 것이며, 따라서 명상은 이상적으로 말하면 어떤 시도를 중단하고 스스로의 자연 상태로 안착하려는 것을 허락하는 상태일 뿐이라고 말하고 있다. "모든 것이 되기 위해서는 아무것도 바라지 말라. 모든 것을 아는데 도달하려면, 아무것도 알기를 열망하지 말라."라고 십자가의 요한이 말하였을 때는, 이는 명상은 물론이고 영적 삶 전체에 대하여 말한 것이다. 이것은 바로 관상적 영성의 가장 중요한 주제 중의 하나이다. 그 의미는 바로, 너는 그것을 할 수 없다, 너는 그것이 일어나게 만들 수 없다, 너는 그것을 이룰 수 없다고 하는 것이다. 바로 이 점이 우리가 반복해서 되돌아가야 하는 영성수련에서의 자세라는 것을 May는 강조하고 있다. 이 점은 기독교적인 관상 영성에서 매우 중요한 주장인데, 즉 모든 연합경험은 하나님의 선물로서, 은혜로서 주어지며, 인간 편의 그 어떤 행위의 결과가 아니라는 것이다. 이것을 기독교 영성의 역사에서는 '주부적인 관상(infused contemplation)'이라고 부르는 것이기도 하다. 이에 비하여 동양적 영성 전통에서도 연합경험은 모든 시도가 멈춘 후에 남겨지는 것으로 봄으로, 이 또한 수동적이라는 시각에서는 공통적이라고 할 수 있지만, 그러나 어떤 절대 타자(신)라는 존재에 의해 주어지는 것이 아니라, 본래 존재하는 참마음에서 비롯된다는 점에서 전혀 다른 면이 있다고 할 수 있다.

May는 연합경험의 기본적인 성격으로 세 가지 특성이 결정적으로 중요하다고 보았다. 이 세 가지 특성이 모두 존재하느냐가 진정한 연합경험과, 화학물질이나 정신병, 또는 기타 다른 알아차림 변형 시 겪게 되는 부분적 또는 단편적 연합경험과 감별할 수 있다고 보았다.[12] 첫째는 연합성 그 자체이다. 그 경험은 항상 하나로 존재함(being-at-one)으로 특징지어지며, 경험 그 자체 동안은 모든 자기-확인적 활동들(self-defining activities)은 중지된다. 이에 비하여 연합경험이 덜 완전할 때, 혹은, 충만한 연합경험의 시작과 끝날 때는 자기확인적 느낌이 일어나는데, 즉 자신이 우주에 속한 느낌, 어떤 형태로 모든 존재들과 연결되어 있다는 느낌, 창조의 올바른 장소에 뿌리를 둔 느낌들이 느껴지게 된다. 그러나 충만한 연합경험 그 자체 동안에는 이러한 느낌이나 분별은 일어나지 않는다. 모든 것은 그냥 단순히 존재하며, 그것에 대한 그 어떤 평가도 만들어지지 않는다… 연합이 충분히 일어나면 거기에는 조정이나 이루었다는 것이나, 심지어는 그 무엇을 한다는 개념도 없다. 그 어떤 시도도, 기억도, 이상도, 의식적인 두려움도 없다. 시간은 멈춘 듯하고, 실제로 그렇다. 따라서 연합경험을 나중에 회고하면, 사람들은 '영원한 현재(eternal present)' 속에 머물렀다, 즉 각성(immediady) 속에 잠겨 있었다고 말하게 된다.

연합경험의 두 번째 특성은, 알아차림에 있어서의 변화이다. 모든 주의집중은 정지되는데, 왜냐하면 이것은 불가피하게 거의 자기-정의적 활동이기 때문이다. 깨어남(wakefulness), 경계심(alertness), 그리고 알아차림의 날카로움(sharpness of awareness)은 극대화되며, 극단적으로 열리게 된다. 그러나 보통 사람의 경우와 소외 대가들의 경우 사이에는 상당한 차이가 있는데, 그 이유는 대가들의 경우 자기-상실의 두려움을 극복할 수 있는 능력이 있기 때문이다. 그러나 여기서도 May가 조심스럽게 경고하는 것은 기독교적 관상가들에게는 이러한 열림은 단지 선물일 뿐, 즉 하나님 자신의 의도하심에 의한 것일 뿐 개인의 기능이나 노력 때문은 아니라는 사실을 명심해야 한다는 점이다.[13]

연합경험의 세 번째 특성은 다소 다양한 것인데, 이러한 경험에 대한 반응으로서, 그 경험의 끝이나, 그 후에 그에 관해서 성찰할 때 일어나는 것으로, 가장 일관된 반응적 감각은 경이, 경외, 아름다움, 존경심, 진리, 또는 '정의(rightness)' 등이다. 때로는 완전함, 충만함, 따뜻함과 사랑의 느낌도 있다. 거기에는 보통 두려움이나 불안의 느낌도 있을 수 있지만, 때로는 이를 충분히 알아차리지 못할 수도 있다.

아이러니컬하게도 연합경험의 가장 흔한 최종 반응은 그것을 잊어버리는 것, 마음으로부터 내모는 것, 그리고 그냥 일상의 일로 돌아가는 것이다. 때때로 이러한 자기-확인적 활동(self-defining activity)으로의 전환이 너무 급격하게 일어나기 때문에 당사자에게 충격적이 될 수 있다. 이렇게 되면, 그 경험이 당사자의 차후 삶에 대한 태도로 의미 있게 통합을 이루는데 거의 기회를 얻지 못하게 된다. 그것은 단순히 경험되어지고 잊혀진 어느 순간일 뿐이며, 거의 의식하지 못하는 수준에서 열망의 힌트로서 남게 된다. 잘 이해할 수 없는 어떤 이유에서 드물게는 그 경험이 기억 되어지고, 개인의 차후 삶에 강한 충격을 주게 된다. 그 충격은 가장 근본적인 형태를 취하며, 무신론자를 열정적인 순례자로, 알코올중독자를 음주 반대론자로 바꿀 수도 있다. 때로는 이 연합경험은 개인 이미지에 위협이 될 수도 있으며, 그 결과 개인을 의도성(willfulness)과 자기중시(self-importance) 쪽으로 더 강하게 몰고 간다. 대부분의 경우, 사람들은 하루에도 수없이 아주 짧은 연합경험을 하지만, 너무나 그 경험이 짧기 때문에 알아채지 못할 뿐이라고 하며, 그렇지 않고 알아 차려진 경험들은 다소 길게 느껴진 경험들의 경우로 이들은 개인의 삶에 지워지지 않는 기록을 남기기도 한다.

때로는 이러한 미묘한 연합경험들이 '그냥 놔두는(letting be)', '쉬면서 받아들이는(resting and accepting)', '평화를 발견하는(finding peace)', '순복(surrender)', 등의 감동적인 표현을 남기기도 하는데, 그것들은 평화롭고 밝은 '단순히 존재하기'를 향하여 부드럽게 이끌림을 수반하게 된다. 그럴 경우에는 이 경험들은 우리의 근원, 고향, 우리의 아주 깊은 뿌리를 향하여 부르는, 우리를 상기시키는 영적 추구의 형태로 기여를 할 수도 있으며, 당시는 무심코 지났다 하더라도 기억할 만한 경험을 상기시킬 때에는 이를 확인할 수 있게 되기도 한다.

한편 우리는 연합경험을 '얻기' 위해서 우리의 알아차림을 변형시키려고 할 때 일종의 역설(paradox)에 직면하게 된다. 만약 하나로 존재함(being at one)이 사물이 진정으로 존재하는 방식이라고 믿고, 그러나 우리가 현재는 분리되어 있는 것이라는 생각이 든다면, 그런 우리의 알아차림(awareness)은 이미 변형된 것이다. 그러나 연합의 실현은 이런 알아차림, 변형된 알아차림으로는 의도적으로 이루어지지 않으며, 오히려 그러한 변형의 시도를 멈추는 일이 연합으로 향하는 길이 된다. 달리 말하면, 연합경험은 개인의 존재에 더하여 어떤 것을 하는 것과 관련되어 있지 않고, 오히려 덜 하는 것과 관련되어 있다. 어떤 것을 추가함으로 이루어지는 것이 아니라 감소하는 것이다. 자기-확인적 활동(self-defining activity)이 잠정적으로 중지된 후에 남겨지는 단순함이다. 그때 지각되는 것은 순수하고 때가 묻지 않은 것이며, 극도로 자연스러운 상태, 즉 맑은 물과 같이 있는-그대로의-사물 반영이다.[14]

이제까지 설명한 연합경험(unitive experience)은 자기 확인(self definition), 자기 개념을 유지하지 않는 것이었는데, 두 번째 카테고리에 속하는 영적 경험은 자기 개념을 유지하는 것에서 특징 지워지는 것으로 충분한 연합경험이 아닌 다른 여타의 경험들이 여기에 속한다. 그 중에 대표적인 것이 감각적인 경험, 어떤 사람이 아주 생생하게 본다든지 듣는다든지 하는 지각을 하는 것, 특히 분명한 영적인 의미를 지닌 것들을 지각하는 것을 말한다. 예를 들자면, 이미지화(imagery)라고 하는 것, 즉 명상(meditation)에서 어떤 사람이 성경의 스토리 속으로들어가 참여해서 머릿속으로 의도적인 상상과 시각화하는 것, 의도적 상상(intentional imagination), 또는 의도적 시각화(intentional visualization), 시각화로부터 오는 경험을 하는 때에 일어나는 지각 같은 것을 말하며, 사도 바울의 다마스쿠스 상에서의 환상을 보는 것, 이런 것들도 모두 감각적 경험(sensory experience)에 속한다. 초감각적인 경험(extrasensory experience)도 영성 훈련의 과정 중에서 경험할 수가 있는데, 텔레파시라든지 사전인지(precognition), 혹은 탈신경험(out of body ex-perience), 어떤 불길한 전조를 보는 것(seeing of auras), 드물게는 영이나 정신적인 힘에 의해서 직접적으로 영향을 받는 경험(telekinetic experience), 이런 것들을 포함한다.[15]

이런 여러 가지 영적 경험들을 영성 지도 시간에 어떻게 분별을 하느냐? 주의 깊은 분별에서 어떤 판단을 할 수 있느냐 하는 것은 여러 가지 경험과 참고사항이 복잡하게 이루어지고 그것은 하나의 예술적인 모습으로 있게 되고, 기독교 영적 전통에서는 이상적으로는 성령의 이끌림에 의한 직관이나 고취에 의해서 이루어질 수 밖에 없다고 본다.

명상(Meditation)

심리학적으로 말하자면 영성 수련에는 일반적으로 설명되어온 두 가지 유형의 명상이 있다. 그것들은 집중명상과 깨달음 명상이다. 집중명상은 호흡, 촛불, 만다라 혹은 기도(반복되는 단어나 소리)와 같은 특별한 관심 대상에 관심을 집중함으로써 깨달음을 한 곳에 집중시키는 것이며, 초월 명상(TM)은 아마도 미국에서 가장 일반적으로 실시되는 집중 명상 형태이다. 또 다른 형태의 명상인 깨달음 명상은 '마음을 개방하는 것'에 초점을 맞추는데, 마음챙김 명상이 이에 속한다고 할 수 있다. 현대 들어 기독교 영성의 세계에서 가장 흔히 사용되어지는 향심기도 역시 이 깨달음 명상(집중명상을 포함하면서)에 속한다고 볼 수 있다.16)

마음챙김(Mindfulness)

마음챙김 명상은 불교계 내에서도 이를 수행하는 영적 전통들마다 매우 다양한 형태로 시행되므로, 이를 분류하거나 설명하는 주장들도 매우 다양하다. 예를 들면 영성심리학자 렌 스페리는 마음챙김 명상을 다음과 같이 심리학적으로 설명을 하고 있는데, 즉 마음챙김을 임상적으로 잘 적용한다는 것은 데크만(Deikman, 1982)이 말하는 '관찰하는 자기(observing self)'를 채택하여, 그것으로 하여금 생각과 감정이 지금 이 순간 일어날 때 그것을 신중하게 검토할 수 있게 한다는 것이다. 마음챙김의 임상적 가치는 자신의 강박적인 행동과 패턴으로부터 순간적으로 물러나서 그것을 객관적으로 보는 과정에서 그 사람으로 하여금 이러한 패턴으로부터 자신을 분리시킬 수 있게 한다는 것이다.17)

반면에, 헤네폴라 구나라타나라는 명상가는 불교에서 언급하는 명상 기법을 크게 두 가지 유형, 인도 팔리어로 위빠사나(Vipassana) 명상과 사마타(Samatha) 명상으로 나누고 있으며, 통찰이라 번역될 수 있는 위빠사나는 일어나는 일을 일어나는 그대로 명료하게 자각하는 것을 말한다. 반면에 '집중' 혹은 '평정'으로 번역될 수 있는 사마타는 마음이 오직 한 물상(物象)에만 집중하여 떠돌지 않는 정지 상태에 놓이는 것을 말하며, 이는 깊은 고요가 온 몸과 마음에 퍼지게 되는 평정의 상태를 추구하는 명상이라고 하였다.18) 그는 대다수의 명상법들은 사마타적 요소를 강조한다고 하며, 명상가는 기도나 찬송, 촛불, 종교적 상징물 따위의 어떤 물상에 마음을 집중함으로써 여타의 생각과 인식을 의식에서 완전히 배제한다고 본다. 명상은 마음을 정화시키는 데 있으며, 감정의 굴레에 얽어두는 것들, 즉 탐욕과 증오와 질투 같은 일종의 심리적 불안 요소들의 사고 작용을 청소해줌으로써 마음과 평정과 자각의 상태, 집중과 통찰의 상태로 이끈다고 주장하였다.[19] 이상의 기술들과 앞 장, 관상심리학자들의 의견을 종합하여 미루어 볼 때, 명상의 분류나 정의는 여러 연구자나 분파들의 영적 전통에 따라 다소 다르며, 특히 마음챙김 명상은 통찰명상과 집중명상, 이 둘을 포함하면서 양자 간에는 뚜렷한 구분이 없이 연속선상에 있다는 것으로 이해할 수 있다.

명상의 효과는 마음의 깊은 이해를 통해 서서히 정화과정이 이루어져서 인간심리에 대한 이해가 깊어질수록 더 유연해지고 더 관대해지며, 자비심도 더 커진다고 한다. 수련자는 모든 것을 용서하고 잊어버릴 수 있게 되며, 사람들을 이해하기에 그들에게 사랑을 느낀다고 보고, 자신의 내면 깊은 곳을 들여다보고 자신의 인간적 약점과 미망들을 바라보게 되므로 상대방을 용서하고 사랑하는 법을 배우게 된다는 점을 든다. 즉 자신에게 자비로워지는 법을 배우면 남들에게는 저절로 자비로워진다는 것이며, 무비판적인 사랑으로 세상을 바라볼 수밖에 없게 된다는 것이다.

유대 기독교 전통에서는 기도와 묵상이라 불리는 두 가지 수행법이 중첩되어 있다. 기도는 영적 대상인 하나님에 대한 직접적인 청원인 반면, 묵상은 특정 주제 대개는 종교적 이상이나 경전 구절에 대해 긴 시간을 들여 의식적으로 숙고해보는 것을 말하는 것으로 일반적인 정의를 내릴 수 있다. 불교적 마음 수행의 입장에서 보면 두 행위 모두가 정신 집중 활동으로 여겨진다. 다시 말해 통상적으로 밀려드는 여러 잡념들을 억제하고 마음을 의식의 어느 한 영역으로만 이끄는 것이며, 그 결과 모든 집중 수행에서 발견할 수 있는 깊은 평정과 신진대사의 이완, 평온한 느낌들을 갖게 된다고 본다. 그러나 이러한 시각은 기독교 영성의 반쪽만을 이해하는 것이다. 왜냐하면, 이런 불교적 입장은 절대자, 변치 않는 영원한 존재로서의 대상과, 그 대상과의 관계성을 이해하지 못 하는 시각이기 때문이다. 유대 기독교의 묵상과 기도를 단지 집중적인 명상으로만 보는 것을 넘어서, 관계성에서 오는 상호주관적인 성숙, 사랑의 완성, 합일의 기쁨, 그리고 이를 실재 현실로 인식하는 점에서는 전혀 길이 다르기 때문이다.

관상과 관상적 기도

이제 우리는 다시 Gerald May의 관상과 관상기도에 대한 심리학으로 돌아가, 그의 의견에 귀를 기울여보자. 그는 초기에는 여러 저술과 논문, 그리고 그가 평생 헌신했던 미국 샬렘 영성연구소에서의 강연을 통하여 관상기도에 대한 그의 탁월한 의견들을 피력한 바 있다. 활동 초기에는 당대의 흐름에 깊은 영향을 받아서, 그의 표현들은 불교적 관상의 이해에 치우쳐 있었으나, 그가 죽기 전 썼던 논문에 의하면[20], 그는 말년에는 다시 그가 어린 시절 몸담아 자라났던 기독교 영성으로의 회귀를 보이기 시작하였고, 결국 그것은 기독교 영성의 중요한 전통인 관계성을 다시 표현한 것으로 이해 된다.

나는 보다 지향적인 개인 성장의 인식에 대한 기초를 세우는 데 도움이 될 수 있는 몇 가지 통찰을 나누고자 한다. 나는 관상을 인식의 기민하고 개방적 특성으로 특징지을 수 있는 특정한 심리학적 상태로 규정하였다. 이러한 토론 때문에 관상은 삶 그 자체와 직접적으로, 즉시, 의식적으로 만나는 것으로 구성된다고 단순하게 말한다. 이러한 만남은 하나님을 향한 우리의 갈망과 의도가 중심이 될 때, 관상의 심리학적 상태는 관상기도의 영적 사건이 된다…… 관상과 관상기도 사이의 차이점은 중요하다. 심리적 상태로서 관상은 대개 자연스럽게 발생하며, 가르쳐지고, 배우고, 개발할 수 있다. 한번 관상적 상태를 이루면, 관상적 상태는 좋게도 나쁘게도 사용될 수 있다. 위대한 운동가들과 예술가들은 최고 상태일 때 종종 관상적 상태가 되었다. 또한 관상은 고대 일본의 암살술인 닌자들을 위한 훈련에서 중요한 것이었다.[21]

드디어 그는 과거의 애매한 표현의 입장을 벗어 던지고, 좀 더 확실한 표현으로 일반적인, 불교 전통에 치우친 관상상태와 기독교 전통적인 영성의 입장에서의 관상기도의 차이에 대하여 분명한 목소리를 내기 시작한다.

우리는 하나님을 위한 우리의 심장의 깊은 열망으로 관상 훈련을 할 수도 있고, 또 다른 목적으로 훈련을 할 수도 있다. 그것이 차이를 만든다. 오늘날 많은 훈련과 현상들이 단순히 '영적'이라는 이름이 붙었는데 왜냐하면 그들은 인식의 비상한 수준과 관련이 있기 때문이다. 그것들은 그 세계의 정의에 따라 영적이 될 수도 있지만, 그것들은 확실히 기도는 아니다. 그것들은 하나님과 신성을 위한 의식적인 열망의 필수 불가결한 기초는 아니다… 성령의 열매같은 다른 특성들이 단순한 인간 두뇌 능력의 개발과 선과 사랑을 향한 성장 사이의 차이를 결정해야만 한다. 이러한 다른 특성들은 관상 그 자체가 아니라 하나님을 위한 그리고 하나님의 의지에 응답하는 심장의 내부적 갈망과 그리고 그것에 접해있는 성령 활동의 열

매이다. 이러한 특성들이 의도적으로 관상 훈련을 하지 않는 신앙인들에게 고도로 발달되어 있음을 발견할 수도 있고, 많은 관상 경험을 한 사람들에게도 그렇지 않을 수도 있다는 것을 발견할 수 있다…… 이러한 특성에서 가장 중요한 것은 믿음, 소망, 사랑이라는 3가지 신학적 덕이다.[22]

이 얼마나 용기 있는 발언인가? 그가 활동하던 당시의 미국의 다원적이고 보편적인 영적 풍토 속에서는 매우 쉽지 않은 발언으로 여겨진다. 여기서 그가 표현한바, 관상적 특성이 고도로 발달되어 있으면서도 "의도적으로 관상훈련을 하지 않는 신앙인들"이란 틀림없이 그가 어린 시절에 몸 담고 성장해 왔던 개혁신앙 공동체 신자들을 가리키고 있다고 여겨진다. 이제 그는 집중명상이나 마음챙김의 명상적인 요소들보다도 기독교 전통의 관계성이 훨씬 중요한 관상의 핵심적인 요소라는 점을 강조하고 있는 것으로 보인다.

성장 능력은 모든 상황에서 하나님의 현존하시고, 활동하시고, 선하시다고 그리고 자신을 포함한 피조물을 하나님께서 사랑하신다는 것을 깨우치는 데 있다. 그것은 점점 더 자주 그리고 커지는 갈망으로 하나님께 방향을 돌리고 모든 삶에서 하나님의 초대와 활동에 보다 예민해지는 것이다. 이러한 것을 따라서 자기 초월적인 연민을 향한 능력이 증가하고 인간의 본질적 일치에 대한 깊은 이해가 따라온다.[23]

이제 그는 명상의 세세한 방법들을 기술하는 것에 집착하지 않고, 관계성의 유일하신 대상자 하나님에게 관심을 돌리는 데 집중하고 있는 것이 보인다. May는 이에서 더 나아가, 명상이나 관상을 어떤 인간적인 테크닉에만 의지하는 태도에 대하여 진지하게 경고장을 날리고 있다. 즉 그는 관상적 특성은 그것들에 대하여 보다 쉽게 반응하도록 두뇌를 조정하는 방식으로 어느 정도까지는 '훈련'될 수 있다고 보지만, 그러나 그러한 조정은 믿음, 소망, 사랑의 성장에서는 아주 작은 국면에 불과하다는 점을 강조한다. 더 많은 것들이 신경생리학적으로 묘사할 수 없는 신성한 은총과 인간 의지의 상호작용에 의존한다고 보았으며, 보다 영적으로 보이는 특성이나 심리학적으로 보이는 관상의 효과에 매달리는 것은 우상화이며, 이런 우상화로부터 시작하지 않고 하나님과의 관계성의 중요함을 시작부터 인식해야 함을 강조하였다. 다만 고도로 정교하게 만들어지고 잘 조율된 악기가 구성된 음악에 도움이 되듯이, 보다 강하고 잘 훈련된 사람을 발달시키는 관상의 효과는 타고난 영적인 특성에 더욱 도움이 될 수 있다는 점을 덧붙였다.

오늘날, 영적 회복은 영적 성장을 '배울 수 있다'고 너무나 쉽게 가정한다. 우리는 모든 성장과 발전이 교육의 문제라고 기대하도록 조건이 지워져 있다. 따라서 영성 생활에서 '어떻게' 성장하는지를 배우려고 하는 것 같다. 이것은 우리를 과도하게 성취와 기술에 집착하게 만든다. 우리는 근육을 키우겠다고 마음먹듯이 영적으로도 자신을 발달시키는 중이라고 확신하려는 것인지도 모른다. 그러나 영적 성장은 극히 적은 부분만이 이것과 유사하다. 진정한 영적 성장에는 결국 우리가 절대적으로 부족하고, 우리의 발전을 허락하시도록 하기 위해 하나님께 전적으로 의지해야 한다는 것을 인식하는 것이 필요하다. 영적 성장은 변화, 학습, 회개, 성취의 문제를 훨씬 넘어선다. 그렇다면 이 과정에 인간의 심리는 어떻게 들어올 수 있는가?[24]

그에 있어서 관상의 핵심은 집중명상이나 마음을 명료하게 하는 것에 있지 않고, 하나님과의 관계성에 있으며, 그 길은 너무나도 지당한 결과인 사랑의 완성으로 향하는 길임을 그는 확신한다. 그리고 저자 또한 그의 길을 따라가고 있다.

사랑에 대한 우리의 수용성은 우리의 정신적인 건강에 한정되지 않는다고 확신한다. 더구나 우리의 심리적인 것을 발달시키고 고치려고 하는 지나치게 열성적인 시도는 사랑의 행위를 받아들이지 않도록 하는 데 사용될 수도 있다. '제발 바로 지금 사랑하게 되길 기대하지 마세요. 나 자신을 통합시키려고 하는 중이에요.' 물론 우리는 자신의 건강을 추구해야 한다. 그렇게 하는 것은 우리의 본질적인 존엄성과 가치를 실현시키려는 자연스러운 성장이다. 그러나 내가 확신하는 것은 그것이 구원의 방법이 아니다. 우리는 건강으로 인해 구원받는 것이 아니다.[25]

내가 파악한 것처럼, 영적 성장은 하나님과 다른 사람들을 위한 우리의 사랑과 우리를 향한 하나님의 사랑으로 상처 입을 수 있다는 발전된 수용성이며, 그래서 우리는 모든 피조물을 사랑하기 위해 존재한다. 이러한 과정을 통해 우리는 두 개의 위대한 계명을 완성하도록 다가간다. 모든 존재로서 하나님을 사랑하고 내 몸처럼 이웃을 사랑하기, 이러한 성장은 우리 마음 가장 깊은 갈망 속에서 하나님에 의해 초대되어지고, 우리의 개인적이며 공동체적인 삶 속에서 하나님의 친밀하고 직접적인 활동에 의해 가능해진다. 그러나 또한 그것의 완성은 오로지 우리의 본질적인 인간 자유에 놓여있다. 우리 자신의 가장 깊은 갈망에 반대하거나 찬성하는 선택 중에 하나로 우리가 하나님의 초청에 반대하는 것을 선택하는 것은 결정적으로 중요한 것이다. 만일 우리가 이러한 갈망과 초청에 '예'라고 대답한다면, 우리는 하나님의 도우심으로 사랑의 아름다움과 고통을 견디려는 의지를 표현한 것이다.[26]

이제 그는 이제까지의 보편적인 관상심리학자의 틀을 벗어나 기독교 전통에 굳게 선 영성심리학자로서 우리에게 사랑의 심리학을 전도하고 있다.

영성 생활을 평가하기 위한 어떤 진정한 기준이 있는가? 내가 말한 것처럼, 모든 영성 생활의 목적은 두 개의 위대한 계명을 보다 크게 성취하는 것이다. 이것이 의미하는 것은 바로 사랑의 완전 속에서 그리고 사랑의 완전까지 성장을 의미한다. 이러한 빛에서 진정한 성장은 사람을 다른 사람을 향하도록 이끌고, 하나님과 함께 더 깊은 일치를 하도록 이끈다. 나의 견해로는 이것이 사람들의 발전과 공동체를 평가할 수 있는 유일하고 진정한 확실한 기준이다…… 지식이 우리를 구원하지 못할 것이다. 사회적 행동이 우리를 구원하지 못할 것이다. 개인적 성장이 우리를 구원하지 못할 것이다. 영성과 심리학의 통합이 우리를 구원하지 못할 것이다. 내가 꼭 말하고 싶은 것은 관상도 우리를 구원하지 못하리라는 것이라는 것이다. 만일 우리가 이러한 모든 좋은 것들의 우상을 만들지 않는다면, 그것들이 도움을 줄 것이다. 우리가 자유롭게 하나님을 향하여 '예'라고 하는 선택과 모든 다른 신앙심의 두터운 노력, 그리고 하나님의 한량없이 은혜로운 도우심, 이러한 모든 것들이 사랑의 빛을 보다 충분히 견디려는 우리의 의지와 취약성에 공헌할 수 있다.[27]

1) Gerald May: Will and Spirit; A Contemplative Psychology. HarperCollins Publishers, new York, N.Y., 1982.

2) Ibid, p45.

3) 제랄드 메이: 영적 지도와 상담, p21.

4) Ibid, p22.; 5) Ibid, p23.

6) Gerald May: Will and Spirit; A Contemplative Psychology. HarperCollins Publishers, new York, N.Y., 1982, p38-39.

7) Ibid, p41-43.; 8) Ibid, p44-46.

9) 서산대사 지음. 선가귀감의 첫머리에 나오는 유명한 구절로 불교적 깨달음의 핵심을 표현하고 있다.

10) 20세기 가장 위대한 영성가로 꼽히는 토마스 머튼의 자서전, "칠층산"을 보면, 그가 어느 날 깨달음을 얻었다고 하는 "루이빌 사건"에 대한 묘사를 볼 수 있다. 그는 여기서 어느 한 순간, 자신과 지나가는 타인들, 이 세계의 모든 존재가 둘로 분리될 수 없는 하나임을 깨달았다는 표현이 나오는데, 이 때 여기에는 회개의 감정이 없으며, 오직 기쁨, 희열, 감격만이 있어 보인다.

11) Gerald May: Will and Spirit; A Contemplative Psychology. HarperCollins Publishers, new York, N.Y., 1982, p53-57.

12) 제랄드 메이: 영성지도와 상담. 노종문 옮김. IVP, 2006.

13) Ibid.

14) Gerald May: Will and Spirit; A Contemplative Psychology. HarperCollins Publishers, new York, N.Y., 1982, p53-57.

15) 제랄드 메이: 영성지도와 상담, p33.

16) 헤네폴라: 구나라타나: 위빠사나 명상, 렌 스페리: 영성과 심리치료. 이정기, 윤용선 옮김., 실존, 2011.

17) 렌 스페리: 영성과 심리치료.

18) 위빠사나 명상. 헤네폴라 구나라타나 스님 지음, 손혜숙 옮김. 아름드리미디어, 2007,

p9-10.

19) Ibid, p26-27.

20) 제랄드 메이, 미출판 논문, "사랑의 빛 견디기", 미국 샬렘영성형성 연구소 발행.

21) 제랄드 메이: 사랑의 각성. 김동규 옮김. IVP, 2000.

22) ~ 27) 제랄드 메이, 미출판 논문 "사랑의 빛 견디기".

5장

Peter Tyler의 크리스천 심리영성 연구

이 장에서는 영국의 목회신학과 영성학 교수인 Peter Tyler의 저서, 『Christian Mindfulness: Theology and Practice』[1]를 중심으로 그의 균형 잡힌 기독교 전통의 심리영성 연구에 관하여 논의하고자 한다.

지난 수십 년 동안에 걸쳐 동양의 영성이 퇴색해 가던 서양의 정신세계 속으로 연이어 파도처럼 들이닥쳤는데, 일반적으로 이를 뉴에이지 영성이라고 부르기도 한다. 이 파도는 너무나 엄청나서 서구의 정신세계 모든 분야 곳곳에 깊은 영향을 끼쳤는데, 크게 보면 기독교 신학과 영성에도 심각한 영향을 미쳤으며, 아직도 우리는 그 거대한 소용돌이 속에 휘말린 상태로 있다고 해도 과언이 아니다. 그 대표적인 예가 불교 영성 전통의 대표적인 명상인 마음챙김 명상이 심리, 보건 등 사회 각 분야에서 치유와 성숙의 주역으로 자리잡고 있으며, 이제는 국내외 상당수의 기독교 지도자들마저 마음챙김 명상의 효용성을 서슴지 않고 주장하게 되었다. 바로 여기에서 하나의 심각한 문제가 제기된다. 즉 불교의 영성 전통의 핵심 수련법이라고 할 수 있는 마음챙김을 그리스도인들이 이렇게까지 무비판적으로 받아들여도 되는 것인가 하는 문제이다.

이 장에서 주로 소개하려고 하는 "Christian Mindfulness: Theology

and Practice"의 저자 Peter Tyler는 이 문제에 관하여 이 책에서 매우 조심스럽게 자신의 논의를 시작하지만, 점차로 갈수록 자신의 주장을 더욱 분명하게 밝히고 있는데 그의 주된 주장은 결국 불교의 명상과 기독교의 기도는 서로 다른 영적 전통에 있다는 점을 분명히 대비시키려는 것으로 보인다. 그는 불교 전통의 핵심 영적 수련은 마음챙김(mindful) 명상으로 대표되는 것에 반하여, 기독교 전통의 영적 수련인 묵상(기도)은 이와는 다른 특징을 가진다는 의미에서 '가슴챙김(heartful)' 이라는 단어로 대비시키고 있다. 그에 의하면 마음챙김(mindful)이란 용어는 보다 지적인 의미를 지닌 순수한 의식의 주의 집중, 사고의 흐름에 대한 무비판적이고 무감정적인 바라봄을 의미하며 이는 동양의 영적 전통, 특히 불교 전통을 대변하는 용어인데도, 현대 서구를 중심으로 한 기독교의 영성가들이 이를 너무 전적으로 받아들이고 있다고 본다. 반면에 이와는 달리 저자가 기독교의 전통이라고 주장하며 '가슴챙김(heartful)'이란 새로운 용어를 제시하는 개념의 특징은 두 가지로 들 수 있는데, 첫째는 보다 뚜렷한 초월적 관계성, 즉 하나님이라는 대상으로 향하는 주의집중이라는 관계성, 좀 더 구체적으로는 삼위일체적 관계성의 개념이라는 것이며, 두 번째는 감성적, 즉 사랑의 관계를 지향한다는 특징이 있다고 보았다. 저자는 이를 뒷받침하기 위하여 기독교 전통의 고전을 폭넓게 인용하는데, 즉 사막의 교부들의 금언집과, 16세기 이베리아반도 영성학파, 아빌라의 데레사와 십자가의 요한을 인용하고 있다. 그러나 토마스 머튼의 경우에 대하여는 그의 초기에는 기독교 전통적 명상의 틀 안에 있었으나, 후기에는 동양 전통에 과도하게 경도된 나머지 기독교 고유의 전통에서 벗어나 동양적 명상 속으로 들어간 것이 아니냐는 견해를 조심스레 표현하고 있다. 이상의 내용을 고려할 때 저자 Tyler가 책의 제목을 '크리스천 마음챙김' 이라고 지은 것은 다소 현학적인 느낌을 주기도 하지만, 그는 기독교 전통의 영성으로 두 가지 요소, 즉 마음챙김 또는 마음의 명료함(clarity of mind)과 관계성의 균형을 강조하고 있는 것으로 보이며, 바로 이 점이 앞의 de Wit의 마음의 명료함 만을 강조한 불교적 영성에 치우친 개념과 분명한 대조를 보이고 있다. 아울러 바로 이 점이 현대 기독교 영성가들이 지나치게 마음의 명료함만을 강조하고 기독교 영성의 더욱 중요한 전통적 측면인 관계성을 소홀히 하는 것에 중요한 수정을 제시하고 있는 것으로 보인다.

Peter Tyler는 현재 영국 런던의 St. Mary 대학교 목회신학과 영성학 교수로 재직하고 있으며, 영국 공인 심리치료자로서 영성과 심리치료 간의 대화와 통합에 관한 연구를 하고 있다. 그는 예수회 소속의 대학에서 신학을 전공, 런던대학에서 Wittgenstein 연구로 박사학위를 받은 한편, 통합심리치료로 석사학위를 받고 공인 심리치료사 자격증도 획득했다. 그의 첫 번째 저서인 "The Way of Ecstasy: Praying with St. Teresa of Avila"가 학계의 관심을 받았고, 그 후로 그는 기독교 신비주의 및 영성에 관한 책을 여러 권 출간하였다. 그는 이 장의 논의의 주 텍스트가 된 "Christian Mindfulness: Theology and Practice"에서 불교의 마음챙김 명상이 현대 기독교 영성에 미친 영향을 언급하고, 이어서 사막의 교부들, 아빌라의 데레사와 십자가의 요한을 위시한 리베리아 영성학파와 토마스 머튼에서의 마음챙김 명상적 요소에 관하여 논의한 다음, 기독교 명상(기도)과 불교의 마음챙김 명상이 어떻게 다른지를 논의하였다.

마음챙김이냐 가슴챙김이냐(Mindfulness or Heartfulness?)

오늘날 건강관리, 심리학적 개입, 교육, 심지어는 사업 분야에 이르기까지 소위 "마음챙김 혁명(mindfulness revolution)"이라고 하는 것의 영향을 받지 않은 분야가 거의 없다. 1970년대 후반 분자생물학자인 Jon Kabat-Zinn이 처음으로 매사추세츠 대학에서 알아차림 명상 과정을 개발하여, 이를 하나의 임상적, 실험실적 기초로써 제공한 것을 시작으로, 이후 알아차림 명상이 폭발적인 기세로 보건 분야에서 하나의 뚜렷한 보조치료 기법으로 자리잡게 되었다. 지난 30년 동안 이 방법이 우울증, 암, 섭식장애 등 여러 다양한 질환들의 치료에 효과가 있음을 증명하는 임상적 근거가 넘쳐나게 되었다. 8주에 걸쳐 진행되는 Kabat-Zinn 자신의 마음챙김 기반 스트레스 감소 프로그램(Mindfulness-Based Stress Reduction programme; MBSR)과 옥스퍼드에서 Mark Williams와 동료들에 의하여 개발된 마음챙김 기반 인지치료(Mindfulness Based Cognitive Therapy; MBCT)가 오늘날 우리가 알고 있는 마음챙김 명상의 성공에 기여했다.

Kabat-Zinn 자신은 마음챙김(mindfulness)을 "특별한 방법으로 주의집중 하기: 의도적으로, 지금 이 순간, 무비판적으로(paying attention in a particular way: on purpose, in a present moment, and non-judgementally)"[2]라고 정의하였다. 이 단순한 정의는 그 후의 여러 치료자들에 의하여 보완되어서 고전적인 불교 전통의 명상에 관한 정의와 가까워졌는데, Chozen Bays[3]는 제시하기를, "deliberately paying attention, being fully aware of what is happening both inside yourself-in your body, heart and mind-and outside yourself in the environment… it is awareness without judgement or criticism."이라고 표현하였다.

이런 마음챙김에 대한 현대적인 이해는 현재 그 사용에 있어서 두 가지 방향이 있는 것으로 보인다. 첫째는 Mace[4]가 말한대로, '순수한 주의집중(bare attention)'하는 것, 즉 붓다처럼 감각, 사고 및 감정들의 지나가는 모양을 집착적인 빠져듦이 없이 관찰하는 것이다. 이 '순수한 마음챙김(pure bare mindfulness)'라는 주제는 신경생물학자와 과학자들의 주요 연구대상이 되었다. 반면에 Chozen Bays나 Shapiro[5]등의 저술가들은 이 훈련을 보다 넓은 의미의 '가슴챙김(heartfulness)', 열정(compassion) 그리고 성격의 일반적인 목표 개발과 관련지었다. 여기서 문제가 되는 것은, '어디까지 이런 마음챙김이 기독교와 같이 이미 확립된 종교적인 신앙실천에 동화될 수 있을까' 하는 것이다. 이와 관련하여 Mace나 Kabat-Zinn 등은 마음챙김이 어떤 특정한 종교적 신념을 받아들이거나 거부함과 같은 특별한 조건이 없이도 사용되어지기를 바랐다. 즉 이 방법은 어떤 특정한 종교적 신앙 시스템에 집착하지 않는 방법임이 분명하다고 주장하였다.

불교적 마음챙김 — 그 기원과 목적

팔리어로부터 유래된 'sati'라는 단어가 서양에 마음챙김(mindfulness)이라고 처음 번역된 것은 1881년 Thomas William Rhys Davis에 의해서 인데, 그는 다음과 같이 설명하였다. 'sati'란 문자적으로는 'memory'란 뜻으로, 'mindful and thoughtful'이란 구절이 반복적으로 지속되는 것과 관련하여 사용되는 용어 'sato sam-pagano'로서, 마음의 활동 및 지속적인 존재라는 의미로서 불교도에게 가장 흔히 가르쳐지는 의무를 말한다. Bhikku는 "keeping up one's contemplation with balanced but dedicated continuity, returning to the object of meditation as soon as it is lost"이라고 정의하였다.[6] 그에 의하면 'sati'란 마음에서 현재 일어나고 있는 것을 인지적인 해석이 없이 중립적으로 관찰하는 것을 의미한다. 그것은 'uninvolved and detached receptivity'를 의미하는데, 즉 'silently observing without doing anything' 또는 'lucid awareness of the phenominal field'라고도 설명된다. 어떤 불교도들은, 팔리어의 'sati'란 단어를 영어로 보다 인지적인 의미의 'mindful'이라고 번역하는 것보다는 'heartful'로 번역하는 것도 괜찮다고 제안한 경우도 있다. 바로 이 점이 이 책에서 Tyler가 강조하려고 하는 점인데, 즉 그는 기독교적인 전통에서는 '가슴챙김(heartful)'이란 단어가 더 좋겠다고 생각한다.

저자는 기독교적인 전통을 대변하면서 불교의 마음챙김(mindfulness)의 개념과 유사한 성경의 말씀을 들라고 하면 누가복음의 구절(12:22-40)을 들 수가 있다고 본다. 여기서 너희는 이러이러한 존재(정체성)이니 깨어 있으라는 의미의 구절들은 곧 기독교인들의 종말론적 정체성과 그에 수반되는 의식 각성을 의미하므로, 이는 바로 기독교적 마음챙김, 또는 가슴챙김에 해당하지 않을까? 즉 하나님의 자녀로서의 까마귀나 백합보다 귀한 존재임을 자각하고 목숨, 몸을 위하여 걱정하는 것을 멈추고, (그 분의) 나라를 구하는 것, 주인(아버지)을 기다리면서, 하나님이 나라를 우리에게 주시기를 기뻐하신다는 사실을 아는 것이 바로 가슴챙김의 개념에 해당하지 않을까?

사막의 마음챙김 심리학

사막이라는 상징과 현실은 최소한 3개의 주요 세계적인 종교, 즉 유다이즘, 기독교, 그리고 이슬람의 태동과 깊은 관련이 있다. 황야 즉 호렙산 가운데서 하나님은 모세에게 불붙은 가시떨기 가운데서 처음으로 자신을 계시하셨다(출애굽기 3장). 신약시대의 기독교에서도 세례 요한은 황야에서 나타났으며, 마가는 그가 약대 털옷을 입고, 가죽 띠를 띠고, 메뚜기와 석청을 먹는 사막의 아들로서 출현하였다고 기록하였다. 예수님 또한 요한에게 세례를 받은 직후 사역에 앞서 황야로 나가셔서 마귀와의 전쟁을 시작하셨다. 그래서 기독교는 그 영적 여정의 필수적인 과정으로서 사막으로 들어가는 것의 중요성을 인식하였다. 그 대표적인 첫 사례가 바울로서 그가 회심한 직후 아라비아 사막으로 간 것을 들 수 있다(갈라디아서 1장). 즉 이는 그를 뒤따르는 모든 기독교도들의 영성의 원형으로 제시된다. 물론 모든 기독교인들이 실제로 육체적으로 중동의 사막으로 들어가는 것을 의미하지는 않으며, 사막이라는 환경이나 조건이 의미하는 바를 상징한다. 그 예로 켈틱 기독교인들은 자기 발견의 영성의 여정을 가기 위하여 길들여지지 않은 거친 바닷가를 선택하였다. 이런 기독교인들의 영적 자가 발견의 탐험은 중세 후기에는 현대적 시대정신과 도시의 성장에 따라, 도시 속에서의 사막을 발견하는데 중요성을 두었는데, 그 대표적인 예가 갈멜 수도회이다. 16세기에 아빌라의 데레사는 그녀의 '낙타'와 '작은 사막'은 스페인의 도시의 한 복판 중심에 위치해야 한다고 주장하였다. 20세기 이태리 '예수의 작은 형제회'는 도시의 가장 퇴락하고 결핍이 있는 도시의 지역에서 살기로 하였고, 오늘날 영국에서 수도공동체들은 버밍햄이나 런던과 같은 큰 도시의 가장 빈곤한 지역에서 그들의 이웃을 선택한다. 이런 이유들로 하여 기독교 안에서 '사막의 영성(desert spirituality)'이 나타났는데, 그것은 실제 건조하고 버려진 땅에서 육체적으로 거주하는 것 뿐만이 아니라, 환영받지 못하는 지역에 거주함을 의미한다. 사막의 영성은 모든 기독교인들에게 자신의 안락한 장소로부터 나와서 상실과 억압, 고통과 슬픔의 땅으로 옮기기를 초대하는데, 그곳은 우리의 일상의 삶이 중독, 소비문화, 음란과 탐욕 그리고 난폭으로 교묘하게 위장되어 있기 때문이다. 이 점은 마치 프로이트나 융이 오늘날의 심리학적인 존재인 우리들에게 우리의 통제가 미치지 못하며 더욱 원초적이고 기본적인 충동과 욕망이 존재하는 우리의 깊은 내면 무의식의 장소로 초대하는 것이라는 상징으로 확대될 수 있다.

초기 기독교인들이 중동의 사막으로 나간 것은 기독교가 서기 312년 로마 황제 콘스탄틴이 회심한 후 기독교가 국가가 지원하는 종교가 된 그 시기였다. 이집트, 가자, 시리아의 사막에서 우리는 문헌에 'monachos'라는 말을 처음 발견한다. 이 단어는 문자적으로는 'solitary one'이란 뜻으로, 이로부터 영어의 'monk'라는 단어가 유래되었다. 서기 270~271년 경에 Anthony로 알려진 이집트의 젊은 크리스천이 일요일 아침 마태복음 19장 21절을 읽고 실제로 자신의 재물을 다 팔아 가난한 사람들에게 나누어 주고 방랑의 금욕생활을 추구하기 위하여 사막으로 들어간 것이 처음으로 기록된다. 이 Anthony로부터 시작하여 이집트, 시리아, 팔레스타인의 황야에서 전통의 구전 가르침이 이어져 왔으며, 나중에 문서, 즉 Apophthegmata, 또는 사막 교부들의 금언집(Sayings of the Desert Fathers and Mothers)으로 기록되었다.

여러 해 후에 사람들이 그에게 와서 물었다. "수도승들은 무엇을 합니까?" 이에 대한 Anthony의 대답은 이렇다. "수도승은 악마와 싸우는 사람이다." 이 말은 사막의 영성을 근본적으로 표현하는 말이다. 우리는 악마라고 하면 머리에 뿔 달리고 꼬리가 있는, 할로윈 때 날뛰는 괴물 정도로 상상하지만, 사막의 아빠나 암마들이 이 말을 표현했을 땐 훨씬 더 미묘한 표현으로서 아마도 우리 자신의 '심리학적' 이해에 더 가까운 의미가 있을 것이다. 그 좋은 예가 Evagrius Ponticus의 "Praktikos와 Chaters on Prayer"에 나오는 기록들이다. 헬라어로는

*logismoi*와 *daimones*라는 단어는 서로 호환적으로 사용되는데, 각각 'demons'와 'passions'를 뜻한다. 단 여기서 주의할 것은, 우리는 우리의 감정 또는 열정 하면 기독교적인 맥락에서는 부정적인 의미를 갖는데, 그러나 사막의 전통에서는 이런 열정들은 그 자체는 '중립적'이다. Isaiah of Scetis의 "Ascetical Discourses"란 저술에 의하면, 그것들은 본디 신성한(하나님으로부터 받은) 것이며, 다만 그것들이 자신의 의지에 의하여 하나님을 거역하는 것으로 방향을 바꾸었을 때 문제가 된다는 것이다. 따라서 사막의 전통들이 주장하는 핵심은 그것들을 파괴하려고 하는 것이 아니라, 그것들의 방향을 바꾸고 변형시키는 것의 중요성을 지속적으로 인식하는 것이 중요하다는 것이다. 얼핏 보기에는 금욕적 수행이 무지막지한 것처럼 보이는 오해를 자아내기도 하지만, 실은 그렇지 않고, 금욕이란 자신의 욕망을 적절히 조절하고 하나님께로 다시 방향 틀도록 하는 데 있으므로, 이 점이 바로 사막의 금언들이 때로는 역설적인 가르침을 포함하고 있는 이유이며, 수도자들은 사막의 장로들, 마스터들의 개별화한 충고에 귀를 기울이도록 순종하는데 중요성을 둔다. 따라서 사막의 교부와 교모들의 목표는 순례자나 순례자 자신의 유익을 추구하는 것이 아니라, 금욕이나 훈련을 통하여 우리가 하나님께 더 가까이 다가갈 수 있도록 하는 것이 목표이다. 바로 여기에 욕망의 '훈련'과, 욕망의 억압 내지는 억제 사이에 명확한 구분이 있다.

이 점은 바로 불교의 알아차림 명상의 목적, 즉 욕망의 제거와 기독교적인 욕망의 조절 사이의 차이를 단적으로 보여준다고 저자는 생각한다. 우리는 여기서도 불교의 금욕은 자신의 내면 자아의 조절과 통제를 목표로 하는 반면, 기독교에서는 우리의 욕망이나 열정을 하나님과의 관계 안에서 선하게 사용하는 것과 관련이 있음을 보게 된다.

여기서 사막의 영성에서 매우 중요한 요소 중 하나는 분별(diakresis) 또는 '영들의 분별'인데, 겉으로 보기에는 명백히 좋은 생각이나 행동도 나쁜 목적을 가질 수도 있다는 것이며, 따라서 사막의 스승들은 종종 수련자들에게 사도 바울의 가르침을 따라(고후 13;5) '너 자신을 시험해 보라'고 반복해서 충고하고 있다. 그래서 바로 이런 '자기 지식(self knowledge)'은 기독교 영성 전통에서 반복된 주요 성찰 주제가 되어 왔다. 이와 같은 사막의 가르침들은 John Cassian의 저술을 통하여 서방세계의 수도원으로 전해졌으며, 이런 조절과 균형의 정신은 그 유명한 베네딕트의 "Rule for Beginners"에서 더욱 유지되고 빛을 보아서, 서방 수도원 정신의 기초가 되었다.

마음챙김 침묵: 악마와의 싸움

우리는 여기서 기독교 메시지의 중심적 핵심을 내포하고 있는 '사막'이라는 비유를 확인할 수 있는데, 즉 하나님은 황폐한 곳과 심령의 죽은 공간에서 발견된다는 것이다. 여기서 수련 과정의 목표는 중립적인 열정을 다시 하나님께로 향하게 하는 것이다. 이것이 어떻게 이루어질 수 있는가? 사막의 교부들은 무엇을 권하고 있는가? 그 두 가지 요점은 안정성(stability)과 침묵인데, 이 두 가지는 저자가 '마음챙김의 사막 심리학'이라고 부르는 것이다. '안정성'은 'logismoi'를 다루는 사막적 접근의 핵심으로서 '~과 함께 머물기(staying with)'인데, 서방 수도승이면 누구나 서약을 해야 하는 베네딕트 규칙서에 포함되어 있다. 이는 우리가 영적 탐구에서 직면하게 되는 어떤 종류의 열정이든, 즉 분노, 색욕, 두려움, 탐욕 등등, 모두는 우리가 기도 가운데서 직면하고 '함께 머물러야' 할 것들이다. 사막의 교부들은 우리가 이것들을 다른 열정으로 변형해야 한다고 가르친다. 이것들은 악한 생각들이며, 따라

서 악마들에 의하여 제시되며, 인내 가운데서 사라져야 할 것들이다.[7]

베네딕트와 그 제자들은 영적 유람을 다니는 것에 대하여 의구심을 가졌는데, 불행하게도 오늘날 성행하는 것들이다. 즉 영적 탐구자들이 여기저기 돌아다니면서 영적 고양을 추구하는 것은 그들의 근본적인 불안정성을 해결하지 못 하는 것이라고 본다. Amma Syncletica는 "어느 한 수도원에서 있지 못하고 여기저기 돌아다니지 말라. 이는 마치 새가 여기저기 옮겨 다니고 가만히 앉아서 알을 품지 못하면 부화를 못 하는 것처럼, 수도자들도 여기저기 옮겨 다니면 냉담해지고 신앙이 죽는다."[8]라고 하였다. 이 권고는 사막에서의 수련의 중심이 되며, 이 인내는 은사나 지나친 영적 고양이나 경험들에 대하여 동요하지 않는 것으로 오랜 기간에 걸친 영적 성찰을 수반하는 것이다. 우리가 마음챙김 관상을 시작하게 되면 우리의 불안정성이라는 내적 악마들을 필연적으로 직면하게 되는데, 사막의 교부들은 이들과 함께 그냥 머물기를 권하며, 이는 매우 현명한 권고로써 그래야 우리 내면의 변덕을 서서히 직면하여 비로소 영혼의 영원한 고요함을 회복할 수 있다고 본다.

우리의 열정들과 투쟁하는 데 있어서 두 번째 핵심 도구는 침묵 또는 'hesychia'이다 이것은 신체적인 고요함이 아니라 심령의 고요함이다. Abba Poemen은 말하기를 "여기 고요한 듯 보이는 한 사람이 있는데, 그러나 그 심령이 남을 저주하고 있다면 그는 끊임없이 주절거리고 있는 셈이다. 또 한 사람은 아침부터 밤까지 말을 하고 있지만, 그러나 그는 진실로 고요한 사람인데 왜냐하면 그는 자기에게 유익한 것을 추구하지 않기 때문이다."라고 하였다.[9] 이 고요함은 'contemplatio'라고도 말하는데, 기독교 관상 전통의 핵심이며 쉽게 설명하기는 어려운 것이다. James Finley는 'subtle nothingness'라고 하였고, 도미니크 수도승인 Herbert McCabe는 'a waste of time with God'라고 불렀다. John Chryssavgis는 그의 저서 "Heart of the Desert"에서 다음과 같이 썼다.

A way of waiting, a way of watching and a way of listening… it is a way of interiority, of stopping and then of exploring the cellars of the heart and the center of life… Silence is never merely a cessation of words… rather it is the pause that holds together all the words both spoken and unspoken. Silence is the glue that connects our attitudes and actions. It is fullness not emptiness, it is not an absent but the awareness of a presence.[10]

John Cassian은 그의 저술 "Conference"에서 이런 고요함을 '심령의 순수함(a purity of heart)'이라고 하여 계속되는 기도훈련의 영적 탐구에서 중요한 핵심 요소 중의 하나로 보았다. 이것은 단지 기도 기간에만 관련된 것이 아니라 그 사람의 전체적인 태도와 성향에 속한 것으로서, 따라서 '기도'와 '기도충만(prayerfulness)'은 구별되는 것이라고 하였다. 한 사람의 기도하기 전의 이런 성향은 당연히 기도의 성격에 영향을 주기 때문에 기도하는 사람은 자신의 생각이나 행동을 순화하는데 목표를 두어야 한다고 하였다.

마음챙김과 사막의 전통

사막의 장로들, 특히 Evagrius와 Cassian의 저서를 중심으로 우선 두 가지 측면에서 기독교 관상전통과 오늘날의 마음챙김 프로그램을 비교하여 본다. 첫째, 기독교 기도 전통은 가슴(heart)과 가슴의 대화로서 가장 잘 이해된다고 본다. —이는 단순히 오늘날 일부 마음챙김 프로그램들이 제시하는 것처럼 단순히 인지적인 것이 아니다. 이런 관점에서 기독교 기도 전통은 앞서 언급한 불교적 전통의 단순한 '순수 주의집중(bare attention)'과는 대비가 된다. 따라서 마음챙김의 기독교 방법은 '가슴의 기도(prayer of the heart)'라고 할 수 있다. 즉 마음챙김 만큼이나 '가슴챙김(heartfulness)'이다.

두 번째, 불교 전통이나 심리학적 모델과는 다르게 기독교의 길은 인간의 인격 안에서 초월적/초개인적(transcendental/transpersonal)이다.[11] 기독교의 기도/마음챙김은 영혼에 관한한 항상 초월적인 것이 불교와는 구별되는 특성이다. 불교에서도 어떤 종파에서는 아마도 그럴 수도 있겠지만 항상 그런 것은 아니다. 사막의 전통에서 기도에 관한 고전적인 정의는 폰투스 에바그리우스의 논설, '기도에 관하여(On Prayer)'에서 볼 수 있는데, 그는 말하기를, "기도란 영혼이 하나님과 대화하는 것이다. 따라서 영혼이 하나님에게 다가가서 그분과 아무 중간매개체(intermediary)가 없이 직접 대화를 유지할 수 있으려면 영혼의 성향을 추구해야 한다."[12]고 하였다. 여기서 두 가지의 기독교적 기도의 뚜렷한 측면이 드러나는 것이 매우 인상적인데, 즉 하나는 기도/명상이란 초월자와의 관계라는 것이고, 두 번째는 그것은 헌신과 흠숭을 바탕으로 한 사랑하는 관계라는 것이다. 게다가 에바그리우스는 세 번째 관상의 기독교적 핵심 특성을 첨부하는데, 즉 "without any intermediary"의 대화라는 것이다. 그런 대화는 우리의 심령(가슴)이 그리스도와 친밀한 데서 일어날 수 있다.

기도하는 데는 수많은 타입과 방법이 있을 수 있지만, Clement는 초기 기독교 전통에서는 기도 자세나 위치는 그다지 중요한 것은 아니라고 주장하였다. 예를 들면 우리가 손을 하늘로 뻗고 눈을 드는 것은 분명 기도 시 우리의 영혼의 표현을 잘 보여줄 수 있는 자세이기는 하지만, 상황과 장소에 따라 그것은 얼마든지 변경될 수 있으며, 따라서 모든 장소에서 그에 맞는 자세를 취할 수 있는 것이 기도이다. 중요한 것은 '마음의 순수함(purity of heart)', 또는 '평안함(tranquility)'이라고 Cassian은 Conferences에서 말하였다.

인간은 내면에는 전쟁이 있다. 불안, 갈등, 풀어야 할 고민, 등등. 따라서 우리가 기도훈련에서 해결해야 할 것은 마음의 평안(tranquility)이다. 그러나 우리의 마음은 그 자체에 항상성이나 불변성이 없기 때문에, 에바그리우스는 마음 자체의 지속성이 없다고 봤는데, 이 점은 불교의 주장과 유사하다. 따라서 카시안은 기도/명상의 목적은 'stabilitas cordis' 또는 'puritatis mentis'를 이루어내는 것이라고 말하였다. 바로 이 점은 불교의 마음챙김과 유사한 면이 있다. 하지만 기독교 전통의 마음챙김은 이런 '순수한 주의집중(bare attention)'이 구세주에게 대한 사랑의 헌신과 연결되어질 필요가 있다는 점이다. 이런 관점에서 카시안은 그의 영혼의 신플라톤적 개념에 우리가 성경에서 발견할 수 있는 헌신의 개념을 추가하였다. 예를 들면 그는 디모데전서 2장 1절의 구절을 인용하였으며, 그리스도인들에게는 네 가지 타입의 기도, 즉 회개, 헌신, 중보, 감사 등이 유용하다고 언급하였다. 그리고 이 네 가지 단계의 기도는 모두 마지막 단계인 감사기도와 가까운 '말없는 합일의 마지막 순간(final ecstatic bliss of wordless union)'을 준비하는 준비단계라고 말하였는데, 이는 신성한 연인(Devine Beloved)과 연합되는 사랑하는 자로서의 예외적인 열정적인 기도상태라고 하였다. 카시안은 이런 기도는 마음의 순수성과 심령의 안정성(stabilitas cordis)을 얻은 사람에 한해서만 특별히 경험되는 것이라고 하였다. 이런 열정적인 기도는 인간의 입으론 얻어지지도, 표현되지도 않는 기도라고도 하였다. 이런 단계들의 기도의 첫 표본은 그리스도의 수난과 관련이 있다고 그는 설명하였으며, 주기도문의 탄원 내용에서 그 구조가 보여진다고 하였다.

요약하자면, 카시안은 미래의 모든 기독교인들의 명상을 위한 기초와 표본은 아버지께 기도하는 그리스도의 삼위일체적 기도를 따르는 것이라는 기도의 관점을 제시하였다. 그리스도인들의 기도는 두 축을 가졌는데, 하나는 수직적 초월-내재 축(vertical transcendental-immanent axis)으로서 사랑하는 사람이 사랑받는 이(Beloved)를 찾는 것이며, 또 하나는 수평적 공동체적 축(horizontal-communal axis)으로서 그리스도인의 기도가 세상에서의 행동을 이끄는 행위인데, 특히 동료 인간들의 고통을 없애기 위하여 드리는 행위에 표현된다. 우리는 바로 이러한 인간됨의 기본 덕목으로 인해서 인간으로서 존재한다. 이런 의미에서 초기 기독교인들에게는 기도/마음챙김은 어떤 목적을 위한 수단이 아니라 목적 그 자체인데, 카시안은 말하기를, 기도의 목적 안에는 부자되기 위한 요청이나, 명예, 권력, 힘 등에 대한 바람이나, 일시적으로 존재하기 위한 신체적 건강에 대한 언급은 없는 것이라 하였다.[13] 이렇게 볼 때, 오늘날 신체적 증상을 없애는 데 도움이 되기 위하여 마음챙김을 찾는 경향은 초기의 카시안의 기도에 대한 개념과는 다르다. 기도의 필요성은, 카시안과 같이 수많은 사막의 교부들에게는 인간존재이기 위하여 필요한 근본적인 것이다. 마지막으로 기도란, 즉 주님을 만나는 것은 단순한 대화가 아니라, 사랑받는 사람이 사랑하는 사람(Lover)으로 변형되기 위한 것이다. 즉 기술적으로는 '신화(deification)'라고 할 수 있다.

이베리아반도 영성학파

15세기 후반 스페인 황금기에 Bonaventura의 저술로부터 비롯되어, Cisneros, Palma 등의 탁월한 영성가들을 거쳐 다음 세대인 아빌라의 데레사와 십자가의 요한으로 이어지는 영성운동인데, 이 운동은 이베리아반도의 수도원들에서 개혁운동으로 일어났다. 그들의 영성은 주로 'oracion mental', 즉 영어로는 '정신기도(mental prayer)'로 번역되는 기도 운동에 집중되었는데, 이 영어 번역어처럼 단순히 지적(知的) 혹은 종교 의식적인 기도라기보다는 한편으로는 마음챙김 명상이 강조하는 바와 같이 마음의 명료함과 의식성찰에 상당한 노력을 기울였음에도 불구하고, 다른 한편으로는 하나님과의 관계적이고 감성적인 요소를 동시에 포함하고 있으므로 흔히 머리와 가슴의 대화로서의 기도라고 표현되기도 한다. 따라서 이런 기독교적 전통의 기도들은 오늘날 마음챙김(mindful) 명상이 주력하는 것처럼 '순수한 주의집중(bare attention)'과는 분명히 차이가 나는 기도라는 점에서 Tyler[14]는 기독교 전통의 기도들은 "심령적(heartful)", 그리고 초월적(관계적) 기도라고 보는 것이 옳다고 주장한다.

정신기도(oracion mental)에서는 마음은 여러 가지 생각과 감정에 사로잡혀 파도에 이리저리 흔들리는 불안정한 배와 같아서, 항구로 인도되어 가야 한다. 이 명상(기도)은 조용하고 비밀스런 장소에서 할 때 마음을 조용히 가라앉히고 기도자를 보다 더 예비된 관상의 길의 신비 속으로 들어갈 준비를 하게 한다.[15]

이 점은 아빌라의 테레사에서도 마찬가지인데, 즉 그녀의 기도 방법에 대한 설명 역시 한편으로는 불교의 마음챙김 명상의 설명처럼 지적이거나 정신작용의 중요성으로부터 '가슴'의 고요함과 주의집중에 중요성을 강조하면서도, 분명히 차이가 나는 것은 그녀의 기도에서는 그리스도의 이미지와 시각화의 역할이 결정적이라는 것으로, 이는 그녀의 저서 *완벽의 길*에 잘 나타나 있듯이 그녀의 정신기도는 예수님과의 관계성에 동시에 집중되어 있다. 그녀는 기도가 관상의 상태로 들어가기 위해서는 먼저 소용돌이치는 바다와 같은 마음을 고요히 가라앉히는 것이 필요하다고 보았다. 그렇지만 그녀는 동시에 그런 마음의 고요 상태는 (마음챙김 명상에서처럼) 그 자체를 목적으로 요청해서는 안 되며, 인내심을 가지고 기다리는 가운데 주님의 선물로서 주어지는 것이라고 강조하였다. 그녀는 이를 강조하기 위하여 성어거스틴을 비롯한 역사적인 기독교 영성가들의 글들을 인용하였는데, 즉 우리의 기도생활은 우리 자신에 의하여 이끌려지는 것이 아니라 신적 존재, 즉 하나님에 의하여 이끌리는 것이며, 자아에 의한 기도는 결코 무익하며, 모든 것은 하나님에 의하여 시작되고 끝난다는 점을 강조하였다. 십자가의 요한의 표현을 빌리자면, 거룩한 사랑이 들어오기 위해서는 우리는 단지 우리의 영혼의 고요함을 함양해야 하며, 이를 이끄시는 것은 어디까지나 거룩한 분에 의한다는 것이다. 즉 그녀가 "완벽의 길"16)에서 말한 바와 같이 예수님의 임재 안에서만 시작과 끝을 내야 한다고 하였다. "오 주님, 우리의 모든 잘못은 우리의 눈을 당신께 고정하지 못 하는 데서부터 옵니다!"

주님이 우리와 함께 하신다는 것을 마음에 그리고, 얼마나 사랑스럽고 겸손하게 우리를 가르치시는가를 바라보시오. ―그리고 당신이 주님을 떠나기 전까지 가능한 한 오래 이 너무 좋으신 친구와 함께 머물도록 하시오. 만약 당신이 그분을 당신 편에 모셔둘 수 있게 익숙해진다면, 그리고 당신이 그분을 기쁘시게 하려고 항상 노력하고 있음을

그분이 보시게 한다면 우리는 그분을 떠나지 않을 수 있으며, 그분 또한 당신을 실패하게 버려두지 않으실 겁니다. 그분은 모든 시험에서 당신을 도우실 것이며, 당신은 어디서든 그분을 소유할 수 있습니다. 이렇게 당신 곁에 좋으신 그분을 계시게 하는 것이 작은 일이라고 생각하십니까?[17]

기독교 전통의 기도를 이해하는 데는 삼위일체적인 관점이 매우 중요하다. 테레사가 주장한대로 기도를 이런 관점에서 보는 것은 바로 불교적 명상 기법과 차이가 난다. 테레사와 십자가의 요한은 이를 기독교적 관상의 중심 주제로 보았다. 테레사는 주님을 바라보는 것이 바로 기독교 전통의 기도 그 자체라고 보았다. 그녀는 만약 우리가 예수 그리스도에 대하여 어떤 특별한 명상이나 관상을 할 수가 없다면 다만 우리는 "그를 바라봐야 한다."고 말하였다.

나는 지금 그분에 관하여 생각하라거나, 그분에 관한 무수한 개념을 만들라거나, 당신의 이해로 길고 복잡한 명상을 하라고 요구하는 것이 아닙니다. 나는 단지 당신이 그분을 바라보라고 요구하는 것입니다.[18]

우리는 단순히 "하늘에 계신 아버지여"라고 함으로써 우리의 마음을 즉각적으로 그리스도의 임재 가운데로 놓는 것이다. 그리고 이것은 거룩한 아버지와의 삼위일체적인 관계 속으로 들어가는 것이다.[19] 그리스도 안에 있는 우리의 영혼의 삼위일체적 관상은 바로 테레사가 우리의 영혼 안에 있는 천국으로서 관상적 기도에 의하여 이루어질 수 있음을 의미한다. 우리는 그분을 찾아가기 위하여 날개를 필요로 하지 않고, 홀로 머물면서 우리 안에 임재하시는 그분을 바라볼 장소를 찾기만 하면 된다. 테레사와 십자가의 요한의 방법은 우선 마음의 명료함을 수련하는 것이 필요하지만, 그들의 관상의 길은 자체가 하나님과의 합일을 이루는 필수적인 것은 아님에 차이가 있다는 것을 보여준다.

토마스 머튼과 불교 명상

그는 전통적인 트라피스트 수도승이었으면서도 불교나 힌두교 등 동양 종교에 지대한 관심을 가지고 이를 수용하였던 가장 영향력 있는 영성가이었다. 1940년대 심지어는 편협하다고 할 정도로 매우 관습적이던 이 젊은 수도승은 나이가 들어감에 따라 동양 종교에 관한 다양한 서적과 사람들을 접하면서 동양 종교에 대하여 누구보다 훨씬 수용적이고 보편적인 영성가로 변모하게 되는데, 그 시발은 아무래도 1958년 3월 경에 루이빌에서 겪은 영적 경험과 깊은 관련이 있어 보인다.

루이빌의 4번가와 월넛가 모퉁이에서 나는 갑자기 내가 이 모든 사람들을 사랑한다는 것과, 그들은 내게 속했으며, 나 또한 그들에게 속해 있다는 것, 그리고 나는 전혀 낯선 존재임에도 불구하고 그들과 나는 서로 이방인이 될 리는 없다는 사실에 압도되었다. 그것은 마치 분리의 꿈에서, 꿈과 같은 별세계의 자기 고립 상태에서, 자기 포기와 가상의 거룩한 세계에서 깨어나는 것 같았다. 각각의 분리되어 있는 거룩한 실존이라는 총체적인 착각은 하나의 꿈이다.[20]

이 사건을 어떻게 이해해야 하는가는 Tyler에게는 커다란 숙제로 남아있는 것으로 보인다. 이것을 진정한 기독교적 영적인 각성으로 볼 수 있을까? 성령의 임재와 인도로 이루어지는 영적 갱신과 성숙의 사건으로 볼 수 있을까? 아니면 이 현대의 영적 거인의 경험을 하나의 해리현상으로 이해할 수 있는 것일까? 누구도 이 문제에 명쾌한 답을 할 만

큰 연구가 깊지를 못한 것 같다. 다만 그가 표현한 고독과 분리의 과제는 어린 시절 그의 조실부모 사건과 관련하여 그에게는 평생을 따라다니는, 본격적으로 해결의 시도를 해 보지 못한 심층심리적인 과제였음이 틀림없다는 사실과 그의 동양 종교에의 과도한 심취와 궤를 같이 한다는 것에서 느껴지는 옅은 냄새일 뿐이다. 거기에는 전통적인, 예를 들면 아빌라의 테레사에서처럼 성령의 임재나 하나님과의 대상관계적인 측면이 보이질 않기 때문일 수도 있다. 어쨌든 그는 분명히 젊어서는 타 종교나 정신분석에 대하여 배타적인 입장을 취하였었는데, 나이가 들어가면서 정신분석이나 타 종교, 즉 수피즘, 불교, 힌두이즘 등의 동양 종교에 관심이 많아지면서 연구에 몰두하였고, 점차로 관상기도에 대하여 심취하게 되었는데, 그러나 그의 심취는 웬일인지 전통적인 기독교적 회심으로부터 멀어져 가는 것처럼 느껴지기도 한다.

Merton의 관상기도에 대한 이해는 사실 쉽게 이해되기는 어려운 측면이 있기는 하지만, 동양 종교적인 영향을 받지 않았다고 하기는 어렵다. 그의 저술 활동이 왕성했던 1960년대 그는 특히 선불교에 많이 경도되었다. 그가 1966년도에 수피 친구인 Abdul Aziz에게 보낸 편지에는 다음과 같이 쓰여있다. "엄밀히 말해서 나는 아주 단순한 기도의 방법을 사용합니다. 그것은 전적으로 하나님의 임재, 그분의 의지와 사랑에 집중되어 있는 것입니다. 단지 믿음 하나만으로 그분의 임재를 알 수 있는 것으로… 그래서 나의 기도는 '무와 침묵(Nothing and Silence)'의 중심으로부터 우러나오는 찬양 같은 것입니다."[21] 여기서 그는 하나님의 임재를 말하고 있기는 하지만, 그의 하나님 이해는 이미 인격적인 차원을 넘어서 동양 종교적인 개념으로 확장되고 있음을 느낄 수 있는데, 이는 관상에 대하여 그가 동시대 영성가 Simone Weil의 '알아차림(awareness)'이라는 단어를 중요하게 사용하는 데서 알 수 있다.

초기의 글에서 그는 기독교 전통적인 믿음을 강조하였는데, 즉 관상기도에 있어서 중요한 것은 어떤 방법이나 시스템이 아니라, 우리가 믿음 안에서 하나님의 임재와 그리스도 안에서 삶을 확신하는 태도, 성령 안에서 아버지 하나님을 '보지' 않으면서 보는 것, 즉 '무지' 속에서 그분을 아는 것이 중요하다고 하였다. 따라서 하나님을 찾는 사람이 이 세상에서의 즐거움과 야망을 버릴 때 그것들은 미묘하게도 좀 더 높아 보이는 영적 야망에 의해 대치될 수 있다고 하였다.[22] 그 결과 관상가들이 자칫 그들 삶의 최종적인 목적과 핵심은 명상과 내적 평화와 하나님 임재의 감각 안에서 발견된다고 생각하여 이것들에 집착하게 되지만, 이런 내적 평화 같은 것들 역시 자동차나 포도주처럼 하나의 인위적으로 맛 들여진 것들에 불과할 수 있다고 하였다. 따라서 이것들에 대한 욕망으로부터 자유롭지 못한다면 진정한 명상이나 내적 평화는 이룰 수 없다고 주장하였다. "당신은 기도의 즐거움으로부터 벗어나지 못한다면 진정한 기도를 할 수 없다."[23] 이때까지 Merton은 기도란 하나님께서 허락하시고 성령의 인도 아래에서만 제대로 하는 것이 가능하며, 인위적으로 하려고 할 때는 길을 잃을 수도 있다는 기독교 전통의 신앙관을 보여주고 있다고 이해된다. 그러면서 그는 기도에 있어서 어떤 외적인 형태나 행위, 시스템보다 더 중요한 것은 내면적인 태도, 자신의 영적 욕망이나 기대에 대한 날카로운 성찰과 마음의 명료함을 추구하는 것이라는 입장에서 점차로 선불교의 마음의 명료함에 깊이 매료되어 갔으며, 그의 '무지의 앎(unknowing knowing)', '어리석은 지혜'는 마음의 명료함(clarity of mind)의 입장에서는 진전이 있어 보였지만, 그가 초기에 강조하며 붙들려고 애썼던 그리스도를 놓치고 만 것이 아닌가 생각된다. 그는 잘 알려진 선불교 마스터 D. T.

Suzuki와의 교류와 대화를 통하여 점차로 선불교의 성찰들을 받아들이게 되었고, 자신의 선 'satori' 수련과 선불교의 연구를 통하여 초기의 그리스도 중심의 저술 "Seeds of Contemplation"에 상당한 수정과 새로운 장을 추가함으로써 선불교로부터의 통찰들을 그의 사상에 녹아낸 "New Seeds of Contemplation"을 1961년 출간하였다. 이 새로운 수정본에는 그가 전적으로 수용한 선 불교적 관점이 고스란히 녹아 있는데,[24] 여기서 그는 관상을 다시 정의하기를 "우리 인간의 지적 및 영적 삶의 가장 지고한 표현이다. 그것은 삶이란 그 자체가 충분히 깨어있고, 충분히 활동적이며, 충분히 그것이 살아있다는 것을 알아차리고 있는 것이다. 그것은 영적 경이이다. 그것은 삶, 존재의 거룩함에 있어서 자연스러운 경외이다."[25]라고 표현함으로써 그리스도와의 관계성에 기초한 전통적인 기독교적인 관점을 완전히 벗어난 듯 하다. 그는 이어서 "우리는 일상의 평범한 과제들과 매일매일의 인간적인 문제들 속에서 '지금 여기서'라는 궁극적인 감각을 발견할 필요가 있다…"[26]라는 표현에서 볼 수 있는 것처럼 지금 이 순간의 알아차림의 힘은 보다 넓은 우주적 알아차림과 창조 안에서의 우리 자신의 위치로 안내한다는 주장을 폄으로써, Cassian의 순수의 개념(concept of purity)을 뛰어넘어 더욱 선불교의 마음의 명료 개념으로 바꾸었다. 우리의 주어진 크로노스의 한계를 벗어나 하나님의 카이로스로 날아가고자 하는 오래 전부터의 인간의 욕망의 산물인 동양 종교의 신비 속으로 합류한 것은 아닐까? 하나님 자신은 그분의 카이로스를 버리고 역사의 크로노스 안으로 내려와서까지 인간을 만나려는 겸허를 실천하셨는데 말이다. 그리스도인은 은혜를 따라 지금 여기서 천국을 맛보기도 하지만 미래 크로노스가 끝나는 시점에서 그것이 비로소 완성된다는 소망을 버리지 않는 유치함을 유지한다.

그렇다면 왜 Morton은 전통적인 기독교적 가치를 넘어서서(버리고) 동양 종교의 신비 속에서 일말의 위안을 찾았을까? 오늘날 수 많은 영성가들이 이와 유사한 길을 걷는 것을 보게 될 때 이 질문은 참으로 중요하고도 심각한 질문이 아닐 수 없다. 저자는 오래 전부터 이 질문을 머릿속에 생각하면서 지내 왔는데, 그의 경우를 좀 더 밀착 관찰하면서 얻은 결론은 그의 외로움에 대한 취약함과 오랫동안 지속된 십자가의 요한이 말한 어둔 밤과 관련이 있을 가능성을 발견하였다. 그의 전기 "칠층산"을 통하여 알려진 바와 같이 그의 인생은 어린 시절부터 부모로부터의 조기 분리와 고독한 삶, 그리고 그나마도 연이은 부모의 죽음을 겪으면서 그의 심층심리 밑바닥에 깊숙이 자리 잡은 외로움과 깊은 관련이 있다고 본다. 그가 수도원 공동체에 들어가게 된 데 대한 그 자신의 설명은 매우 불확실하며, 결코 영적인 고민이나 그러한 고민을 이끌어주신 성령의 인도함과는 상당히 거리가 있다는 점을 알게 된다. 그것은 바로 그 결정이 영적인 분별에 의한 것이라기보다는 심층심리적으로 이해되어야 한다는 것을 시사해주고 있다. 겟세마네 수도원에 들어간 후에도 그의 고독은 지속되었으며, 그는 자기의 글들에서 표현한 것처럼 상당한 시기 동안은 그의 고독을 즐긴 시기도 있었으나, 수도생활 자체가 제공하는 공동체적 가족감은 분명히 한계가 있는 것이며, 상당한 부분 그는 그 자신의 외로움을 창작활동과 사회적 관심사로 커버해 나갔지만, 그의 어둔 밤은 내면에서 오랫동안 그를 유혹하고 있었던 것으로 추측된다. 수많은 영성가들처럼 그 또한 동양적 영성에서 그 외로움과 분리를 극복하는 답을 찾은 것으로 느꼈다고 본다. 그러나 그 답은 존 카시안의 그것이나, 아빌라의 데레사나 십자가의 요한의 그것과는 끝이 다른 답이었던 것으로 이해된다. 그의 글에서 십자가의 예수가 사라진 것이다.

1) Peter Tyler: Christian Mindfulness: Theology and Practice, 2018, SCM Press, London.

2) Kabat-Zinn, 1994, p. 4. 1)에서 재인용함.

3) Chozen Bays (2011, p.3), 1)에서 재인용함.

4) Macy (2008), 1)에서 재인용함.

5) Shapiro and Walsh (2006), 1)에서 재인용함.

6) Thanissaro Bhikku, (2003, p38), 1)에서 재인용함.

7) Sayings 1, 1)에서 재인용함.

8) Saying 6, 1)에서 재인용함.

9) Sayings 27 등은 사막 교부들의 지혜와 삶을 모은 금언집으로서 여러 버선이 있으나, 여기서는 Tyler의 책 본문에서 재 인용함.

10) Chrysalis 2003, pp. 45-6., 1)에서 재인용.

11) Peter Tyler: The Pursuit of the Soul: Psychoanalysis, Spi-Making and the Christian Tradition, Edinburg: T & T Clark, 2016.

12) On Prayer 3, in Clement 2013, p181., 1)에서 재인용.

13) Conferences 9. 24., 1)에서 재인용.

14) Peter Tyler: Christian Mindfulness: Theology and Practice, 2018, SCM Press, London, p41.

15) Ibid, p43.

16) 아빌라의 데레사: 완벽의 길, 16. II., 1)에서 재인용함.

17) Ibid, 26. I., 1)에서 재인용함.

18) Ibid, 26. 3., 1)에서 재인용함.

19) Peter Tyler: Christian Mindfulness: Theology and Practice, 2018, SCM Press, London.

20) Merton, Conjectures of a Guilty Bystander. New York, Doubleday,1966, p140., 1)에서 재인용.

21) Merton 1985, p62, 1)에서 재인용함.

22) Merton 1949, p125-6, 1)에서 재인용함.

23) Merton 1949, p129., 1)에서 재인용함.

24) Peter Tyler: Christian Mindfulness: Theology and Practice, 2018, SCM Press, London.

25) Merton 1961, p13, 25) Merton 1968b., 1)에서 재인용함.

6장

기독교 전통의 관계적 영성

이 장에서는 앞서 부분적으로 언급하였던 기독교 영성 전통의 가장 근본적인 특징인 삼위일체 관계적 영성이 기독교 영성의 역사를 통하여 어떤 식으로 구현이 되어 왔는지를 살펴 보고자 하는데, 이것은 지금 우리가 하고 있는 실제적인 영성 수련들이[1] 기독교 전통의 근본적인 특징을 잘 구현하고 있는지, 아니면 명확히든 불명확히든 그것을 흐리거나 방향을 달리 하는지를 살펴보는데 빛을 비추어 주기 때문에 매우 중요하다고 할 수 있다. 그러나 이 작업은 매우 방대한 지식과 시각을 필요로 하므로 결코 개인적인 능력 안에 있지 못하다. 따라서 저자는 여기서는 기독교 영성전통의 다양한 특징이나 역사를 망라하려고 하는 것이 아니라 이 책의 주제에 맞추어 관심의 범위를 삼위일체적인 관계성에 초점을 맞추려고 하는데, 이 역시도 저자의 능력을 벗어나는 작업이므로 다만 일부를 언급함으로써 앞으로 심리영성을 연구하고자 하는 후배 연구자들의 보다 전문적인 참여를 자극하는 것으로 그 동기를 삼고자 한다. 또 한가지 사전에 언급하고 싶은 점은 아마도 이 문제를 다루는 것은 다루는 개인의 신앙 토대나 칼라에 따라 차이가 날 수 있으므로, 여기서는 더욱 범위를 좁혀 저자의 입장, 즉 개혁신앙의 토대 위에서 논의하려고 한다. 이는 저자 자신이 그나마 오랜 동안을 개혁신앙의 분위기에서 경험한 영성에 익숙하기 때문에 비교적 쉽게 논의할 수 있을 뿐 아니라, 개혁신앙은 끊임없이 개혁되어야 한다는 명제가 무엇보다도 현대 영성의 흐름에 절실하다고 느끼기 때문이다. 이 장에서는 도서출판 은성에서 수 년간에 걸쳐 시리즈로 출판한 『기독교 영성(I)(II)(III)』[2]를 주로 참고로 인용하였다.

초기 기독교 영성

나사렛 예수의 부활은 기독교 영성을 출발시키고 형성한 사건이었다. 그리스도로 오신 예수의 고난과 죽음, 그리고 부활의 과정, 그리고 이어진 제자들의 핍박과 순교는 그들의 삶이 하루 하루를 절박하게 이어가는 영성이며, 주님의 재림을 학수고대하는 종말론적인 영성으로 특징 지워진다. 제자들은 죽임을 당하여 장사지낸 바 되었던 그 예수가 불멸의 생명을 취하여 살아나셔서 하나님과 함께, 그리고 자기들 안에와 자기들 가운데 살아계심을 삶의 매 순간 절박하게 체험하는 삶을 살면서, 관념적인 관계가 아닌 매일의 성찬으로 이어지는 끈끈한 공동체적 영성이기도 하였다.

그들은 그리스도를 믿고 세례를 받고 그들을 위해 생명을 주신 예수의 이름을 따라 "그리스도인"이라고 불리게 된 신자들의 공동체 안에서 생활하는 모든 사람들에게 허락된 바 그리스도 안에 있는 구원의 기쁜 소식을 목숨을 걸고 전파하는 것을 자기들의 사명으로 즐거이 받아들였으며, 매일의 삶 속에서 기적을 체험하는 영성이었다.

오늘날과 같이 혼란스럽고 다양한 모습들을 제각끔 기독교 전통이라고 주장하는 시대에는 특히 초기 기독교의 삶의 모습과 그 영성을 자세히 들여다 보는 것이 중요한 이유는 바로 그 곳에 주님의 원초적인 영성의 모습이 묻어 있다고 가정하기 때문이다.

그 시대의 영성의 핵심은 무엇보다도 그리스도 예수를 믿는, 그 분의 죽으심과 부활에 동참하도록 인침을 받은 믿음 안에서, 그리스도의 신비에 개인적으로 동참하는 영성이라고 할 수 있다. 그러므로 만약 어떤 종교적 관습이나 영적 행위가 기독교 전통이라고 말할 수 있으려면 그 중심에 예수가 있어야 함은 당연하다. 따라서 기독교적 모든 묵상이나 기도 등의 영성훈련들은 심화되어 갈수록 그 행위 안에서 그분의 죽음과 부활이 더욱 뚜렷해지는 것이어야 한다.

그리고 이러한 사실, 즉 그 분의 고난과 부활 및 제자들의 전도와 순교를 역사적 현실로 기록한 성경의 내용들이 하나님과의 관계 속에서 각자의 삶 속에 재현되는 믿음이다. 따라서 기독교적 전통은 성경의 가르침을 바탕으로, 성경으로 다시 돌아오는, 그래서 그 안에서 예수를 만나는 관계적 영성이 된다. 성경은 오직 한 권 예수로 구성되어 있으며, 기독교 영성은 그 성경 위에서 이루어진다. 예수 자신의 영성의 삶 중심에 성경이 있었고, 그가 해석한 방식, 그리고 성령의 인도하시는 체험적 이해가 그리스도인들의 기도와 묵상과 조화를 이루어야 한다.

초기 기독교 공동체의 성서적 접근은 종말론적이었다는 사실이 또 하나의 중요한 영성 전통이 된다. 성서는 인간들에게 역사 속에서 일어나는 하나님의 최종적인 행위 안에서 삶의 의미를 구하라고 요청한다. 이러한 하나님의 행위 안에서 과거와 현재의 모든 사건들이 의미와 설명을 얻는다. 초기 기독교인들의 영성의 원천은 이와 같은 하나님의 최종적 행위, 즉 에스카톤(eschaton)이었다. 그러므로 기독교 영성은 인간 역사 안에 하나님의 나라를 가져올 종말론적 인물인 크리스토스

(christos) 또는 '인자(Son of Man)'이신 나사렛 예수라는 인물에 초점을 두었다.

종말은 그리스도의 부활 안에서, 부활을 통해서 이미 임했던 것이다. 악의 세력을 대적한 결정적인 전쟁이 승리를 거두었고, 세상의 최종 운명, 즉 영원하고 풍성한 생명(요 10:10), 빛(마 4:16), 공의(벧후 3:13), 기쁨(눅 2:10) 등의 궁극적인 운명이 부활하신 예수 안에서 인류와 모든 피조 세계에 부여되었다. 그러므로 인류와 하나님 관계의 특징은 악과 사망의 세력들에 대한 이 승리를 축하하는 것이다. 초대 교회의 경우, 기독교 영성의 특징은 바로 이러한 축제였다. 이것이 성찬(eucharistic) 공동체라는 개념의 근저에 자리 잡고 있다.[3]

그것은 하나님의 나라가 이미 임했다는 확신인 동시에 그 나라가 곧 임할 것이라는 것에 대한 믿음의 영성이다. 기독교적 실존은 이러한 "이미 그리고 아직(already and not yet)" 사이에 잡혀 있었다.

이상 기독교 초기시대의 영성의 특징 중 특별히 세 가지를 강조한 것은 그것들이 현대 영성가들의 관상적 영성과 상당히 차이가 있음을 아마 추어도 쉽게 알 수 있기 때문이다. 바로 이런 핵심적인 면에서 다원적인 현내 영성은 불교의 영향을 심각하게 받은 것으로 이해되는데, 즉 거기에는 이런 요소들이 무시되거나 아예 빠져 있다. 종말에는 극복이 되어야 하는 악의 세력, 죽음의 세력은 존재하지 않으며, 종말 자체가 애초부터 있지도 않은 것이며, 따라서 "오직 현재, 오직 여기"만이 중요할 뿐이다. 지금 이 순간을 충실하게 존재하는 것만이 마음챙김 명상의 최대 목표가 되며, 지금 이 순간의 마음의 평화로움만이 유일한 가치있는 목표가 되는데, 이것은 전통적인 초대 기독교적 영성의 시각에서 보면 '가짜 평화'로 이해된다. 왜냐하면 진정한 최후의 온전한 평화는 종말에 그리스도와의 새로운 연합 속에서나 가능한 것으로 믿기 때문이다.

초기 교부시대와 수도원 운동

일반적으로 4, 5세기의 중요한 기독교 신학자들을 교부들이라고 부르는데, 그들은 우리 시대에 이르기까지 활용되고 있는 기독교의 교의적 토대를 고안해 낸 분들로서, 알렉산드리아의 아타나시우스(300-373), 나지안주스의 그레고리(329-390), 존 크리소스톰(344-407), 제롬(331-420), 히포의 어거스틴(354-450) 등이며, 서방세계에서의 기독교 영성은 "어거스틴적 영성"이 되었다고 이해된다.

이들의 시대는 바로 중동의 수도원 영성으로 이어지는데, 초기 이 운동의 주요 강조점은 사막에서의 독신 생활이었다. 사막의 영성은 잘 알려진 대로 치열하게 자신의 마음의 왜곡된 점을 성찰하는 것으로 이루어지는데, 이것이 바로 마음의 명료함이라는 불교적인 관상영성과 매우 유사하다. 학자들은 지역적인 근접성 때문에 아마도 동양의 영성과 상호교류가 있었을 것이라고 추정은 하지만, 확실한 자료는 없다.

자료들에는 불교의 금욕 고행자들이나 마니교의 "완전한 자들"에 관해서 언급되지 않는다. 그럼에도 불구하고 실제로 등장하는 유사성들이 우연한 것일 가능성은 거의 없다. 우리는 어떤 보이지 않는 문화적 교환이 발생했지만 수도 운동의 연대기 작가들이 그것을 중요치 않게 여겨 무시했다고 가정할 수도 있다.[4]

이집트의 사막에 수도사들이 등장하기 직전, 시리아에는 "언약의 아들들(딸들)"이라는 형제단들이 있었고, 이들은 세례를 받을 때에 독신생활과 기도생활에 있어서 평신도 사역을 행할 것을 서약했으며, 그들은 기독교 공동체들의 핵심을 이루었다. 이 시대에 대표적인 영성가로는 안토니와 아타나시우스 등이 있었는데, 아나타시우스는 스스로에게 부과한 침묵, 자원해서 선택한 가난, 초인적인 ,지혜, 심리적 안정성 등을 강조했으며, 안토니 또한 전형적인 은수사로서 완전한 청빈 생활, 물질적 재산을 중히 여기지 않음, 자기 기만으로부터의 자유 등 덕들을 강조하였다. 파코미우스의 공주 수도생활은 이러한 덕목들을 효과적으로 이루기 위하여 시작 되었으며, 수도원 운동에서는 다른 덕목들과 함께 공주서약, 순종, 겸손 등의 덕목들의 강조를 통하여 자아의 조건에 흔들리지 않는 관계성이 강조된 영성이기도 하다. 이들로부터 수도원의 운동은 점차 발달하였으며, 그 중 특히 영적 스승들을 찾아 이집트로 갔던 사람 존 카시안(John Cassian)은 중세기의 수도 생활에 중요한 영향을 주게 되었는데, 이를 서방세계에 전달한 베네딕트 규칙서는 이후의 수도사들 영성의 지침이 되었다.

오늘날 수도원 영성이라고 하면 일반인들이 떠 올리는 오해는 현실의 가족이나 사회적 관계를 떠나서 오로지 하나님 앞에서의 고독하게 자기수행에만 몰두하는 수도사를 연상하므로써 그들이 타인과의 관계에는 무관심하고 거부하는 것으로 이해하는 경우가 많으며, 심지어는 하나님과의 관계보다도 자신의 마음의 명료함을 얻는 데에만 몰두한 것으로 오해하고 있는 듯 하다. 물론 그들은 독거와 세상으로부터의 이탈을 중요시 했으며, 가난의 이상과 놀라운 단순성을 보여주었다. 수도사들은 침묵을 추구하기 위해서 따로 떨어져서 생활한다. 그들은 독거 생활을 하면서 내면에서 아우성치는 것들을 침묵시키기 위해서 금욕적인 삶을 택했으며, 외딴 곳에 살면서 수도 생활을 했다. 그들은 자신이 이러한 생활을 위해 지음을 받았음을 깨달았지만, 그러나 그들의 침묵과 금욕은 하나님과의 완전한 합일에 들어가기 위해 필요한 지원과 자유를 발견하기 위해서였으며, 하나님과의 합일은 모든 사람의 행복에 가장 크게 기여할 수 있다는 것, 그리고 모든 선한 것의 근원으로 하나님의 창조적이고 대속하시는 사랑의 도구가 될 수 있다는 것을 믿는 영성이었다.

그들의 고독과 단순성은 하나님 안에서 "가난하신 그리스도와 함께 가난해 짐"으로써 세상의 모든 사람들과 함께 하나님 안에서 연합함을 목표로 삼았기 때문에 그들의 영성은 하나님과의 관계성에 깊이 뿌리를 내리고 있다. 그들은 하나님을 사랑하는 자. 진실로 하나님을 찾는 자는 모든 피조물이 하나님의 뜻에 일치하여 영광 중에 하나님께 올라가기를 간절히 원함을 기도에 담았다. 바로 이 점이 당시의 수도사들과 현대 영성가들의 다른 점인데, 즉 그들의 관계성의 특징은 절대자를 향하여 자기를 주장하지 않고 순종함으로써 관계의 극치를 보여주는 사랑을 실천하려고 했던 영성이었을 것이다. 또한 그들의 관계적인 영성은 절대적으로 그리스도 중심적이었다는 것이 오늘날의 관상가들과 분명히 대비되는 영성이라고 할 수 있다. 누구도 그리스도를 통하지 않고서는 아버지께로 갈 수 없기 때문에 완전히 그리스도 안에서 살아야 하며, 그의 본보기를 따라야 한다고 믿었다. 그러므로 자신의 허물 때문에 그리스도에게서 떨어져 나간 사람들은 관상을 할 수 없으며, 관상 생활은 그리스도 안에서 하나님과의 합일을 실현하는 유일한 길이라고 믿었다.

동방교회의 관상 전통

"중요한 일은 마음 속에 지성을 가지고서 하나님 앞에 서는 것이며, 또 생명이 다할 때까지 밤낮으로 쉬지 않고 계속 하나님 앞에 서는 것이다." 이것은 19세기의 러시아인 주교인 은둔자 테오판(Theophan the Recluse, 1815-1894)의 말이지만,[5] 1세기부터 11세기까지 활동한 그리스 저자들과 시리아 저자들에게서 발견되는 기도에 대한 견해를 정확하게 반영하고 있다. 테오판의 진술에는 초기 교부적 영성에서 기본적인 중요성을 지닌 세 가지 요점이 두드러지게 나타난다. 첫째, 기도하는 것은 하나님 앞에 서는 것이다. 그것은 무엇을 요청할 필요가 없다. 심지어는 말조차 필요없이 다만 하나님과의 인격적인 관계, '얼굴과 얼굴'을 대면하는 것으로서, 그것의 가장 심오한 것은 말이 아니라 침묵 가운데 표현된다. 둘째, 그것은 마음 안에 그 인격의 내면의 깊은 중심, 피조된 것이 아닌 사랑이 직접 열릴 수 있는 곳에 서는 것이다. 테오판은 머리와 마음을 예리하게 구분하는 일을 피한다. 왜냐하면 그는 우리에게 마음 안에서 '지성(intellect)' 또는 '정신(mind)'을 가지고 서라고 말하기 때문이다. 이 둘은 서로 연합되어야 한다. 셋째, 이렇게 '서는' 관계나 태도는 지속적인 것이어야 한다. "생명이 다 할 때까지 밤낮으로 쉬지 말아야 한다." 기도는 여러 가지 행위 중 하나가 아니라, 우리의 실존 전체와 관련된 행위, 우리가 착수하는 다른 모든 일들 안에 현존하는 차원이다. "항상 기도하라"(살전 5:17). 그것은 우리가 때때로 행하는 것이 아니라, 우리의 존재 자체이다.

기도는 살아 있는 인격들 간의 직접적인 만남이므로, 정밀한 규칙들의 테두리 안에 제한할 수 없다. 인격체 간의 관계에서의 기도는 자유롭고 자발적이며 예측할 수 없는 행위이다. 많은 동방교회 저술가들은 이러한 자유를 존중했기 때문에 기도와 관상에 대한 추상적인 이론이나 정확한 정의, 또는 영성생활의 여러 단계의 개요 등을 제공하지 않는다. 이렇게 비체계적이고 실존적인 접근 방법은 특히 "사막 교부들의 금언"(이집트, 4-5세기)에서 발견된다. 이것은 이성적인 사색보다는 직접적인 경험의 언어로 표현하고 있다. 거기에 수록된 충고는 단순하고 직선적이다.

동방정교회의 영성수련은 마음의 명료함을 수련하는 마음챙김 명상과 가장 가까운 요소를 포함하고 있는 것이 사실이다. 스스로의 마음이 만들어 낸 왜곡된 표상들을 모두 버리고 가난한 마음으로 하나님 앞에 나간다. 닛사의 그레고리는 새긴 형상을 만들지 말라고 한 십계명 중 첫 번째 계명을 상징적으로 해석했다. 인간이 만들어낸 그림이나 지적이고 추상적인 개념에 의존하는 것은 일종의 우상숭배이다. 왜냐하면 하나님의 살아 계신 실재 대신에 신성에 대해 우리의 개념을 선호하는 것이기 때문이다. 돌로 만든 형상들 뿐만 아니라 개념적인 형상들도 부숴 버려야 한다.(모세의 생애 1.165-66).[6] 그레고리는 "정신이 파악한 모든 개념은 구도자에게 장애물이 된다"고 기록했다. 우리의 목표는 말과 개념을 초월하여 일종의 '임재의식(sense of presence)'을 획득하는 것이다. "신랑은 임재해 계시지만 눈에 보이지 않는다." 이렇게 비형상적이고 비추론적인 하나님 임재의식은 그리스어 원전에서는 종종 평정과 내면의 고요를 의미하는 'hesychia'라는 용어로 표현된다(여기에서 'hesychasm'과 'hesychast'라는 단어가 유래되었다). 'hesychia'는 말의 부재, 즉 말들 사이의 휴지라는 부정적인 의미에서의 침묵이 아니라 경청하는 태도라는 긍정적인 의미에서 침묵을 의미한다. 그것은 비어 있음이 아니라 충만함을, 공백이 아니라 하나님의 임재를 의미한다. 바로 여기서 불교적 마음의 명료함

수련과 동방 정교회의 관상적 영성은 차이가 난다는 점에서 각별한 주의가 필요하다고 볼 수 있다.

하나님에 대한 관상에서, 기독교인은 더 이상 피조물을 통해서 창조주에게 접근하지 않으며, 무매개적인 사랑의 연합 안에서 얼굴과 얼굴을 대면하여 직접 하나님을 만난다. 신성은 말과 이해를 초월하는 신비이므로, 이러한 관상을 하는 동안 인간의 정신은 단순히 응시하거나 접촉에 의해서 하나님을 직관적으로 파악하기 위해서 개념과 말과 형상(추론적인 사유의 차원)을 초월한다. 에바그리우스의 표현처럼, 정신은 "벌거벗은" 상태가 되어 다원성을 초월하여 통일성을 향한다. 그것의 목표는 '순수한 기도', 도덕적으로 순결하고 죄악된 생각에서 해방되었을 뿐만 아니라, 지적으로 순결하며 모든 생각에서 해방된 기도이다.[7]

동방 교회 저자들에게 있어서 '마음의 기도(prayer of the heart)'가 단지 서방 교회가 말하는 '정의적인 기도(affective prayer)'를 의미하는 데 그치는 것이 아니라, '전인으로 드리는 기도(prayer of the whole person)', 기도자가 기도라는 행위와 완전히 하나가 되는 기도를 의미한다는 것이 명백해진다.[8]

동방정교회는 헤시키아적 영성을 실현하는 구체적인 수련 방안으로 '예수기도(the jesus prayer)'를 제시하고 있는데, 5세기부터 8세기 사이에 동방 기독교권에서 하나의 공식적으로 인정된 영성적 '길'로서 등장했다. 이 기도는 오늘날 다원적 영성가들에 의해서도 다시 각광받게 된 수련방법이긴 하지만, 그 이유는 아마도 이 예수기도가 마음의 명료함을 수련하는데 크게 도움이 된다는 의미에서인 것 같다. 그러나 본디는 '예수기도'라는 명칭이 나타내고 있듯이 예수 중심의 영성을 의미하고 있다고 봐야 할 것이다. 예수기도가 추구하는 중요한 목적은 마음의 단순성과 예수라는 이름의 능력을 힘입어 정화된 순수 지성이 마음 안으로 돌아오게 하는데 있다. 예수 기도는 반복적인 훈련을 통해 순수 지성을 한 곳으로 집중하게 하며, 기도가 자신의 존재의 한 부분이 되게 한다고도 알려져 있다. (그러나 이런 견해가 잘못 된 것이라는 의견도 있다.)

예수기도를 일종의 '기독교적 만다라'라고 부르기도 하는데, 이것은 잘못된 것이다. 예수기도는 단순히 운율적인 기원이 아니다. 그 기원에는 특별한 인격적 관계와 의식적으로 고백하는 믿음이 함축되어 있다. 이 기도의 목표는 단순히 모든 생각의 정지에 있는 것이 아니라 하나님을 만나는 데 있다. 그 기도는 성육하신 하나님의 아들, 참된 신이시면서 완전한 인간이신 분, 우리의 주요 구세주이신 분께 대한 분명한 신앙고백을 구체적으로 인격적으로 표현한다. 이러한 인격적 관계에 대한 분명한 신앙고백이 없으면 예수기도를 드릴 수 없다.[9]

동방정교회 영성은 어찌 보면 그리스 철학의 이데아론과 불교적 영성이 혼재된 느낌을 주는, 그래서 한편으로는 신비주의적이고 비현실적인 느낌을 주긴 하지만, 근본적으로는 기독교 전래의 관계적 영성과 함께 조화된 영성이라고 할 수도 있다.

테오렙투스는 "순수한 기도는 로고스인 마음과 영이 연합되는 기도이다. 로고스를 통해 하나님의 이름을 부르는 것이 기도이다. 순수지성을 통해 우리는 기도 속에서 부르는 하나님에게 집중하고, 영을 통해 우리는 양심의 찔림과 겸손한 사랑을 경험한다. 하나님의 이름 즉 예수라는 이름을 부름으로 인간의 순수 지성은 성부, 성자, 성령 삼위일체 하나님에게로 인도받는다… 센츄리의 칼리스토스는 헤지카스트(헤지키아적 삶을 추구하는 수도자)를 위한 생활 규범을 만들었는데 이 규범의 핵심이 예수기도이다. 그는 여기서 "하나님의 아들 주 예수 그리스도시여, 나를 불쌍히 여기소서."라는 예수기도의 형식을 제시한다. "하나님의 아들 주 예수 그리스도"라는 전반부의 기도는 우리의 정신을 그리스도에게로 고양시키고, 후반부의 "나를 불쌍히 여기소서."라는 기도는 자기 자신에게로 돌아오게 한다. 이 둘이 일치될 때 순수 지성은 신적인 빛을 보게 되는 관상적 체험에 이른다… 여기에서 시므온은 기본적인 신비적 역설을 지적한다. 즉 하나님은 미지의 존재이시면서 동시에 잘 알려진 분이라는 것, 만물을 초월하시면서도 어디에나 편재하신다는 것이다. 전적 타자는 동시에 특이하게 우리와 가까이 계시며, 계속 초월적 존재로 존재하시면서도 사랑의 합일 안에서 피조된 인간들과 결합하신다. 우리 인간은 합일에 의해서 '신화'되며, 우리의 인격적 정체성을 상실하지 않고서 완전히 신적 생명에 들어간다.[10]

중세 서방의 영성

어거스틴이 히포에 공동체를 세운 것은 390년의 일이었고, 그 후로 현저한 공주 형태의 수도 생활로의 변천이 이룩되었다. 그 후로 오랜 세월에 걸쳐 교권화, 제도화에 따른 변화가 있었으며, 그 와중에 그레고리의 개혁(Gregorian Reform)은 11-12세기에 있었던 많은 기독교 갱신 운동들 중에서 가장 뛰어난 것으로 평가되기도 하지만, 기독교 사회에서 사제제도(sacerdotalism)와 교황의 군주정 체계를 고착시키는 것으로서, 초기 기독교 영성이나 사막의 교부들의 영성과는 거리가 먼 것이기도 하다. 그러나 중세시대의 관상적 영성에 깊은 인상을 남긴 사람들이 있는데, 그 중에 11세기 캔터베리의 안셀름을 들 수 있다. 그는 그의 시대에서는 혁명적이였으며, 기도에 관한 안셀름의 유일한 저서인 '기도와 묵상'은 그 시대 사람들에게 매우 중요한 것이었다.

작은 자여, 잠시 그대의 일상적인 일에서 벗어나시오. 잠시 생각의 소용돌이에서 벗어나시오. 그대 영혼의 내면의 방으로 들어가시오. 하나님, 그리고 그대가 하나님을 찾는 데 도움이 되는 것을 제외한 모든 것을 쫓아 버리시오. 그렇게 할 때에 그대는 하나님을 볼 것입니다.[11]

시토회 수도사들은 관상적 영성에 빼놓을 수 없는 흔적을 남겼다. 그들은 침묵을 추구하기 위해서 독거 생활을 하면서 내면에서 아우성치는 것들을 침묵시키기 위해서 금욕적인 삶을 택하였다. 그들은 하나님과의 완전한 합일에 들어가기 위해 필요한 지원과 자유를 발견하기 위해서 외딴 곳에 살면서 수도 생활을 했으며, 자신들이 이러한 생활을 위해 지음을 받았음을 깨달았다. 그들은 하나님과의 합일에 의해서 모든 사람의 행복에 가장 크게 기여할 수 있다는 것, 그리고 모든 선한 것의 근원인 바 하나님의 창조적이고 대속하시는 사랑의 도구가 될 수 있다는 것을 강조하였다. "피하라. 침묵하라, 항상 기도하라"는 그들의 영성의 핵심을 보여주는 말들로서, 이로 보아 그들의 관상적 영성 또한 단순한 마음의 명료함을 얻기 위한 것이 아니라, 하나님과의 관계성을 매우 중시한 영성이었음을 알 수 있다.

하나님을 사랑하는 자, 진실로 하나님을 찾는 자는 모든 피조물이 하나님의 뜻에 일치하여 영광 중에 하나님께 올라가기를 간절히 원한다. 수도사들은 순종을 통해서 항상 이 움직임과 조화를 이루려 한다. 그들은 베네딕트가 하나님의 작품(opus Dei)이라고 부른 기도 생활을 통해서 이 운동을 표현하려 하며, "우리의 정신과 우리의 음성이 조화

를 이루기 위해서" 조심한다.[12]

시토회 영성의 또 하나의 핵심 요소는 신비체험이었는데, 시토회 수도사들에게 있어서 그러한 신비주의는 금욕적인 삶(수덕생활), 즉 마음의 명료함의 체험이 수행과 뗄 수 없는 관계로, 그리스도에 대한 절대적인 구심성이 있기 때문이었다. 그들은 누구도 그리스도를 통하지 않고서는 아버지께로 갈 수 없기에, 완전히 그리스도 안에서 살아야 하며, 그의 본보기를 따라야 한다고 강조하였으며, 관상생활은 그리스도 안에서 하나님과의 합일을 실현하는 것이라는 점을 강조하였다.

16세기의 스페인 영성

오늘날의 관상적 영성 운동가들이 사막의 교부들과 함께 기독교 영성 전통의 역사에서 새롭게 조명해 낸 영성가들이 있는데, 그들이 바로 16세기 가톨릭의 역개혁운동 시기에 활동하였던 로욜라의 이냐시오, 아빌라의 데레사, 그리고 십자가의 요한이다. 이들은 오늘날 관상기도 운동에서 매우 중요한 위치를 차지하고 있으며, 마음의 명료함을 수련하는 불교적 영성과 매우 유사한 면이 있으면서도 하나님과의 관계성을 누구보다도 염두에 둔 균형잡힌 영성가들이기도 하다.

로욜라의 이냐시오는 만레사(Manresa)에서 기도와 고행의 생활을 통하여 깊고 신비한 체험과 이를 성찰한 경험을 바탕으로한 "영성훈련"을 저술하였다. 그의 저서는 크게 두 부분으로 나뉘는데, 하나는 영성지도에 대한 지침들이며, 다른 하나는 그리스도에 대한 복음명상(그는 이것을 관상이라고 불렀다)이다. 그의 저서가 오늘날까지 오랜 세월동안 강한 영향을 미치는 것은 그의 깊은 성찰이 영성지도에 매우 중요한 지침을 마련해 주고 있기도 하지만, 또한 그의 복음서를 통한 명상이 철저히 그리스도 예수를 중심으로 한 것이라는 점이다.

아울러 그의 영성의 특징은 전 세대가 강조한 지성이나 의식에만 중점을 둔 것이 아니라, 감성(affectivity)을 특히 강조함으로써 전체적으로 전인적이면서 통합적인 영성에 가까웠으며, 한편 매우 논리적이며, 특히 심리학적인 요소를 풍부히 담아 그의 신비체험과 함께 균형을 잘 이루는 점이라고 할 수 있다. 그의 예수회 영성은 오늘날 다른 현대적 관상가들에 비하여 훨씬 개혁주의 영성과 가까이 있다는 점이 주목을 받고 있는데 이는 당시에도 부정적인 수도원 영성을 개혁한다는 느낌을 주었을 법 하다. 그러나 일부 현대 관상가들은 이냐시오나 예수회의 영성은 관상적인 경지에 이르지 못 한다고 비평을 하기도 하지만, 그의 제자들 중에서 제롬 나달은 '활동하는 관상자(contemplative in action)'라는 표현을 사용하여 이러한 통합적이고도 균형적인 관상적 영성을 분명히 표현했다.[13]

아빌라의 테레사

아빌라의 테레사는 영혼의 내면에서 자신이 정차 역사적으로 유명한 신비가요, 신령한 작가가 될 것이라고 암시해 주는 주님의 음성을 들었다고 한다. 현실에서의 그녀의 삶은 계속된 병의 고통과 신비경험의 연속이었으며, 이 과정을 거치면서 그녀는 강력한 회심을 경험하였고, 이런 체험들을 통하여 테레사에게 새로운 삶이 시작되었다. 그녀가 사는 것이 아니라 그녀의 내면에서 그리스도께서 사는 삶이었다고 평할 만 하다. 테레사는 평생 동안 빈번하게 주님의 음성을 들었으며, 이로 인하여 주위로부터 심각한 오해를 받았다. 그러나 다시 그녀가 "딸아 두려워하지 말아라. 나는 결코 너를 버리지 않을 것이다. 두려워하지 말아라"는 주님의 음성을 듣고 그녀에게서 두려움이 사라지고, 용기와 내적 고요의 물결이 밀려왔다. 이러한 경험들을 그녀는 내면의 성이라는 이미지를 통하여 '영적 결혼'이라고 부르는 그리스도와의 완전한 합일에 대한 관계성의 영성을 표현하였다. 이러한 표현들은 오늘날에도 관상기도자들의 희망적인 목표가 되고 있는데, 현대 영성가들은 그녀의 신비경험에 주로 눈길을 두지만 관계성에 대하여는 다소 소홀한 느낌을 준다.[14]

십자가의 요한

같은 시기 스페인에서 성장한 또 한 명의 관상가가 있었는데, 그 역시 고난을 통하여 자신의 영적 여정을 아름답게 서술하였다. 그는 특히 '어둔 밤'이라는 영성의 길에 도래하는 정화과정에 대한 신학적 논술과 함께 신비경험을 시로 이미지화한 것으로 유명한데, 그의 어둔 밤에 대한 표현은 마음의 명료함이라는 동양적 수련과 맞닿아 있으면서도 그 끝은 데레사와 마찬가지로 하나님과의 합일을 꿈꾸는 관계적 영성으로 향하고 있다는 점은 매우 분명하다.

요한은 주제들에 대해서 말하기보다는 살아 있는 사람들(하나님, 그리스도, 인간 또는 영혼)과 살아 있는 실체에 대해서 말한다. 삼위 하나님은 인간들과 교제하시고 변화시키시며, 그들을 하나님의 거룩한 생명으로 인도하신다. 영성생활의 목표인 합일은 사람의 연합이다. 그것은 오랫동안 인간적인 기증의 모든 활동을 정화하고 내면화하는 과정을 통해서 이루어진다. 이 과정에서, 신학적인 덕행을 통해서, 영혼은 하나님처럼 되거나 하나님과 동등해진다. 사랑의 연합은 닮음의 연합 또는 동등성의 연합이다.

요한은 자신의 주요 저서에서 감추어져 있는 연인을 찾는 길, 또는 산의 정상으로 올라가는 길, 또는 밤중에 연인을 만나기 위해 도망치는 길에 분명한 전진과 퇴행의 시기가 교차되어 마침내 불 속에 넣은 장작처럼 영혼이 완전히 하나님으로 변화되는 점진적인 과정이 포함된다는 것을 보여준다.[15]

개혁신앙과 관계적 영성

오늘날 기독교 각각의 교단의 독특한 전통을 뛰어넘어 모든 그리스도인들 사이에서 일어나고 있는 일반적인 현상은 명상과 경건의 시간, 및 성경에 대한 깊은 묵상 등 관상적 영성수련에 대한 많은 관심이 있음은 부인할 수 없는 사실이지만, 넓은 의미의 개혁신앙의 영역 안에서, 특히 개혁주의라고 불리는 교단적 전통에 속하는 교회들이 영성에 대해 상당한 거부감을 보이고 있다. 그것은 종교개혁 당시의 가톨릭의 부패상에 대한 짙은 흔적에서 오는 당시의 신비적이고 추상적인 영성이라는 개념에 대한 알러지 반응이겠으나, 영적인 수련 자체를 거부하는 것은 아니라고 본다. 종교개혁이라는 엄청난 변화의 과정에서 중세의 관상적 영성이 주로 강조해 오던 마음의 명료함의 수련은 상대적으로 소홀히 다루어진 반면, '경건'이라는 이름 아래 보다 실제적이고 현실적인 영적 성숙을 지향하였다고 볼 수 있다. 그러나 그 대신 오히려 주님과의 살아 있는 인격적인 관계에 더욱 강한 초점이 맞추어졌다. 따라서 개혁주의로부터 최근의 오순절운동에 이르기까지 근대와 현대에 걸쳐 부흥의 물결을 이루어 왔던 개혁신앙의 흐름에서는 점차 마음의 명료함이 중심을 이루는 관상적 영성은 쇠퇴한 반면, 하나님과의 관계적 영성은 훨씬 강조되는 결과를 낳았으며, 이에 따라 오늘날의 개혁신앙의 매우 중요하고도 뚜렷한 영성적 특징은 관계적 영성임을 부인할 수 없다.

예를 들면 개혁주의를 주도했던 칼빈은 개인의 경건에는 거의 관심이 없었던 학자요, 지적인 사람으로 자주 오해를 받아 왔지만, 그러나 칼빈의 가장 중요한 저서 "기독교 강요"와 그의 주석들, 그리고 그의 편지들을 검토하는 학자들에 의하면, 그가 자신의 모든 저작에서 마음속에 두었던 우선적인 목적은 그리스도를 알며 그리스도와의 연합이었으며, 이것은 개혁신앙의 출발부터 바로 관계적 영성의 전통에 서 있음을 알 수 있다. 뿐만 아니라 개혁주의 신앙고백 가운데 가장 길기 때문에 교회론에 대한 가장 발전된 교리를 담고 있는 장로교 "신앙고백서 (Book of Confessions)"는 하나님과의 깊은 관계의 필요성을 강조하고 있으며, 유럽 대륙의 경건주의의 영국적 표현인 청교도들 또한 하나님과의 살아 있는 교제를 중요하게 생각하여 하나님과의 영적 결혼을 영적 성숙으로 주장했다.[16]

이렇게 개혁주의는 관상적 영성의 쇠퇴라는 부정적인 영향을 심각하게 주었지만, 그러나 예외적으로, 열렬한 칼빈주의자인 영국의 청교도인 리차드 박스터(1615-1691)는 목회자들을 영적으로 인도해 주기 위하여 기도와 명상에 깊은 관심을 보였으며, 베네딕트 수도사들의 명상 방법인 렉시오 디비나를 성경을 숙고하고 묵상하는 개혁주의의 방법으로 활용하기도 하였다.[17]

인간주도의 마음의 적극적인 성찰을 무시하는 오늘날의 개혁신앙의 영성을 성숙하지 못한 영성이라고 비판하는 경향이 있는데 -그 결과

적지 않은 교회 내의 분쟁과 다툼이 있는 것이 사실이지만- 그것은 한편 수긍할 수 있는 면이 있지만, 현대 관상가들이 소홀히 하는 하나님과의 관계적 영성의 측면 만큼은 결코 이를 상쇄하고도 남는 중요한 전통임에 틀림없다. 왜냐하면 유치하고 어리석게 보이더라도 살아계신 하나님을 향한 인격적인 관계의 영성이 더욱 중요한 측면이기 때문인데, 즉 개혁신앙은 인간이라는 존재가 하나님과의 관계를 위해 창조되었다는 교의에 기초하고 있다. 따라서 이 관계 외에 다른 어떤 것도 우리에게 만족을 가져다주지 못하며, 인간의 불안은 하나님을 향한 열망이 취하는 한 형태로서 이 불안이 우리를 자극하며 독려하여 하나님과의 관계 안에서 영적 성숙을 향하여 나아가게 한다.

영적이라는 것은 하나님의 임재가 우리의 모든 일의 중심이 되도록 살아가는 것이다. 우리는 마음과 뜻의 특정한 훈련들을 의도적으로 개발함으로써 이미 임재해 계시는 하나님께 우리들 자신을 열어 보임으로써 어느 정도 도움을 받을 수는 있지만, 하나님에 대한 이러한 관계성에 대한 깨달음은 본질적으로 주어지는 것이며, 어떤 특정한 기술에 의해 획득되는 것도 아니라는 것이 개혁신앙의 영성이다.

개혁신앙이 말하는 경건이라는 말은 경우에 따라서는 판단적이며, 독선적인 것으로 들릴 수도 있다. 실제로 경건이 엄격한 규칙 준수에 대한 확고한 의무감으로 가득 찬 결심을 선택하는 종교적 형태를 띠는 경우가 많으나, 사실은 경건은 우리가 하나님 앞에서, 하나님께서 우리에게 베푸신 일에 감사로써 순종하면서 우리의 삶을 그 관계 안에서 실천하는 모습 그 이상의 것이 아니다. 경건에 대한 칼빈의 정의, "나는 하나님에 대한 경외와 하나님의 은혜를 깨달아 가는 데서 비롯되는 하나님에 대한 사랑이 결합된 것을 '경건'이라 부른다."라는 고백은 무엇보다도 개혁신앙의 관계적 영성을 분명하게 보여 준다. 웨스트민스터 소요리 문답 역시 사람이 태어난 목적은 "하나님을 영화롭게 하며, (하나님을) 영원히 누리는 것"이라고 표현하고 있음으로써 개혁주의 신앙의 관계적 영성전통의 실천을 묘사하는 훌륭한 방법을 제공해 준다. 그 두 가지 핵심은 첫째, 우리는 우리들 자신이 아니라 하나님을 영화롭게 해야 한다는 것과, 그리스도인의 영성의 참된 목적은, 우리들 자신을 위해 무엇을 하는가나 어떻게 하면 다른 사람들에게 거룩하게 보일 수 있는가 등이 아니라 어떻게 우리들 자신을 초월하고 하나님의 위엄과 사랑을 증거하는가 인데, 이것은 바로 관계적 영성의 궁극적인 표현인 상호주관주의적 특성을 잘 보여준다. 아울러 하나님과의 합일을 말했던 영성의 몇몇 중세 형태들과는 달리 개혁주의 영성은 그리스도와의 연합, 그리스도로 인한 온전한 은혜와 믿음에 초점을 맞추어 온 것을 너무나 뚜렷한 특징으로 간직해 왔으며, 한편으로는 이 때문에 초기 개신교인들은, 중세의 많은 영적 실천들이란, 죄가 만들어 낸 간격을 인간 쪽에서 메우려는 인간적인 노력들이라고 믿고 있었으므로 이들은 수 세기 동안 오랜 시간을 통해 견고하게 자리잡고 있던 능동적이고 마음의 명료함에 초점을 맞춘 영적 훈련의 많은 방법들을 거부해 온 것 또한 사실이다.

한편 그들도 마음의 명료함 측면을 완전히 무시한 것은 아니다. 기도는 언제나 자기 점검과 깊은 관계가 있으며, 이것은 특히 개혁주의 전통에서 사실로 입증되어 왔다. 청교도들에게 자기 점검은 매일 기도의 한 부분이었으며, 개인 고백 기도의 기초를 형성했다.[18] 유명한 청교도 저술가인 리차드 박스터는 "당신이 할 수 있는 한 최대한 당신의 마음을 세상으로부터 깨끗하게 하라. 사업, 걱정, 즐거움 그리고 당신의 영혼에 자리를 차지할 수 있는 모든 것들에 대한 생각을 완전히 한쪽으로 치워두라. 당신의 마음을 당신이 할 수 있는 한 최대로 비워 하나님으로 더 많이 채워질 수 있도록 하라."라고 말한 바 있다.[19] 이 말은 마치 현대 영성가들의 마음의 명료함을 강조하는 관상적 영성과 매우 유사하게 들리지만, 치명적인 차이점이 있음에 주의를 기울일 필요가 있다. 즉 개혁신앙의 영성은 결코 하나님과의 관계와는 상관없이 마음의 명료함 자체 만을 위한 수련이 아니며, 또한 그것은 자신이 겪는 현실 경험을 감정 없이 바라보는 의식의 변형을 추구하는 것이 아니다.

칼 바르트 역시 "기도는 감성의 행위여야만 한다. 기도는 단순히 입술을 움직이는 것 이상의 문제이다. 왜냐하면 하나님께서는 우리의 가슴의 충성을 요구하시기 때문이다. 우리의 기도에 우리의 가슴이 담겨 있지 않다면, 우리의 기도가 다소 정확하게 행해지는 단지 형식에 불과하다면, 우리 기도가 도대체 뭐가 되겠는가? 아무것도 아니다!"라고[20] 말한 바와 같이 기도는 머리와 가슴의 어울어진 행위이며, 무엇보다도 기도는 하나님의 말씀을 듣고, 기다리고, 그 말씀에 주의를 기울이는 태도가 포함된다. 이 때의 침묵은 단지 마음을 비우기 위한 것이 아니라 하나님 앞에 서기 위해 잠시 동안 우리의 말을 포기하는 것, 즉 우리의 뜻을 포기하는 것이며, 하나님의 말씀을 듣기 위한 준비단계일 뿐이다.

이에 더 하여 개혁신앙의 침묵과 기도 등 영성수련은 기독교 전통적인 영성 수련으로서 두 가지 특성을 가지는데, 즉 성경으로 돌아간다는 것과 그리스도를 중심에 둔다는 것인데, 결국 이 두 특성은 하나일 터이다. 첫째, 개혁신앙은 우리의 묵상과 기도가 성경에 계시된 하나님을 향하는 것이 아닐 때, 그것은 본질적으로 우상 숭배일 수 밖에 없으며 기독교의 내용에서 벗어난 영성을 발전시키게 된다는 믿음에 서 있다. 칼빈은, "성경이 하나님의 성령의 손에 의해 가슴에 새겨지지 않는 한,

성경은 죽은 문자에 불과하며 말하자면 생명 없는 것이다."라고 주장했다.[21] 웨스트민스터 신앙고백 또한 "우리는, 말씀에 계시된 것들이 구원을 가져다주는 것으로 이해되기 위해서는 하나님의 성령의 내적 조명이 필수적임을 인정한다."고[22] 하였다. 개혁신앙에 속한다고 말할 수 있는 독일의 행동하는 목사 본회퍼(Dietrich Bohnhoeffer)는 "당신이 사랑하는 사람의 말을 분석하지 않고 다만 당신에게 말해진 대로 받아들이듯이, 성경의 말씀을 받아들이고 당신의 가슴 속에서 그 말씀을 깊이 생각하라… 이것이 묵상이다."라고 하였던 것처럼,[23] 성경은 모든 영성활동의 중심으로 이를 벗어나지 않는다. 둘째, 개혁신앙의 영성은 변함없이 예수 그리스도가 중심에 있다는 것이 오늘날 대부분의 관상가들과의 차이점이다. 나사렛 예수의 부활은 기독교 영성을 출발시키고 형성한 사건이었으며, 그 사건이 발생한 순간부터 기독교는 유대교와 구분되었으며, 근대의 새로운 영성의 물결이 있기 전까지 오랜 세월을 기독교 전통 한 가운데에 자리잡고 있었다. 로마제국에 의해 처형된 것으로 인해 실망했던 최초의 제자들 중 일부는 자기들이 추종했었으며 죽임을 당하여 장사지낸 바 되었던 그 예수가 불멸의 생명을 취하여 살아나셔서 하나님과 함께, 그리고 자기들 안에 와 자기들 가운데 살아계심을 증거 했다. 그들은 부활절의 신비, 즉 그들이 이제 주님이요 메시아로 믿는 예수의 죽음과 부활에 동참하는 자들로서 살기 시작했다. 그들은 그리스도를 믿고 세례를 받고 그들을 위해 생명을 주신 예수의 이름을 따라 "그리스도인"이라고 불리게 된 신자들의 공동체 안에서 신실하게 생활하는 모든 사람들에게 허락된 바 그리스도 안에 있는 구원의 기쁜 소식을 전파하는 것을 자기들의 사명으로 즐거이 받아 들였다. 이렇게 기독교 영성은 세례를 받음으로써 예수 그리스도의 죽으심과 부활에 동참하도록 인침을 받은 믿음 안에서 시작되며, 인간 역사 안에 하나님의 나라를 가져올 종말론적 인물인 '크리스토스(christos)' 또는 '인자(Son of Man)'이신 나사렛 예수라는 인물에 초점을 두었다. 이렇게 기독교 전통의 영성은 역사적 예수가 마지막 시대의 그리스도라는 믿음을 기본으로 하여, 그리스도의 부활 안에서 이미 시작된 새로운 관계가 종말에 완성된다는 것을 믿으며, 그 분과의 연합을 목표로 하는 데 있다.

관계적 영성의 신학적 이해

하나님은 초월적이자 내재적인 분이시므로, 그분의 피조 세계에 대한 사랑으로 표현되는 관계성은 신적인 실재이므로 기독교 영성의 관계적 설명은 필수적이다. 하나님의 '계시'는 단순히 초월적 존재로서의 자신을 드러내는데 그치지 않고, 우리로 하여금 하나님을 영원히 관계적이며, 당신이 만든 세계와의 관계 속에 계신 분으로 이해하게 하여서 하나님과의 교제 속으로 들어올 수 있게 하는 것이다. 그러므로 '계시'란 관계성 안에 계신 하나님의 '자기 계시'를 의미한다고 말할 수 있다. 즉 하나님을 관계성 속에서 이해한다는 의미는 하나님이 자신을 인격으로서 계시한다는 의미를 갖는다. "하나님은 영이시다"라는 표현의 신학적 함의 속에는 하나님이 피조된 생명의 근원이라는 것을 넘어서 생명의 수여자이신 하나님의 세계에 대한 관계의 배후에는 그것보다 선행하는 복수의 하나님 내부의 관계, 곧 삼위일체 하나님의 영원한 관계가 있다는 것을 함축한다. 하나님을 영이라고 말하는 것은 하나님을 살아계신 분으로 이해 하는 것이며, 이것은 삼위일체 하나님을 하나의 인격으로 이해함을 의미한다.

예수는 친히 이러한 생명을 지닌 하나님 내적인 관계에 대하여 말씀하였다. "아버지께서 자기 속에 생명이 있음 같이 아들에게도 생명을 주어 그 속에 있게 하셨고"(요 5:26). 이러한 진술은 하나님의 생명력이 성부와 성자의 관계를 중심으로 하고 있다는 것을 보여준다. 신적인 생명은 신성의 근원으로서 성자로 하여금 자신의 신성을 공유하게 하기 위하여 성자를 낳으시는 성부의 영원한 활동이다. 그리고 성자는 성부를 위하여 자신을 내어줌으로써 성부께서 성자를 위하여 자신을 내어주신 것에 보답한다. 성부와 성자 사이의 이러한 관계는 삼위일체의 제3위인 성령을 나타낸다. 성령은 성부와 성자의 영이기 때문에 삼위일체 하나님의 본질이다.[24]

그러므로 "하나님은 영이시다"라고 말하는 것은 관계적 하나님에 관하여 말하는 것이다. 그것은 삼위일체 하나님이 영원토록 생명력을 지닌 역동성(a vital dynamic)이라는 것을 인정하는 것이며, 이러한 역동성 속에서 성부는 성자를 낳고 이러한 행위를 통해서 성부는 성자에 대한 사랑을, 성자는 이에 응답하는 위격 간의 관계성에 의해서 실재하신다. 그리고 이 관계성은 삼위일체 하나님의 생명력이 피조 세계로 흘러 넘쳐, 영원한 삼위일체적 삶 안에서의 역동적인 활동이신 하나님은 피조된 생명의 근원이자 유지자로서 세계와 관계하신다는 사실을 표현한다.

"하나님은 영이시다"라는 주장은 "하나님은 인격이시다"라는 신앙고백을 유발하는데, 헤겔에 의하면, 인격이라는 것은 또 다른 어떤 존재인 상대에 의해서 제약을 받는다는 것을 의미하는 것이 아니라 그 상대와 관계를 맺는다는 것을 의미한다는 것이다. 인격의 본질은 자신의 상대에게 자신을 내어주는 것-상대를 위하여 자신을 희생하는 것-에 있다. 이렇게 자신을 내어줌을 통해서 인격은 상대 속에서 자신을 발견한다는 것이다. 그렇다면 일부 현대 영성가들이 주장하는 것처럼 하나님을 인격이라고 이해하는 것은 하나님을 틀에 가두는 것이 아니다. 하나님의 무한성은 하나님의 인격적 본질에 대하여 모순인 것이 아니라, 오히려 오직 무한한 하나님만이 온전한 인격이라고 할 수도 있다.

하나님은 온전히 이해될 수 없으며, 그 분은 자신의 의지에 따라 행동하시고 자유롭기 때문에 우리는 "하나님이 인격이시다"라고 말할 수 있다. 마찬가지로 우리는 인간은 모두 상대적인 불가해성(不可解性 incomprehensibility)을 지니고 있다는 것을 근거로 인간의 인격성을 긍정한다. 우리는 모두 인격들이다. 왜냐하면, 우리 중 그 누구도 타자를 전적으로 알 수 있는 눈을 가진 사람은 없기 때문이다.[25]

"하나님은 인격이시다"라는 표현은 우리가 당신 자신의 '자유의지'로 실재하시는 하나님과 상호주관적인 관계를 맺으신다는 뜻이다. 인간 존재들은 인격들이다. 왜냐하면, 우리는 서로를 자기 결정적이고 능동적인 행위자들로 경험하기 때문이다. 인간들은 목표들과 목적들, 계획들을 갖고 있고, 사건들을 결정하고자 시도하면서 세계 안에서 활동한다. 하나님은 자기 결정적이며, 전적으로 우리의 통제 너머에 계신다. 또한 하나님은 자신의 창조를 위한 목표를 갖고 계시며, 자신의 목적을 완성하기 위하여 세계 안에서 활동하신다. 그러므로 하나님은 인격이다. "하나님은 인격이시다"라는 긍정은 하나님의 자유에 대한 우리의 경험에서 나온다. 인격성이 우리를 대하시는 신적 실제에 속해 있다는 것을 의미한다.

이러한 신에 대한 설명은 불교에 의해 제시된 인식과 큰 차이를 이룬다. 그러한 종교 전통들은 하나님을 비인격적인 것으로 묘사하고, 그 결과로 그들의 삶의 최종적인 목표는 비인격적인 경지를 향해서 나아간다. 결국 그들은 인격성이란, 그리고 동시에 관계성이란 소멸되어야 마땅하다고 가르친다. 이것이 바로 기독교의 전통적인 영성과는 배치되는 개념이다. '영'이자 '인격'이신 우리의 하나님은 '스스로 존재하는 자(I am)'라는 이름을 가지고 있는데, 이는 독립된 인격적인 존재라는 표현이기도 하다.

'스스로 존재하는 자'는 우리로 하여금 제자들의 공동체에 참여함으로 하나님과의 관계 속으로 들어와서 자기 백성이 되라고 초청하신다. 이 관계적인 하나님은 삼위일체 하나님이다. 그는 우리가 그와의 교제를 누리기를 원하시는 성부, 성부와 자신의 교제에 참여하도록 우리를 부르시는 성자. 신적 교제의 끈으로서 그 관계 속에 우리를 참여시키는 성령이다.[26]

묵상적 복음주의

오늘날처럼 자기주장과 화려하고도 자극적 종교행위가 난무하는 현실에서 왜 굳이 침묵 가운데 드려지는 묵상기도가 우리 그리스도인들에게 필요한가는 긴 설명이 필요 없다. 미국 퍼킨스 대학 복음주의 선교신학 교수인 일레인 히스 교수는 그녀의 책에서 다음과 같이 말한다.

오늘날의 교회는 포스트 모더니즘 문화의 소비주의, 경쟁, 그리고 개인주의에 깊이 적응된 나머지, 번영복음을 외치는 설교자의 풍요로운 삶의 스타일에서부터 어디나 존재하는 '교인들의 수평이동'과 '예배전쟁(worship wars)'에 이르기까지 교인들에게 보다 나은 거래를 위하여 쇼핑을 제공하고 있다.[27]

복음주의자들의 사역은 언제나 열정적이고 효율적이다. 그러나 우리의 사역과 전도가 겉으로 그럴 듯 해 보여도, 시간이 갈수록 뭔가 결핍의 느낌을 숨길 수 없다. 나 자신과 우리의 영혼을 더 깊은 하나님과의 교제로 이끌어 줄 그 어떤 것이 필요하다. 침묵 가운데서 부르시는 하나님의 음성을 듣는 방법이 필요하다. 다행히도 최근 미국의 복음주의 사역자들 중 일부를 중심으로 이러한 현실을 타개하기 위하여 복음주의 영성에 묵상적 기도와 묵상적 삶을 소개하고 실천하려는 움직임이 나타나고 있다. 풀러 신학교의 복음주의와 영성형성학 교수인 리챠드 피스 박사는 다음과 같이 선언한다.

그 동안 우리는 전도와 사역에 몰두한 나머지 우리 영혼이 주님과 깊은 교제하는데 소홀하였다. 그 결과 우리의 사역과 전도는 열매가 없어졌으며, 우리의 영혼마저 매말랐다. 이제 우리는 침묵 가운데서 아직도 말씀하시는 주님께 다가가 다시 살아나기 위하여 묵상기도를 배워야 하며, 이것을 우리는 **묵상적 복음주의(contemplative evangelism)**라고 부른다.[28]

묵상적 복음주의는 커다란 소리로 떠드는 선언 속에서보다는 침묵으로부터 나오는 복음주의이며, 대규모 집회나 강압적인 도전보다는 소그룹 대화와 피정으로부터 나오며, 간증의 독백보다는 하나님의 음성을 구하는 영성지도의 복음주의이다. 아직도 말씀하시는 하나님을 발견할 수 있는 공간과 만남을 창조하는 전통적인 영성 훈련이며, 여기서는 하나님의 현실을 경험할 수 있는 것이 목표이다. 이 시점에서 복음주의는 어떤 양적 팽창의 테크닉을 발견하는 일을 멈추고, 어떻게 하면 아직도 말씀하시는 하나님께 다가갈 수 있으며, 당신과 함께 그렇게 다른 사람을 초대할 수 있느냐 하는 문제에 똑바로 직면하고, 기독교 전통의 역사를 거슬러 올라가 그 흐름으로부터 해답을 찾기 위한 노력에 나서야 할 때가 아닌가 한다.

이제 그리스도인들은 오랜 기간 동안 기독교 전통 속에서 전래되어 왔었지만, 한 때 잊혀졌다가 최근 들어 다시 발굴되어 다듬어져 가고 있는, 마음의 명료함을 다루면서도 하나님과의 초월적 관계성을 제대로 이룰 수 있는 고유의 전통적인 묵상, 즉 '주기도문을 응용한 묵상', '거룩한 독서', '의식성찰'과 같이 그 영적 가치가 입증된 형태의 묵상기도로 돌아가야 할 때가 왔다고 본다.[29]

그리스도인들의 영성과 기도는 우리가 하나님과 어떤 관계임을 천명하는데서 출발하는 영성이며, 결국은 다시 그 관계성으로 돌아가는 기도이다. 우리는 딸, 아들이 아버지를 찾듯, 아기가 엄마를 찾듯, 두 손을 들어 반사적으로 하나님을 찾으며, 하나님은 암탉이 날개를 펴서 새끼를 품듯, 신랑이 신부를 맞이하듯, 우리를 받아주신다. 우리는 사는 동안 반복해서 주님께 돌아가며, 주님의 임재로 돌아가되, 그것은 살아있는 두 인격체 간의 역동적인 사랑의 관계이며, 너무나도 분명한 실존적 관계성이다. 우리는 결코 '거룩한 단어'로 돌아가지 않으며, '니르바나'로 나아가지도 않으며, '무지의 구름' 속으로 빠져들지도 않는다. 우리는 태어날 때부터 주님의 음성을 듣고, 택함을 받았으며, 삶의 어느 순간에 주님의 음성을 분명히 듣고 잠에서 깨어나 길을 나섰기 때문이다. 따라서 우리의 기도는 우리 자신의 정체성과 관계성을 지닌 채 태어나는 태초로부터의 부르짖음이다.

1) 이만홍 저 '그리스도인의 묵상'에서 상세히 기록하였다. 침묵과 경청훈련, 거룩한 독서 (렉시오 디비나), 의식성찰, 하나님 임재연습, 예수기도, 묵상으로 하는 주기도문, 영적 분별 등의 영성훈련들을 의미한다. 그 외의 방법 즉, 아이콘 기도, 라비린스 기도, 향심기도 등은 비판적인 대상이 될 수도 있다.

2) 기독교 영성(I): 세계 기독교 영성 시리즈. 초대부터 12세기까지. 버나드 맥긴 등 편집, 유해룡 등 옮김. 도서출판 은성, 1997.

3) 개혁주의 인간론. 안토니 A. 후크마 저, 류호준 역. 기독교 문서 선교회, 1990.

4) 기독교 영성(I): 세계 기독교 영성 시리즈. 초대부터 12세기까지. 버나드 맥긴 등 편집, 유해룡 등 옮김. 도서출판 은성, 1997.

5) ~ 11) 미주 2)에서 재인용.

12) 기독교 영성(II): 세계 기독교 영성 시리즈. 중세부터 종교개혁까지. 질 라이트 등 편집, 이후정 등 옮김. 도서출판 은성, 1999, Rule of Benedict 19. 7.

13) 기독교 영성(III): 세계 기독교 영성 시리즈. 종교개혁 이후부터 현대까지. 루이스 두프레 등 편집, 엄성옥. 지인성 옮김. 도서출판 은성, 2001.

14) Ibid.; 15) Ibid.

16) 20세기 신학. 스탠리 그렌츠. 로저 올슨 지음, 신재구 옮김. IVP, 1997.

17) Ibid.
18) 조직신학: 하나님의 공동체를 위한 신학. 스탠리 그렌츠 지음, 신옥수 옮김, CH북스/크리스천다이제스트, 2017, P149.

19) Ibid, P171; 20) P157; 21) P187; 22) P189; 23) P193;

24), 25), 26) 이상 위 책에서 인용.

27) The Mystic Way of Evangelism: A Contemplative Vision for Christian Outreach by Elaine A. Heath, McCreless Assistant Professor of Evangelism and director of the Center for Missional Wisdom at Perkins School of Theology, United Methodist Minister.

28) Evangelism and Spiritual Formation (on-line article) by Rev. Richard V. Peace, PhD, the Robert Boyd Munger Professor of Evangelism and Spiritual Formation at Fuller Theological Seminary in Pasadena, California, ordained

minister in the United Church of Christ.

29) 이만홍 저, "그리스도인의 묵상 I, II", 로뎀포레스트, 2023. 에 그 이론과 실천 방법을 상세히 기술하였으므로, 관심있는 독자들은 참고해 보기 바란다.

7장

개혁신앙에서 본 관상기도의 문제점

현대 영성가들의 관상기도에 대한 문제점을 논의하기에 앞서 저자는 먼저 이 부분의 개념에 관한 용어 이야기를 나누고자 한다. 여러 차례 기회가 있을 때마다 천명한 바가 있지만, 저자는 침묵 속에서 이루어지는 기독교 전통의 기도는 '묵상(默想, Mooksang)' 기도라고 표현을 하며, 학술적인 경우를 제외하고는 '관상', '관상(觀想)기도'란 용어 사용을 선호하지 않는다. 그것은 단지 작금의 관상기도에 대한 복음주의 진영의 비판을 회피하려는 의도가 아니며, 나름 대로의 심사숙고 후에 이루어진 의견이다. 저자는 먼저 용어의 문제점을 기술하고, 그 다음에 현대 영성가들의 관상기도 자체에 대한 문제점을 기술하려고 한다. 이렇게 된 계기는 언젠가 저자가 '관상'이란 용어 대신 '묵상'이란 용어를 사용하는 것이 혼란을 초래한다는 비판을 받은 적이 있었는데, 차제에 이론적인 배경을 밝힘으로써 이 문제에 대하여 앞으로 좀 더 논의가 있어야 함을 주장하기 위함이다.

미리 전제하고자 하는 것은 저자의 입장은 지난 40여 년간 미국을 중심으로 일어난 현대의 관상기도 운동은 매우 중요하고 일정 부분은 기독교 전통으로서 현대에 필요한 영성운동이라고 생각하지만, 이를 무분별하게 수용하거나 옹호하는 입장이 아니며, 저자의 입장에서는 특히 개혁주의적인 신앙의 기초 위에서 신학적인 논의가 필요하다고 생각한다. 관상기도 운동에 대한 복음주의 쪽의 무조건적인 배척의 자세 또한 문제가 있다고 보지만, 어떤 면에서는 그분들(복음주의)의 비판에는 귀를 기울일만한 것들이 상당히 있음도 사실이라고 본다. 이 부분에 대하여는 앞으로 신학을 전공한 분들이 더 본격적으로 학술적인 논의를 해야 할 필요가 있다고 본다. 현재 국내에서 관상기도를 주장하고 실천하시는 분들 중에는 상당수가 다원주의적, 범신론적 경향에 있는 것은 사실이나, 모든 분들이 그런 것은 아니며, 역사적으로나 신학적으로도 관상기도에 대한 여러 요소들을 구체적으로 검증하는 작업이 필요하다고 생각한다. 현대 유행하는 관상기도의 문제점이 있다면 바로잡아야 하지만, 그러나 관상기도는 분명히 개신교의 문제성 있는 기도행태를 보완해줄 수 있는 충분한 가치가 있다고 여겨진다.

우선 '관상'이라는 용어에 대한 저자의 생각을 말하자면, '관상', '관상기도'란 용어는 잘 알려진 바와 같이 영어의 'contemplation', 라틴어의 'contemplatio'를 번역한 말이다. 초창기 국내 가톨릭 영성가들이 이 외래어를 번역하면서, 가장 그 개념에 가까운 단어가 '관상'이라고 보아 그렇게 정한 듯한데, 그 핵심적인 의미인 '사물의 핵심을 본다'라는 개념에서는 옳은 번역이라고 볼 수도 있지만, 사실은 이 관상의 '볼 觀'이란 단어는 모두 아는 바와 같이 불교에서 차용해 온 단어이다. 어떤 분은 불교에서 쓰던 말이면 어떠냐, 그것이 유용하면 기독교에서 사용 못 할 일은 없고 오히려 더 기독교적인 용어로 빼어오는 것도 좋지 않느냐고 말하고 있는데, 그것은 매우 어려운 문제라고 본다. 왜냐하면, 이 '觀'이란 단어는 그냥 단순히 '본다는' 의미가 아니다. 그것은 '觀世音菩薩'에서와 같이 불교의 핵심 철학, 도를 깨우치는 근본 자세를 의미하는 매우 중요한 단어이다. 너-나의 구분이 없는 원 마음, 참

자기의 눈으로 세상과 사물의 본질을 꿰뚫어 바라보는 것, 불교의 수련에서 추구하는 지향점을 나타내는 매우 심오한 단어이며, 이 '觀'을 차용한다는 것은 그 단어가 의미하는 불교의 핵심 철학을 함께 따온다는 것이 되므로, 우스개 비유를 들자면 여러 불상들 가운데 예수상을 함께 모신다는 주장과 비슷하다. 그것은 이미 두 신앙 체계를 섞는다는 의미가 된다고 생각한다.

더욱이 라틴어 'contemplatio'에는 일차적으로 어원상 '본다'라는 의미가 없음은 다 아는 사실이다. 'con'은 '함께'라는 의미, 'temple'은 '성전'을 뜻하므로, 성전에서 함께 주님을 묵상한다, 우리의 몸인 성전에서 주님과 함께 거한다, 주님과 함께 안식을 누린다, 등 그렇게 설명할 수 있겠다. 좀 더 확대해서 생각하자면, 주님의 품 안에서 평안을 누리면서 주님을 바라본다, 혹은 주님의 시각으로 세상과 자신을 바라본다는 의미까지 수용할 수는 있지만, 그렇다고 하여 불가의 핵심 용어를 함께 나누어 쓰는 데에는 상당한 부담을 느낄 수 있다. 그보다는 말이 없는 가운데, 고요히 앉아서 주님을 생각한다, 주님과 함께 한다, 주님 품에 안겨 말없이 그분이 주시는 사랑을 느낀다는 의미에서 이미 개신교에서 익숙하게 쓰고 있는 '默想'이란 용어가 훨씬 더 의미상으로 가깝지 않을까 생각한다.

'관상'이라는 용어를 선호하는 이유로는 'contemplatio'가 다양한 의미를 내포하고 있는데, 중세 영성가들이 이 단어의 의미 중에서 가장 중요한 점을 이론이나 개념을 넘어서서 사물의 본질을 '본다'라는 뜻에서 라틴어 'theoria(본다)'로 번역을 하여 사용한 경우가 있는 것과 관련이 깊다고 본다. 'contemplatio'란 단어 속에는 인간의 논리 체계, 개념, 감정, 심지어는 언어조차도 초월하는 무지의 하나님, 신비의 하나님이 주시는 초월의 상태란 의미를 강조하려는 '무념적 영성(apophatic)'의 의미가 있는데, 이런 '무념적'인 뜻에 반하여, 사물이나 하나님, 인간의 본질 등을 논리나 개념을 통하여 인식하려는 '유념적(kataphatic)' 성찰을 'meditatio'라고 할 수 있다. 그러나 우리가 실제로 묵상이나 기도를 할 때는 'meditatio'와 'contemplatio'의 상태가 섞여 있기 때문에, 이들을 억지로 단계 별로 구분하는 것에도 문제가 있고, 문헌을 보면 깊이 기도하는 여러 영성가들도 이 두 단계를 굳이 구분하지 않는 것이 옳다는 주장도 있으며, 이 양자를 혼용한 사례도 있는데, 잘 알려진 바와 같이 이냐시오를 위시한 예수회에서는 다른 전통의 영성공동체들과는 정반대로 관상이라는 용어를 사용하는 것으로, 즉 복음관상에서의 관상은 사실은 명상(medtatio)을 의미하기 때문에 이미 혼용의 좋은 사례가 되고 있다. 그러나 간혹 학술적으로는 굳이 이 두 단계를 구분할 필요가 있을 경우가 있는데, 이 경우 'meditatio'는 '명상'이라고 번역한 경우도 있고, '묵상'이라고 번역한 선례도 많아서 이 문제에 혼란이 있다. 여기서 한 가지 고려해야 할 점은, 원래 성경이 의미하는 성찰적 기도는, 그 상태가 무념적이냐 유념적이냐를 분명히 구분하지 않으며, 전체적으로 이 두 상태가 섞여 있는 경우가 많다. 즉 하나님 앞에서 간절히 청원하거나, 감사하거나 하는 등의 유념적인 기도가 있는가 하면, 하나님 품에 안겨 쉬거나, 하나님을 바라보는 상태(대표적인 예가 시 27:4, "여호와의 아름다움을 바라보며 그의 성전에서 '사모하는', 즉 '묵상하는' 그것이라")의 무념적인 기도가 공존한다. 이런 그리스도인들의 일반적인 기도, 즉 유념적인 '명상'과 무념적인 '관상'이 혼재하는 상태에 대하여, 학술적으로는 이를 표현하는 용어가 마땅히 없어 보이는데, 굳이 표현하자면, 'contemplative meditation' 또는 'meditative contemplation'이 될 것이다. 그런데 다행히도 우리 한글 번역 성경에서는 전부터 '묵상(默

想)'이란 단어를 포괄적인 의미로 익히 사용해 왔으므로, 차제에 이를 그냥 'mooksang(默想)'이라고 이름 붙여, 혼합적인, 통합적인 기도의 상태로 통용하자는 것이 저자의 생각이다. 따라서 저자는 'meditatio' 나 'contemplatio'란 말들은 특별한 경우, 즉 학술적으로 그 인식 상태가 '유념적'이냐 '무념적'이냐를 분명히 서술해야 할 경우에는 '명상' 또는 '관상'이라는 용어를 사용하고, 일반적으로는 일상의 기도 생활이나 영성 수련에서 구분하지 않아도 되며(아니 억지로 구분하여 어느 한 쪽만을 지나치게 강조하는 것이 비성경적일 수 있는데, 왜냐하면 우리의 기도는 한순간에도 이 두 경지를 자연스레 오락가락하기 때문이다.), 혼용하여 사용해야 할 때는 '묵상'이란 용어를 사용하자고 제안하는 것이다. 따라서 이 책에서 저자가 사용하는 '묵상'이라는 말의 의미는 유념적인 명상(meditatio)과 무념적인 관상(contemplatio) 모두를 포함하면서 어느 한 쪽에 치우치지 않고 통합적인 의미를 갖는 개념으로 이해해 주기 바란다. 결국 저자의 생각에는 올바른 기독교 전통의 영성이란 어느 한 쪽에 치우치는 영성이 아니라 통합적인, 주님이 인간에게 부여한 다양한 모든 기능을 포함하여 관계성을 갖는 '묵상적 영성'이란 용어로 표현할 수 있지 않을까 생각한다.

그러므로 이 문제는 단순한 용어의 사용 문제를 넘어서, 어떤 것이 기독교의 전통적인 영성의 올바른 모습이냐를 규명하는 출발점이 될 것으로 생각한다. 오늘날 서구 기독교 영성이 지나치게 관상기도만을 심오한 영성으로 취급하는 것도 문제라고 보지만, 반대로 국내 복음주의권에서 보이는 보편적인 기도 행위, 즉 예수님이 꾸짖은 것처럼 이 사람들이 크게 부르짖어야 하나님이 들으시는 줄 착각하면서 정신없이 이렇게 저렇게 해 주십시오 라며 졸라대는 기도는 분명 영적인 성숙에 방해가 되므로, 주님의 뜻을 헤아리며 조용히 말씀 묵상을 하거나, 하나님의 품에 안겨 그분의 아름다움을 바라보는 것을 소원하는 묵상기도 또한 매우 중요하고 오늘날 개혁신앙의 한국교회가 제발 관심을 가져 줘야 한다고 생각한다. 기도 가운데 하나님을 바라고 그분과 깊이 있는 교제와 사랑을 나누기 위해서는 명상과 관상 모두의 개념을 함축하는 묵상기도가 묵상적 영성이라는 용어와 함께 우리 삶에서 균형 있게 잘 실천 되어지길 기대한다.

최근에 서구를 중심으로 관상적 기독교 영성운동이 활발해진 것에 대하여 여러 가지 해석이 있을 수 있겠지만, 1960-70년대 이후의 영성에 대한 일반적인 목마름이 동양적인 명상과 신앙에 관심을 두게 되었고, 그 자극과 영향이 기독교 전통을 뒤집어 살펴보게 한 결과라고 하겠다. 그러므로 대부분 알고 있는 사실이지만, 이런 최근의 영성운동의 근저에는 동양 종교, 특히 불교적인 다원적 혼합주의, 범신론이 뿌리 깊게 영향을 미치고 있으며, 현대 심리치료 이론과 물리학의 양자론과도 잘 조화를 이루고 있는 것처럼 보여 매우 합리적이면서도 고차원적인 세계관(우주론과 인간론)으로 자리를 잡고 있어, 이런 입장들을 이해하지 못하거나 수용하지 못하는 경우 매우 위험한 극단적인 근본주의자로 몰리는 입장이다. 미국에서 공부를 한 경험이 있는 목사나 신학자는 이러한 사실을 누구보다도 잘 알고 있으며, 특히 영성지도나 영성신학을 공부한 사람들은 이미 그러한 혼합적인 교육환경에서 학위과정을 하였으므로 이 부분을 보다 객관적인 시각으로 소개를 하고 평가를 할 수 있는 분들인데, 아직 아무도 그런 전문적인 분석을 내어놓지 않고 있으니 그 까닭을 이해하기 어려운 상황이다.

그런데 잘 살펴보면 기독교 영성에 동양적인 종교나 명상의 영향이 있었던 것은 어제 오늘이 아니고 아주 오래된, 어쩌면 오랜 고대로부터 지속적으로 있었던 것일 수도 있겠다는 생각이 든다. 구약시대 또한 그랬을 것이지만 이것은 중동 고대사 전문가가 밝혀야 할 문제이다. 일부 학자들은 예수님 탄생 일화에 등장하는 동방박사도 그 한 예로 들고 있긴 하다. 요즈음 관심거리로 등장한 도마복음 또한 이러한 동양 사상의 역사적 영향의 또 다른 예일지도 모른다. 일부 학자들은 도마복음을 위시한 나그함마디문서를 소위 Q문서나 M문서보다 더 앞선, 예수님 말씀의 원형에 가까운 것으로 주장하고 있으나, 도마복음에 예수님의 그리스도 되심, 말세와 종말에 관한 기록, 성령의 사역과 기적 등이 상당히 배제된 것은 시대를 약간 앞선 것으로 이해되기보다는 동양, 특히 불교의 영향을 심각하게 받은 도마공동체의 모습을 보여준다고 이해할 수도 있지 않을까 싶다. 그 뒤로도 서방교회보다 동방정교회의 영성에서 훨씬 많은 동양 종교적 영향을 읽을 수 있는 것은 지역적으로 당연히 이해되는 부분이다. "예수기도", 아이콘 관상, 무념적 비움의 영성 등이 이러한 지역적 특성을 잘 반영하고 있다고 하겠다. 그리고 관상기도는 소아시아와 이집트 등 동쪽의 사막 속에서 더욱 발전하여 서쪽으로 이어져 갔다는 점도 이런 사실을 쉽게 보여준다. 15-16세기 중세시대 관상을 꽃피웠던 로욜라의 이냐시오나 아빌라의 데레사, 십자가의 요한 등 이들은 동양 종교와의 교류가 한층 활발했던 스페인을 중심으로 활동하였으며, 따라서 이들의 영성 활동에도 그러한 영향을 우리는 세심히 살펴봐야 한다. 그 밖에도 한이 없겠지만, 우리가 조심스럽게 검토해야 할 대상 중에 하나로 '무지의 구름'의 영성을 들지 않을 수 없다. 무지의 구름은 오늘날 현대 관상적 영성가들, 특히 향심기도를 창시한 분들이 가장 중요하게 인용하는 영성 고전이므로, 이 또한 그 시대의 동양적 영향과 어떤 관련이 있는지 살펴볼 필요가 있다. 그리고 현대의 관상가로 동양 종교에 많은 관심과 교류를 하였던 인물로 토마스 머튼과 향심기도를 개발하였던 세 분의 가톨릭 성직자들을 들 수 있다. 이상의 열거한 경우들은 각각 자세히 살펴봐야 하지만, 분명해 보이는 것은 현대의 서구를 중심으로 일어난 관상기도 운동은 다분히 동양적, 특히 불교적 영성의 영향을 심각하게 받고 있다는 것을 밝혀두면서, 이에 대하여는 앞으로 전문가들의 연구를 기대하고자 한다.

그러나 여기서 동시에 상기시키고 싶은 것은, 저자는 동양 종교의 영향을 받았다고 하여 좋다 나쁘다를 말하려고 하는 것이 아니라, 기독교 전통의 영성과 무엇이 어떻게 다르냐를 규명하는 것이 주요 관심사라는 것이다. 예를 들어 동양적 명상이 심리학적으로 매우 뛰어난 치유적 효과가 있다는 것은 이미 검증된 사실이고, 이런 사실들은 인간의 보편적인 심리현상에 기초한 부분들이 있으므로, 하나님의 창조섭리 가운데서도 긍정적으로 평가될 수 있는 부분도 있다는 것이며, 그러나 그렇다고 하여 이러한 현대적 영성과 이로부터 유래되는 명상 기법들이 기독교 전통의 영성에 포함될 수 있다는 것은 세심한 검증을 거칠 필요가 있음을 밝히려는 것이다.

이제 동양적인 영향을 받은 관상기도와 기독교적 묵상이 무슨 차이가 있는지에 논의의 초점을 옮겨보기로 하겠다. 우리는 관상기도의 문제점을 말할 때, 이해를 쉽게 하기 위해서는 기독교적 묵상과 동양적 명상의 차이를 비교하는 것이 좋다. 왜냐하면 요즈음의 관상기도 운동의 문제점이란 바로 동양적 명상의 영향을 의미하기 때문이다. 따라서 우리는 이 책에서 여러 군데에서 동양적 명상, 특히 우리에게 익숙하고 비교적 잘 알려져 있는 불교 전통의 명상과 그 수행 방법, 그리고 그 배경에 깔려있는 불교적 세계관을 살펴볼 것이다. 이것들을 잘 살펴보고 이해하게 되면 자연스레 기독교적인 전통의 묵상인 것과 아닌 것이 절로 자명해지게 될 것이기 때문이다. 그리고 불교 전통의 명상과 수행 방법은 의식심리학적 방법론으로 보다 잘 이해되고 또 이 분야에서 많이 연구가 진전되어 있으므로 앞으로의 고찰함에 있어 의식심리학적 방법론을 많이 인용할 것이다.

기독교 전통의 묵상과 불교 전통의 명상을 비교 고찰하는 문제는 그 과정이 매우 복잡하고 깊이 있는 논리의 인용을 필요로 하지만, 결론은 의외로 간단하며, 누구나 다 아는 것이다. 말하자면, 기독교 전통의 묵상은 묵상의 대상, 즉 신이라는 절대타자, 인격적인 존재가 있는 반면, 불교 전통의 명상은 그 사유하는 대상이 없고, 사유의 대상은 자기, 그리고 더 나아가서 자기다 대상이다 라고 구분을 짓는 논리를 뛰어넘는 사유 그 자체가 대상이다. 쉽고도 어려운 말인데, 즉 사유의 대상은 사유 그 자체, 즉 마음이며, 마음의 중심에는 의식(consciousness)이라고 하는 현상이 있게 된다.

결론이 간단한데 그 과정이나 구별이 복잡한 이유 중 하나는 현실적인 문제가 되는 것으로 오늘날 관상기도를 말하는 많은 분들이 드러내 놓고 내가 하는 기도는 불교적 영향을 받았다고 말하지 않고 어디까지나 기독교적이고 성경적이라고 말하는 데 있다. 물론 노골적으로 하나님은 논리의 구별을 뛰어넘는 보편진리적 존재이니, 불교나 힌두교나 기독교나 근원적 존재는 모두 같기 때문에 굳이 관상의 차원 역시 이것저것 구분할 필요가 없다고 말하는 경우도 있긴 하지만, 대부분의 많은 경우는 자신은 전통적인 기독교의 하나님을 믿는다고 말하되, 상당히 폭넓게 하나님은 인격적인 대상에 국한되는 분이 아니라, 우리의 인식을 뛰어넘는 분이라고 주장하는 경우(대표적으로는 '무지의 구름'을 들 수 있는데)가 많다는 데 있다. 그러니까, 이런 표현 중에는 하나님,

예수, 성령, 은총, 평안, 등의 전통적인 기독교적 용어가 사용되는데, 그렇다고 하여 그것이 전적으로 성경적인(인격적인) 대상을 말하는 것이냐 아니냐는 구별하기 매우 어려운 점이 있다. 대표적인 예로서 예수기도나 향심기도를 들 수 있다. 거기에 예수, 성령, 은총, 평안이라는 '거룩한 단어'는 있으나 인격적인 대상으로서의 존재가 있느냐 하는 것은 잘 살펴봐야 한다. 때로는 그렇게 말하고 기도하는 분들 즉 그렇게 스스로 의식하면서 하는 경우도 있고, 스스로 구분을 못한 채 하는 경우도 있다. 그럴 경우 일부 극단적인 복음주의자들처럼 하나님을 물질적으로, 기복적으로 유치하게 신앙하는 것이 아니라 보다 수준 높고 고급스럽게 하나님과의 친밀한 교제와 연합을 위하여 관상기도 가운데 더욱 깊은 신앙의 절정 체험을 실현할 수 있다고 주장할 수도 있다.

실제로 동양적 명상은 심리치료적 효과가 있기 때문에 관상기도를 오래 하는 경우 부수적으로 감정의 조절이 가능하고 분노나 초조, 우울 등의 심리적 병리현상이 많이 호전되며, 합리적이고 평안한 인격상태를 유지할 수 있으므로 일견 기독교적인 경건의 열매나 높은 영적 수준의 실현이 가능한 것처럼 보일 수도 있다.

한편, 관상기도를 한다고 하여 모든 경우를 다원적인 신앙을 가지고 있다거나, 전통적인 기독교 신앙의 범주를 넘어서는 보편적인 종교를 가지고 있는 뉴에이지적이라고 단정하는 것은 너무 나이브한 시각일 수 있다. 상당수 관상기도에 관심을 가지는 분들이 그 중심은 전통적인 기독교 신앙을 유지하고 있지만, 보다 깊은 종교체험이나 심지어는 하나님과의 더욱 깊은 교제를 갈망하는 나머지 기도의 한 형태로서 관상기도를 선호하는 것 뿐일 수도 있다.

그러나, 믿음은 방향성이 있다고 생각한다. 당장은 그 경계가 모호하게 보일 수도 있지만, 개인이 사용하는 기도의 방법이 깊어짐에 따라, 시간이 흐를수록 그 방법이 기초하고 있는 신앙의 본질을 향하여 점점 분명한 모습을 드러내게 마련이다. 자신이 사용하는 기도의 방법이 자신의 욕망이나 주장을 내려놓고 전적으로 성령님의 인도하심에 의존하고, 예수 그리스도의 십자가를 바라보는 기도라면, 그런 묵상은 오래 지속할수록 수련자에게는 성령의 손길이 더욱 뚜렷하여지고, 예수 그리스도의 십자가가 점점 분명하게 보일 것이다. 그러나 만약 그가 사용하는 기도의 방법이 성령의 인도하심에 의존하지 않고 예수를 묵상하지 않는다면, 즉 보다 동양적인 사유에 치우쳐 있다면 결국 오랜 시간이 흐르면서 그의 말과 생각, 글 속에는 점점 성령이나 예수는 보이지 않고 평안, 은총, 깊은 영적 합일, 위로 등의 애매한 단어들로 가득 찰 것이다. 예를 들어 이 점은 무엇보다 토마스 머튼의 일기를 잘 살펴보면 확실히 알게 되는 현상이다. 그리고 그런대로 너무 오래 시간이 지나면 그런 상태가 변성 의식상태(altered conscious state)에서 오는 착각인지 아닌지 애매해지고 너무 멀리 가버리게 된다. 따라서 내 마음 속에 무엇이 점점 더 뚜렷이 보이는지 잘 점검해 보는 것은 아주 간단하면서도 가장 중요한 기도 점검 수단이 된다. 우리는 이러한 시각에서 소위 영성의 고전이란 것들도 재점검해 볼 필요가 있다. '무지의 구름', 아빌라의 데레사의 '영혼의 성', 십자가 요한의 '어둔 밤', 그리고 고전은 아니지만 향심기도의 본질을 잘 기술한 토마스 키팅의 '마음을 열고 가슴을 열고', 등을 이런 관점에서 자세히 읽어보면 새로운 판단이 느껴질 것이다. 이들 저작에는 심오한 영적 체험의 기술이나 관상의 깊이를 감히 훔쳐볼 수 있는 아름답고도 애매한 표현들이 가득 차 있지만, 놀랍게도 성령의 역사하심이나 예수라는 그리스도이면서 인격적 존재는 그리 중요한 주제로 다루어지지 않고 있음을 눈치챌 수 있다.

반면, 그런 의미에서 이냐시오의 '영신수련'은 훌륭한 기독교 전통의 저작임을 알 수 있다. 그가 기도의 방법으로 제시한 예수님의 생애를 묵상하는 복음관상은 사실 일반적인 의미에서 관상이란 말을 붙일 수는 없는 것이며, 다른 관상의 전통들(특히 봉쇄수도회의)과는 확실히 차이가 나는 기독교적 묵상임을 알 수 있다. 그의 저작에는 우리가 (관상이 아닌) 묵상해야할 예수 그리스도의 고난과 부활이 그 중심에 위치하기 때문이다.

고급스럽게(성숙하게) 하나님과의 합일을 추구하는 관상기도보다는 유치하게 어린 아이처럼 부르짖는 '주여 삼창'이 한편으로는 차라리 낫게 여겨지는 것은 그 안에 사랑의 대상으로서의 아버지 하나님이 실재하기 때문이며, 바로 이 점이 기독교 전통의 관계적 영성을 나타내는 것이기도 하다. 우리는 묵상기도 가운데 점점 성령님의 인도하시는 손을 붙잡고 그분의 음성을 더욱 가깝게 듣는가, 예수님의 십자가를 바라보고 그분의 뒤를 따라가는가, 아니면 순간순간 황홀하기도 하고 평안하기도 하지만 온 세계 모든 것이 하나로 연결되어 있고 너와 나의 구분이 없는, 나와 하나님의 구분도 없는 빛의 세계, 새로운 시대의 영적 세계에 빠져있는가?

앞의 글에서 기독교적 묵상과 동양적 명상의 가장 큰 차이점은 절대 타자로서의 신앙의 대상이 있느냐 또는 없느냐 하는 문제라고 언급한 바 있다. 이에서 바로 연속해서 언급되는 몇 가지 주요 문제가 있게 되는데, 첫째는 기독교 전통의 묵상은 펠리기우스적인 방법론에 매달리지 않는다는 점이다. 이 부분은 특히 개혁주의 신앙의 틀에서 진지하게 검토해야 한다. 가톨릭의 관상기도 형태들을 조심스럽게 검증해야 하는 이유가 되기도 하는 것이다. 기독교적 묵상은 성령의 인도하심에 전적으로 마음을 맡기고, 자신의 체험의 경지를 획득하기 위하여 인위적인 방법에 매달리지 않는다. 하나님의 음성(물리적 음성만이 아니라 모든 인도하심)에 귀를 기울이기 위하여 입을 다물고 침묵하면서, 마음을 열고 기다리는 것 그것이 다이지만, 동양적 명상은 그러한 살아서 역사하는 타 존재에 의지하지 않기 때문에 자신의 마음을 들여다보려는 여러가지 수행 방법을 동원하게 된다. 침묵하게 되면 일어나는 '분심'을 가라앉히고 '참자아'를 들여다보기 위하여 '침잠' 또는 '잠심' 상태로 되기 위한 방법들은 크게 두 가지 유형으로 나누어 볼 수 있는데, 하나는 동일한 자극을 반복적으로 줌으로써 수동적인 자극유도를 주의 집중 방법으로 사용하는 방법으로서, 예를 들면 만트라, 반복적인 리듬이나 음률, 아이콘을 통한 시각적인 자극 등이 있다. 이 방법들에 기독교적인 옷을 입힌 것이 바로 예수기도나, 거룩한 단어를 사용하는 향심기도, 아이콘기도 등이 있다. 이 방법들은 비단 동양적 명상이나 관상기도에만 있는 것이 아니라, 물론 기독교 내에서도 뜻 없이 반복적으로 박수를 치거나 '주여' '아멘'을 외치는 행위 등의 신앙 행위에서도 존재한다. 이러한 인위적인 방법들은 모두 한결같이 뇌의 일정 부위(감각피질과 두정부)를 활성화함으로써 의식상태의 변형(altered consciousness)을 초래하여, 소위 절정체험 혹은 종교적 황홀경을 일으키려는 의도와 관련이 있다. 그러나 이러한 방법들이 모두 잘못된 것은 아니며, 모든 종교의, 특히 신비주의와 관련된 보편적인 신앙 행태일 수 있다. 그러나 신앙이 영적 유년기를 넘어서서 성숙하게 되면, 이러한 방법들은 오히려 성령의 인도하심, 하나님과 함께 함에 방해가 되기 때문에 어느 시점에 오면 버려야 할 것들이다. 그러나 이 방법들은 중독적인 습성이 있기 때문에 가능하다면 처음부터, 혹은 빠른 시일 안에 버리는 것이 좋다고 볼 수도 있다. 인간의 두뇌는 기회가 있을 때마다 보다 편리하고 보다 황홀한 것을 찾아 반역을 꾀하는 데에 너무나도 교묘하므로 조금이라도 자신의 기도 방법이 주님을 의지하지 않고 인위적인 방법에 의지할 가능성이 있다고 생각되면 버리는 것이 좋다고 본다. 그것에 매달리면 언젠가는 주님을 잃어버릴지도 모르기 때문에, 아무리 좋은 기도문, 좋은 설교, 좋은 찬양이라도 반복해서 거기에 매달리면 우리를 주님으로부터 주의를 다른 곳으로 돌리게 하는 위험을 내포하고 있다고 보아야 한다.

둘째로는, 동양적 명상, 특히 선불교 전통의 명상은 논리를 초월하는 인식 방법을 사용한다. 대표적인 예로서 선불교의 화두를 들 수 있는데, 화두를 깨우쳐 참 나를 발견하고 세상을 본래의 진면목으로 관(觀)한다는 뜻은 태어나서부터 이제까지 자동사고화(automatization)되어 온 논리의 인식을 벗어난다는 뜻이다. 뇌신경학적으로는 좌측 전두엽의 활성화를 억제시키고 우측 뇌의 감각피질과 두정부를 활성화시킴으로써 역시 변형된 의식상태를 인위적으로 유도한다는 것이다. 이때 일어나는 현상은 시간과 공간의 지각이 흐려지며, 과거와 현재, 그리고 미래적 차원들이 동시에 파악되며, 넓은 시각적 조망이 가능한 느낌, 그리고 과거의 인연이나 감정의 집착으로부터 이탈되며, 주체와 객체의 경계가 흐려져 신과의 합일, 주체와 객체의 합일 내지는 에너지로 충만된 감각 등을 느끼게 된다. 이러한 현상들은 기독교의 소위 신비적 관상가들의 저작에서 쉽게 찾아볼 수 있으며, 엘리트화된 봉쇄수도원의 일부 관상지도자들에 의하여 은근히 관상의 최상 경지로서 신비한 동경을 하게끔 부추겨지기도 하였다. 렉시오 디비나의 4단계를 말할 때 지나치게 네 번째 단계에 목표를 두고 이상화하는 것은 문제가 있다고 보는 이유 또한 이 때문이다. 이 점은 30년 이상을 묵상기도에 전념해 온 (저자 개인적으로 존경하며, 누구보다도 개혁적인 시각을 가지고 있다고 이해되는) 토마스 그린 신부님의 저서에서도 지나친 허구일 수 있다는 지적이 있었다.

흥미 있는 것은 최근 현대의학적 방법, 뇌 MRI나 뇌파검사 등을 사용하여 불교의 선승과 관상 생활을 깊이 하는 가톨릭 수도원 수녀들을 대상으로 검사를 해보니 양자에서 모두 동일한 뇌활성화의 모습을 보인다는 연구결과도 나오고 있다. 그리고 바로 이러한 임상 결과를 매우 긍정적으로 홍보하고 있는 경우가 있지만, 역으로 뒤집어 생각해 보면 현대의 영성적인 삶이 이것저것 혼합되어 있다는 반증이 될 수도 있는 현상이다. 결국 일부의 과장된 묘사, 신비에 대한 동경, 설익은 엘리트 의식 등이 혼합되어 오늘날의 관상기도 운동을 지지하는 사람들에 의하여 그러한 관상의 경지가 마치 지속되는 의미 있는 상태로서 권장되어지고 있다고 보며, 우리 시대의 주어진 소명은 바로 이러한 혼합의 용액에서 기독교 본래의 전통적인 영성의 참 모습을 어떻게 분리해 내느냐에 있다고 본다.

저자는 기독교 전통의 올바른 묵상은 하나님을 알아가는 데 있어서나 진리의 실재에 접근하는 데 있어서 논리적 인식을 버리고 초월하는 것이 아니라 분명한 논리적 인식과 함께 성령의 인도하심을 따른 영적 인식에 의존하는 것이라고 생각한다. 즉 명상과 관상, 무념과 유념 어느 한 쪽만을 고집하는 것이 아니라 우리의 지성과 감성, 그리고 이들을 초월하는 관상, 이 모두를 통합적으로 아우르는 것이 중요하다고 생각한다. 따라서 아직 학술적으로 확인된 것은 아니고 저자 개인의 가설이기는 하지만, 뇌신경학적으로도 기독교 전통의 묵상과 불교 전통의 명상 내지는 관상적 상태는 다르다고 본다. 즉 기독교 전통의 묵상에서는 뇌의 전두엽과 감각피질 및 두정부가 모두 골고루 균형 있게 활성화될 것으로 예상된다.[1] 하나님은 인간이 그분을 인식할 때 어느 한 켠에 치우친 방법에 의하지 않고 전체적인, 그분이 창조하신 그대로 인식되어지길 원하실 것이다. 렉시오 디비나의 단계로 말하자면 두 번째 단계인 메디다치오의 단계가 위주이면서 고정된 단계가 아닌 순간적인 은총으로서의 네 번째 단계 사이의 중간 상태, 이것이 바로 기독교 묵상, 성경적인 묵상의 실체가 아닐까 생각한다. 예수님의 묵상이 그렇고, 아브라함과 이삭과 야곱의 들에서의 묵상이 그렇고, 거룩한 산에서의 팔십인 장로들의 묵상이 그렇고, 호렙산에서의 엘리야의 묵상이 그렇다고 본다. 성경 그 어디에서도, 마음을 텅 빈 상태로, 하나님과 나의 경계도 없어진 몽롱하고도 황홀한 상태만이 추구하려는 궁극적인 목표가 된다는 근거는 없다고 본다.

합일이란 개념에 대하여

기도를 계속하고 기도에 감사함으로 깨어있으라 (골 4:1)

'contemplatio'란 말은 처음부터 성경 속에 있는 용어나 개념이 아니라 알려진 대로 중세의 어느 수도자가 이름을 붙인 라틴어인데, 히브리어의 묵상을 의미하는 'haga'라는 단어를 번역하다가 붙였다는 설이 있다. 솔직히 'contemplation'이란 단어나 개념을 직접적으로 의미하는 성경 구절은 없다. 일부 관상 옹호론자들이 주장하는 예문들(시편이나 이사야서 등)은 기도와는 직접적으로 관련이 없는 맥락 속의 표현들이다. 'contemplatio'란 용어나 개념을 자구적으로 성경에서 찾으려는 시도는 가능하지 않다. 그러나 그런 자구는 없다고 하더라도 그 개념이 아주 없는 것은 아니다. 'contemplatio'를 기도의 한 방법으로만 생각할 때는 다소 문제가 없진 않지만, 우리의 신앙생활을 'contemplatio'적인 삶으로 보면 그런 뜻에서는 'contemplatio'

란 용어는 그런대로 좋은 용어임을 알 수 있다. 여기서 'con'이란 단어는 여러 뜻이 있지만 'com'이란 단어와 같이 '함께'란 뜻도 있다. 'templatio'의 'temple'은 '성전'을 뜻한다.

우리는 에베소서에서 다음과 같은 구절을 만날 수 있다.

너희는 사도들과 선지자들의 터 위에 세우심을 입은 자라 그리스도 예수께서 친히 모퉁잇돌이 되셨느니라 그의 안에서 건물마다 서로 연결하여 주 안에서 성전이 되어 가고 너희도 성령 안에서 하나님이 거하실 처소가 되기 위하여 그리스도 예수 안에서 함께 지어져 가느니라 (엡 3:20-22)

에베소서의 이 구절은 그리스도인들과 예수님의 관계성을 잘 나타내 주는 표현이며, 이는 'contemplatio'라는 단어의 내용과도 잘 부합된다. 사도 바울은 서신서의 다른 곳에서 신자들과 그리스도와의 연합에 대하여 우리의 신체의 구성에 비유하여 표현하고 있기도 한데, 이런 표현들은 기독교적 '연합'의 관계적 의미를 잘 나타내 주고 있다. 결론부터 먼저 말하자면, 성경에서의 '연합'의 의미는 각자의 기능을 유지한 채, 즉 각자의 실존적 경계와 인격적인 특성을 상실하지 않고 상호 유기적으로 연결되어 있다는 특성을 반영한다. 그런데 여기서 문제가 되는 것은, 현대 영성가들 중의 많은 사람들이 이러한 성경의 연합의 개념과는 다른 관계성(저자는 이를 성경적 연합의 개념과 구별하기 위하여 '합일'이라는 용어를 사용하겠다.), 즉 불교 전통의 영성의 영향을 받았다고 생각되는 개념을 사용하고 있는 것에 주의해야 한다는 점이다. 저자는 여기서 이 양자 간의 차이점이 어떤 것인지를 구체적으로 기술하려고 한다.

예로부터 전통적으로 기독교에서 영적 성숙을 말할 때 'purification(정화)', 'illumination(조명)', 그리고 'unification'(즉 합일, 또는 연합 또는 일치로 번역할 수도 있다)의 단계를 말하게 되는데, 특히 관상적 영성에서 관상기도의 가장 궁극적인 경지로서 추구하는 개념으로 하나님과의 '합일'을 말한다. 고전적인 뜻에서 정화, 조명, 합일이란 단계를 설정하는 것도 별도의 담론을 필요로 하지만, 이를 일단 기독교 전통의 영적 성숙 단계로서 받아들인다면, 현대 관상적 영성가들이 말하는 '하나님과의 합일'이란 개념은 잘 살펴보면 매우 다원적이고 동양적 사상의 영향을 받은 것임을 알 수 있으며, 개혁신앙에서의 '하나님과의 연합'이란 개념과는 차원이 다른 더 극단적이고 심오한 것 같은 의미를 가지고 있다.

먼저 개혁신앙에서 의미하는 그리스도와의 연합이란 의미와 관련하여 로마서의 기록을 살펴볼 필요가 있다.

무릇 그리스도 예수와 합하여 세례를 받은 우리는 그의 죽으심과 합하여 세례를 받은 줄 알지 못하느냐 그러므로 우리가 그의 죽으심과 합하여 세례를 받음으로 그와 함께 장사되었나니 이는 아버지의 영광으로 말미암아 그리스도를 죽은 자 가운데서 살리심과 같이 우리로 또한 새 생명 가운데서 살리심과 같이 우리로 또한 새 생명 가운데서 행하게 하려 함이라 만일 우리가 그의 죽으심과 같은 모양으로 연합한 자가 되었으면 또한 그의 부활과 같은 모양으로 연합한 자도 되리라 (롬 6:3-5)

그러므로 우리는 어떤 특별한 관상적 노력을 하고 특별한 단계를 거치지 않더라도 이미 우리가 주 예수를 믿고 세례를 받을 때 이미 예수님과 연합하여 한 몸이 되어 있는 상태라는 것이다. 우리가 새 생명을 얻은 것을 믿는 것처럼 우리는 이미 하나님과 한 몸을 이루고 있는 것을 믿으면 되는 것이지 특별히 관상이라는 행위를 통하여 합일이란 상태를 목표로 별도의 노력을 할 필요가 없이 한 몸이 된 상태라는 것이 개혁신앙의 연합의 개념이다. 따라서 관상이란 행위를 통하여 합일을 추구한다는 것은 이미 얻은 믿음을 부인하는 꼴이 될 수도 있다.

개혁신앙의 기독교 영성에서 중요한 것은 하나님이라는 인격체와 우리라는 인격체가 영적으로 만남과 관계를 통하여 한 몸이 된다는 것이지 우리의 존재론적인 아이덴티티 자체가 소멸되면서 그분과 합일이 된다는 뜻은 아니라고 믿는다. 이것은 매우 중요한 개념이며, 기독교와 타 종교를 구분할 수 있는 개념이라고 믿는다. 요한복음의 '네가 내 안에 있고 나는 하나님 안에 있다'는 주님의 말씀 또한 그러한 맥락에서 이해되어져야 한다고 믿는다. 여기서는 분명히 '나'와 '너'라는 존재론적인 경계가 분명히 있으면서 '연합'한다는 뜻으로 이해된다. 일부 현대 관상적 영성가들 중에도 합일의 개념으로 이 구절을 인용하지만, 그들이 주장하는 합일의 개념은 개혁신앙의 연합의 개념과는 다르다. 그것은 분명히 불교의 개념, 즉 인간이나 모든 사물이 동일한 근원, 하나의 커다란 공간, 또는 불이(不二)의 그 어떤 것에서 생겨났으며, 따라서 하나라는 것이 깨달아진다면 거기에는 나와 너, 하나님과 인간 등의 분리는 없는, 원래의 하나로 돌아간다는 개념과 연결되어 있다. 따라서 일부 관상가들이 말하는 소위 그 깊은 경지의 수준에서 너와 나의 존재론적인 구분이 무의미하고 없어진다는 뜻에서 '합일'이란 용어와 개념은 개혁신앙적인 기독교 영성과는 전혀 다른 일치의 개념을 사용한다.

한편 고전적인 뜻에서의 '관상(contemplatio)'은 그 전 단계의 두 요소들과는 달리 우리가 의식적으로 하는 일이 아니다. 그것은 그냥 일어난다. 그것은 선물이다. 그것은 우리가 잘 수용하고 순종해야 하는 것이다. 전통 언어로 표현하자면 그것은 '주입(infused)'되는 것이다. 관상은 "우리가 생산하거나 실행할 수 있는 것"이 아니다. '주입'이란 단어, 즉 'infused'란 단어도 얼핏 보면 괜찮은 말일 수 있다. 우리가 적극적으로 그것을 얻는 것이 아니란 면에서는 그렇다. 그러나 '주입'이란 단어 자체도 관계적인 단어는 아니다. '주입'이란 무엇인가를 일방적으로 집어넣는다는 뜻이 아니겠는가? 인격의 만남, 인격의 부딪침, 그 속에서 생겨나는 사랑과 용서, 이런 면이 없다. 이와 같이 오래 전부터 기독교 영성의 역사상 전통적으로 표현되어져 온 개념들은 개혁신앙의 입장에서 무분별하게 받아들여질 수는 없는 측면들이 있음을 주의해야 하며, 이런 점들이 앞으로 보다 구체적으로 전문적인 입장에서 논의되어져야 할 것이다.

그러나 반대되는 입장의 성찰도 필요한데, 예를 들면 개혁신앙에서의 기도의 기본자세를 대표적인 개혁주의 신학자 박영선 목사는 다음과 같이 표현한다. "기도의 가장 큰 원리는 '도와주십시오' 외에 아무 것도 없다는 것이다. 이것이 바로 기도이다. 기도란 이것 때문에 하나님 앞에 나가는 것이다. 내 신앙이 좋다는 의미로 나가는 것이 아닙니다."[2] 이 표현은 기도의 어느 한 부분만을 강조한 것이라고 지적할 수 있으며, 상호주관적 관계성의 측면에서는 부족할 수도 있지만, 그보다 더 중요한 점, 상호 인격 간의 관계성을 인정한다는 면에서는 현대 관상적 영성가들의 개념과는 확실히 다른 것이다. 박영선 목사의 다음 진술은 위의 표현을 보완하는 개념으로 주목할 필요가 있다.

그러나 주의해야 할 것은 도와달라는 것은 뭘 필요한 것을 충족시켜달

라고 요구한다는 뜻보다는 나는 구원의 일에 있어서 아무 것도 할 것이 없으며, 가난한 마음으로, 전적으로 주님께 의지하는 마음으로 나아간다는 뜻이다. 도움을 주고받을 수 있는 관계로, 끊어졌던 관계에서 사랑하는 자녀로 우리를 부르신 그분의 이끄심을 감사하며 그 완성을 위하여 도움을 구하는 자세로 나가는 것, 그 이상은 아니라는 의미이다. 이것이 개혁신앙의 기도의 본질이다.[3]

---

1) 이만홍 저, "그리스도인의 묵상 I"(로뎀포레스트, 2023)에서 상세히 기술하였다.

2) 박영선 목사 저, "기도". 새순출판사, 1986.

3) Ibid.

8장

현대 진보적 관상가들: 존 메인, 토마스 키팅, 신시아 부조, 폴 니터[1]

저자는 앞에서 여러 장에 걸쳐 현재 널리 영향을 미치고 있는 불교 전통의 관상심리학과 이에 대비된 기독교 전통의 영성심리학의 차이점을 부각시키려고 노력하여 왔으며, 이에 대하여 그 대표적인 학자들인 de Wit과 Tyler, 그리고 Gerald May의 저서들을 중심으로 기술하였다. 이에 더하여 저자의 능력을 넘어서기까지 하면서 기독교 영성 전통의 역사를 간략하게 서술하였다. 결론을 말하자면, 불교 전통의 관상적 영성 수련은 마음챙김 명상에서 대표되듯이 마음의 명료함을 이루는데 궁극적인 목적이 있는 반면, 이와 대비되는 기독교 전통의 영성 수련은 마음의 명료함(케노시스 영성, 비움의 영성이라고도 한다)을 이루는 것 역시 동일하게 중요시 하지만, 이에 더하여, 아니 그보다 훨씬 더 중요한 점은 절대자 하나님과의 관계성에 더욱 초점을 맞춤으로써 궁극적인 차이를 보인다고 하였다. 이러한 관점은 오랫동안, 사막의 교부들로부터 중세를 거쳐 오는 동안 일관된 역사적 전통으로 강조되어 왔지만, 현대에 들면서 서구에 불어닥친 불교적 영성 전통의 거센 영향으로 인하여, 토마스 머튼을 비롯한 현대의 대다수 영성가들은 마음의 명료함에 지나치게 경도된 나머지, 기독교 고유의 관계적 영성을 무시하거나 소홀히 취급하는 경향이 보편화되었고, 이런 경향은 결국 다원적 또는 진보적인 영성, 보편영성을 초래하게 되었다. 이런 경향은 전문가들로부터 비롯되었지만, 이에 그치지 않고 일반인들에게까지 광범위하게 신앙과 삶에 깊이 영향을 미친다고 보아, 저자는 이런 경향을 개혁신앙의 입장에서 매우 우려스럽게 보고 있으며, 이 장에서는 현대의 대표적인 영성가들이 구체적으로 어떻게 그들의 영성을 표현하고 있는지 함께 짚어가려고 한다. 여기서 인용되는 몇몇 저자들은 현재 기독교 영성수련 분야에서 가장 심대하게 영향을 주고 있는 사람들 중에서, 그들의 저서가 번역이 되어 한국사회에서도 비교적 관심을 끄는 사람들 중에서 저자가 임의로 선정한 4명의 영성가들이다. 이들에 대하여 그들의 대표 저서를 중심으로 구체적인 인용을 곁들여 소개하고자 한다.

존 메인과 그리스도교 묵상

『그리스도교 묵상: 그 단순함에 대하여』[2]를 중심으로

존 메인(1926-1982)은 대학에서 법학을 전공하고 말레이시아에서 통역관으로 일을 하다가 힌두교 수도승을 만나 그에게서 명상을 배웠다. 영국으로 돌아와 베네딕토 수도회에 입문하여 수도사가 되었고, 나중에 초기 그리스도교 사막의 교부들, 특히 요한 카시아누스의 가르침들에도 침묵 등의 이와 비슷한 기독교 전통이 있음을 발견하는 과정을 거쳐 묵상을 새롭게 이해하게 되었다고 한다. 그는 그가 가르침을 받게 된 힌두교 수행자로부터 평화로움과 고요한 지혜에 깊은 감명을 받았다고 하면서, 그 수행자의 말을 이 책에서 인용한다.

우리 전통은 당신이 고요와 정신집중에 이를 수 있는 유일한 방법을 제시하고 있습니다. 우리는 '만트라'라고 부르는 한 단어를 사용합니

다. 묵상을 위해 당신이 할 일은 이 단어를 선택한 다음에 그것을 충실히 사랑으로 계속 반복하는 것입니다. 거기에 묵상을 위한 모든 것이 있습니다. 나는 정말 이 밖에 더 말할 것이 없습니다. 그러면 이제 함께 묵상합시다.

묵상 시간 동안에 마음 안에 생각이나 단어나 상상이 들어오게 해서는 안 됩니다. 유일한 소리는 만트라의 소리가 되어야 합니다. 계속 읊는 만트라는 마치 배음처럼 원래 소리보다 큰 진동수를 가지게 됩니다. 우리가 내부에서 이 소리를 낼 때 공명을 일으키기 시작합니다. 그러면 그 공명이 온전함을 향하도록 우리를 인도합니다. 우리는 깊은 일치를 체험하기 시작하는데, 이 일치는 모든 이의 존재 안에 있는 것입니다. 그런 다음 이 소리는 당신과 모든 피조물과 천지 만물 사이에 공명을 일으키기 시작합니다. 당신과 당신의 창조주가 일치하기 시작하는 것입니다.[3]

그가 그 힌두교 수행자를 만났을 때 받은 신선한 충격과 놀라움은 넉넉히 상상이 되고도 남는다. 그가 살던 시대와 배경을 생각하면 당시의 기독교 영성의 메마름 속에서 그를 지탱해 줄 오아시스로 생각했음 직하다. 그러나 그 자신이 수도사가 되어 이러한 만트라 식의 묵상을 공개적으로 타인에게 가르치기까지는 적지 않은 나름대로의 고민의 시간이 꽤 길었을 것으로 추측된다. 왜냐하면 그가 태어나서 자랐을 기독교적인 신앙과 전통들과 만트라 묵상과의 사이에서 어떻게 조화를 이룰지가 문제였을 것이다. 이런 고민은 아마도 수많은 현대의 영성가들이 겪었을 고민일 수도 있다. 그는 그런 그의 과제에 대하여 요한 카시아누스의 입을 빌어 다음과 같이 표현한다. 그는 마침내 사막의 교부들에게서 그 답을 발견했다고 생각한 것 같다, 역시 오늘날의 많은 현대 영성가들이 그랬던 것 같이.

우리가 해야 할 일이 바로 이것이다. 우리는 우리 자신의 삶에서 하느님의 거룩한 현존을 끊임없이 회상하는 수행을 해야 한다. 우리는 이 거룩한 사람이 오랫동안 수행했던 것을 우리 삶에서 체득해야 한다.[4]

그가 그리스도교의 수도자로서 자신의 아이덴티티와 신앙 전통의 본질에서 벗어나지 않기 위하여 내적인 고백을 반복해서 하고 있음을 확인할 수 있다.

우리는 묵상기도를 하면서 우리 안에 계시는 예수님의 인격적 현존을 충분히 체험하도록 준비합니다. 성부와 성자와 성령의 인격적 현존으로 존재하는 이 충만함은 우리 안에 살아 계시는 거룩한 삼위일체의 온전한 생명입니다.[5]

우리는 묵상에서 우리 안에 계신 예수님의 인격적 현존에 주의를 기울이는 법을 배우게 됩니다.[6]

그러나 우리 각자는 우리의 마음 안에서 예수님의 기도를 발견하기 위해 순례를 떠나라는 부름을 받고 있습니다.[7]

그러나 어떻게, 어떤 방법의 묵상으로 이런 고백을 지켜나가야 할 것인가? 그는 요한 카시아누스 등 사막의 교부들의 가르침에서 그 힌트를 발견했다고 생각했던 것 같다.

요한 카시아누스는 우리가 한 구절, 즉 만트라를 되뇌어야 한다는 이

사악 압바의 가르침을 기록하고 있습니다. 그리고 그가 권하는 한 구절은 "하느님, 저를 구하소서. 주님, 어서 오사 저를 도우소서"(시 70:2)

그러나 과연 교부들의 예수기도같은 짧은 기도가 힌두교의 만트라와 같은 것일까? 이것을 예수님의 순례를 발견하기 위하여 길을 떠나서 드디어 발견한 기독교 전통의 묵상기도라고 해도 될까? 그가 설명하는 만트라에 관한 구체적인 언급을 들어 보자.

묵상에서 우리는 하느님에 대하여 전혀 생각하지 않으며, 성자인 예수님이나 성령에 대해서도 마찬가지입니다. 묵상에서 우리는 헤아릴 수 없이 더욱 위대한 무엇을 추구합니다. 우리는 하느님과 함께 존재하고자 하고, 예수님과 함께 존재하고자 하며, 성령과 함께 존재하고자 합니다… 우리 안에서 예수님의 현존을 체험하고 성령의 능력을 체험하는 것은 전혀 다른 사안입니다. 그러한 체험 안에서 그분의 아버지요 우리 아버지이신 분의 현존으로 들어가게 됩니다.[8]

요는 생각은 하지 않고 그냥 머리를 비우고 만트라를 외움으로써 하나님 현존의 체험에 들어가게 된다는 말이다. 이것이 독자들은 잘 이해가 되는가? 그는 드디어 에둘러 표현하였던 그의 묵상 비법(?)을 고백한다. 그래서 우리는 기도에서 단순함의 길을 추구합니다. 저는 만트라 수행에서 이 길을 발견했습니다.

묵상에서, 묵상기도와 관상기도에서 우리는 근본적인 가난, 곧 만트라 수행을 추구합니다. 요한 카시아누스의 말로 표현하자면 "한 구절의 가난에 제한될 때까지 끊임없이 집중하는 것입니다." 요한 카시아

누스는 하나님의 무한한 풍부함을 만트라 수행에서 발견할 수 있다고 확언합니다.[9]

만트라 수행에서 하나님의 현존, 예수님의 현존을 체험할 수 있다는 말을 우리는 어떻게 이해해야 하는가? 만트라 수행 그 자체는 마음의 명료함을 수련하는 효과적인 방법의 하나 임에는 틀림없다. 그것이 존 메인의 마음 깊은 곳에서 변치 않고 간직하고 있었던 기독교 전통의 하나님과의 관계 안에서 더욱 분명해졌다고 할 수 있을까? 아니면 그는 만트라 수행으로부터 얻은 신선함과 마음의 어떤 평화로운 느낌을 사막의 교부들의 수행과 유사하다고 생각했기에 만트라 수행을 아예 기독교 전통 안으로 끌고 들어가는 것일까? 아니면 그는, 어쩌면 우리 모두는 아직도 발견하지 못한 예수님의 묵상의 길을 발견하기 위하여 어둔 밤을 더욱 헤매어야 하는 것일까? 만트라 수행을 기독교 전통의 관계적 영성의 실제적인 모델로 받아들이기는 그다지 쉽지 않은 문제로 보인다.

토마스 키팅의 향심기도

『마음을 열고 가슴을 열고』[10]를 중심으로

우리가 왜 향심기도에 대하여 잘 알아야 하는가? 저자는 왜 향심기도를 특히 주목하는가? 거기에는 몇 가지 이유가 있다. 기독교 영성의 역사상 관상기도 방법에는 여러 가지가 있었지만 오늘날 향심기도처럼 광범위하게 많은 사람들에게서 환영을 받는 것은 드물다. 그것은 관상기도적 요소들을 매우 체계적으로 현대인의 구미에 맞게 쉽고도 논리적으로 접근이 가능하도록 만들어져 있기 때문이기도 하다. 결론부터 말하자면 그것은 향심기도에는 두 가지 요소가 잘 갖추어져 있기 때문인데, 즉 하나는 동양 종교적인 (남방불교적인) 철학과 방법론이 매우 깊이있게, 어찌 보면 이 자체가 동양 종교적인 명상이라고 해도 과언이 아닐 정도로 자리잡고 있다. 따라서 동양 종교적인 명상에 대하여 잘 모르는 기독교인들은 향심기도가 쉽게 받아들여지게 되지만, 조금이라도 동양 종교적 명상을 공부한 사람이라면 아주 쉽게 그런 요소들을 찾아낼 수가 있다. 그러나 향심기도에서 그러한 동양 종교적 요소들이 매우 미묘하고도 아름다운 기독교적인 단어나 표현으로 덧칠해져 있다는 것을 우리는 앞으로 이 글에서 중점적으로 발견하려고 한다. 향심기도의 또 다른 한 가지 특징은 그 원리나 방법론 속에 현대 심리학적인 논리가 아주 잘 조화되어 있기 때문에 현대인들에게 더욱 매력적이다.

동양 종교적 명상은 그 자체로서 나쁜 것은 아닐 수도 있고, 오히려 현대 의학이나 심리학적 평가에서는 매우 괜찮은 심리치료적인 효과와 인간 성숙을 위해 발전된 체계로서 널리 학술적으로도 인정되고 있는 실정이므로 (예를 들면 알아차림의 명상 치료체계로서 하버드 대학병원등에서 공인된 치료법으로 실행이 되고 있다) 일단 향심기도 수련을 어느 정도 하게 되면 여러 가지 심리적인 차원에서 긍정적인 효과를 느낄 수가 있다. 호흡법이나 이완법뿐만이 아니라 병리 현상에 대한 깨달음의 심리학을 통하여 치유 효과를 얻는 것은 매우 과학적인 측면이 있어 하나님의 일반은총론적인 시각으로 볼 때 일방적으로 매도할 성격의 것은 아닐 수도 있다. 다만 그러한 논리체계 속의 어떤 요소들이 기독교적인 신앙과 충돌하는가를 잘 밝혀내고 이해하는 것이 중요하다고 본다.

저자는 향심기도를 두 가지 차원에서 평가를 시도하려고 한다. 우선 첫째는 향심기도가 만들어진 배경에 대한 간단한 평가를 언급하고, 곧이어서 두 번째로는 구체적으로 향심기도를 기술한 책의 표현을 실례로 들어 문제점을 지적, 평가하려고 한다.

우선 향심기도가 만들어진 것은 이미 여러 차례 언급한 바와 같이 동양 종교적인 영향이 강하게 불던 1970년대 트라피스트 수도승들인 바질 페닝턴과 윌리엄 메닝거에 의해서이며, 토마스 키팅은 향심기도의 피정수련을 발전시켰다고 알려져 있다. 그들은 14세기 영성 고전인 '무지의 구름'에서 그 방법을 찾았다고 하지만, 향심기도 방법의 핵심적인 '거룩한 단어로 돌아가기'는 명백히 동양 종교의 만트라 수련법에서 차용해 온 것임을 쉽게 알 수 있다. '무지의 구름' 자체도 동방정교회적 신비주의의 영향을 강하게 받은 고전이기도 하지만, 특히 토마스 키팅은 세계종교의 일치를 위한 위원회를 이끌면서 여러 차례 불교 지도자들과 합동으로 관상(명상)기도를 수행하면서 서로의 경험을 나누고 그들로부터 많은 도움을 받은 바 있다는 것을 공개적으로 언급한다. '거룩한 단어로 돌아가기'가 기독교의 옷을 입은 일종의 만트라 수련법이라는 사실은 매우 중요한 의미를 지닌다. 즉 신앙의 대상으로서 인격적인 절대 타자이신 하나님과의 친밀한 교제를 목적으로 하지 않으며 (그런 유사한 표현을 덧칠하고 있음에도 불구하고) 자신의 의식 상태나 수준에 더 많은 관심이 맞추어져 있다. 간단히 말하자면, 굳이 인격적인 하나님께로 의식을 직접적으로 돌리는 대신 비인격적인 '거룩한 단어'로 돌아가는 방법을 택함으로써 이미 출발부터 딴 길을 택하고 있다. 그들도 언급하고 있는 바이지만, 거룩한 단어는 (만트라에서와 마찬가지로) 그 자체에 의미가 있는 것은 아니므로 거룩한 단어가 '성령'이든 '예수'든, 심지어 '하나님'이든 단어가 뜻하는 바의 의미가 없고 오히려 그러한 단어들은 역설적으로 단어의 의미나 존재를 초월하거나 부정하려는 '지향점'(이것 또한 매우 미묘한 의미를 가지는 그들의 표현인데)을 가지고 있다.

따라서 향심기도의 방법은 필연적으로 펠라기우스적인 자기수련의 요소를 가지게 되며, 기독교, 특히 개혁신앙의 가장 중심적인 개념인 구속자로서의 예수 그리스도, 십자가의 대속의 개념은 없으며, 성령의 인도하심의 개념이나 단어는 입장을 설명하기 위한 표현일 뿐, 실제적이고 구체적인 관계성은 부족한 것으로 이해된다. 이러한 이유들로 해서 자신들은 향심기도를 기독교 전통에서부터 끌어냈다고 하지만, 심지어는 보수적인 천주교 지도자들 쪽에서도 향심기도의 정통성에 대하여 의문을 나타내기도 한다.

그러면 이제 향심기도가 동양 종교의 전통에 얼마나 기반을 두고 있는지를 한 책자를 통하여 구체적으로 지적해 보고자 한다. 대부분의 향심기도에 관한 책들은 유사한 내용을 담고 있으므로 여기서는 편의상 그들의 견해를 대변한다고 해도 무방한 한 향심기도 입문서의 본문을 그대로 제시하고자 하는데, 그 책은 토마스 키팅 신부가 지은 "Open Mind Open Heart(마음을 열고 가슴을 열고)"이며, '누구라도 할 수 있는 관상기도 입문서'라는 부제가 붙어 있다.

영성수련으로서의 향심 기도는 우리의 정신집중이 우리의 일상적인 사고의 흐름에서부터 빠져나오도록 만들어진 것이다. 우리는 우리 자신을 그 사고의 흐름과 동일시하는 경향이 있다. 그렇지만 우리에게는 그보다 더 깊은 자아의 부분이 있는 것이다. 이 기도는 우리의 의식을 우리 존재의 영적 수준에 열도록 하는 것이다. 따라서 이 방법은 '마음의 명료함'을 수련하는 방법으로서는 매우 효과적인 방법이라고 할 수 있다.

많은 사람들의 자신들의 일상적인 사고와 감정에 자신을 동일시하기 때문에 위와 같은 정신적 현상들이 솟아나는 그 원천을 의식하지 못한다. 배나 물건들이 강의 표면에 떠 있듯이 우리의 사고와 감정들도 어디엔가 떠 있어야 한다. 이러한 것들은 우리의 내적 의식의 흐름 위에 떠 있으며 이 내적 의식의 흐름으로 우리가 하느님의 존재에 참여하고 있는 것이다. 이 수준은 우리의 일상적 의식에 바로 나타나지 않는다. 우리가 이 수준과 직접 접촉하지 않고 있으므로 우리가 이 수준의 의식을 개발하기 위하여는 어떤 방법을 찾아야 한다. 우리 인간적 존재의 이 수준이 바로 우리를 가장 인간적이게 만드는 수준이다. 우리의 심령 위를 떠내려가는 가치들보다도 내적 수준에서 발견하는 가치가 우리에게는 더욱 기쁨을 주는 가치들이 우리는 이 수준에 들어가 매일매일 우리 자신을 새롭게 해야 한다.

믿음이란 하느님께 자신을 열고 자신을 하느님께 내어 드리는 것이다. 영적 여정을 위해서 우리는 다른 곳으로 갈 필요가 없다. 하느님이 이미 우리와 함께 그리고 우리 안에 계시기 때문이다. 문제는 우리의 일상적 사고가 우리 의식의 후면으로 물러나게 하여서 우리가 그 사고들을 의식하지 않은 채 우리의 의식이라는 강 위를 떠내려가게 내버려 두고, 그리고는 우리의 의식의 강 자체로 우리와 주의를 돌리는 데 있다.[11]

이상의 설명은 불교 위빠사나 심리학을 그대로 차용한 것으로 불교 명상 책들을 보면 아주 쉽게 접할 수 있다. 즉 우리의 의식 위에 떠 있는 사고, 감정, 지각 등은 우리의 참 자기가 아니라 태어난 후부터 누적된 생각, 일종의 편향된 경험의 산물이며, 이로부터 벗어나 본래의 있는 그대로의 사물을 감각하게 될 때 그런 상태를 원의식, 원마음, 참 자기라고 한다. 향심기도는 이러한 의식을 바꾸어 주는 수련 방법이라는 것이다. 그리고 이러한 원리들을 불교 명상에서는 종종 비유로 표현하는데 그 대표적인 비유가 강물의 표면, 배, 파도, 등을 우리 의식의 현상에 비유하고 그 저변에 있는 물, 강물, 바다, 그 자체를 원의식에 비유하는 것으로 이러한 비유는 이 책에서 계속적으로 수 차례 인용된다.

그리고 위의 두 번째 단락 중 "믿음이란 하느님께 자신을 열고… 우리 안에 계시기 때문이다."란 문장은 기독교적인 맥락으로 이해를 돕기 위하여 인용한 문장이지만, 이 부분이 없어도 전체적인 논리는 무리 없이 전개될 수 있는 것을 알 수 있다. 즉 정말로 어떻게 하느님께 인격적으로 친밀하게 되느냐 하는 것보다 의식을 변형시키는 수련을 통하여 새로운 의식을 얻을 수 있다는 것이 핵심이다. 이런 논리는 계속 다음과 같이 이어진다.

이 방법에서는 우리의 내적 의식의 스크린에 비춰지는 어떠한 지각도 사고라고 본다. 이것이 정서, 영상 기억, 계획 외부에서 오는 소음, 평화스런 감정, 심지어 영적 교감일 수도 있다. 다른 말로 하면 의식의 내적 스크린에 비춰지는 어떠한 것도 "사고"라고 간주한다. 이 기도(향심기도)의 방법은 기도 중에 일어나는 어떠한 사고 심지어 아주 신앙심 깊은 사고라 할지라도 떠 내려 보내는 것으로 이루어져 있다.

즉 신앙심, 믿음도 의식의 변형을 위하여는 별 의미가 없다는 뜻이다.

이렇게 편하게 느낄 적절한 시간, 장소, 의자, 자세들을 선택하였으면 눈을 감고, 하느님께 자신의 마음을 열고 자신을 내어 드리는 의향을 표시하는 거룩한 단어를 선택하여 그 단어를 상상의 수준에 도입한다. 이 단어를 입술로나 목소리로 나타내지 않는다. 편하게 느끼는 한 두

음절이나 한 단어라야 한다. 당신이 기도 중에 무슨 사고가 의식 속에 들어왔을 때마다 그 단어를 가볍게 의식 속에 떠올린다. 거룩한 단어는 당신이 가고 싶은 어떤 곳으로 가게 하는 수단이 아니다. 그것은 오로지 당신의 지향을 하느님께로 향하게 함으로써 당신의 영적 성향이 이끌리는 그 무엇에 대하여 더욱 깊은 의식을 갖도록 개발하는 데 필요한 분위기를 만들어 준다.[12]

거룩한 단어는 당신이 어떠한 것을 선택하였든지 관계없이 거룩하다. 그 이유는 그 단어의 뜻이 거룩하기 때문이 아니라 그 지향이 거룩한 때문이다. 거룩한 단어는 절대 신비이며 당신안에 머물고 계시는 하느님께 자신을 열어 드린다는 당신의 지향을 나타낸다.[13]

"당신의 지향을 하느님께로 향하게"는 앞뒤의 맥락과 잘 연결이 되지 않는다. 그 자체의 의미가 없는 단어를 떠 올리는 것이 어떻게 하느님께 지향하게 한단 말인가?

당신은 아마도 두 손을 합장하고 손가락들을 하늘로 향하는 자세를 알 것이다. 이것은 자신의 모든 심적 기능들을 함께 모아 하느님께로 향함을 뜻한다.[14]

두 손을 모으고 기도하는 자세가 심적 기능을 모으는 기능을 함을 뜻한다는 것이 기독교적인 해석일까? 불교에서나 기독교에서나 두 손을 모으는 모습은 비슷할지라도 그 의미는 전혀 다르지 않을까?

인간의 의지는 무한한 사랑으로 향하고, 인간의 마음은 무한한 진리로 향하도록 만들어진 만큼, 아무것도 이것을 막지 않는다면 의지와 마음은 사랑과 진리로 향하도록 되어 있다. 이러한 방향으로 자연스럽게 의지와 마음이 향하는 자유가 제한된 것은 이것들이 다른 방향으로 돌려졌기 때문이다. 향심기도 중에 이러한 기능들이 자유를 도로 찾게 된다.[15]

위의 표현에서 우리는 불교의 인간관을 잘 볼 수 있지 않을까? 여기서 인격적인 하나님은 그보다 더 크고 인간의 인식론적으로는 감히 이해할 수 없는(?) 비인격적이고 '사랑'과 '진리'로 대체되고 있다. 이런 표현은 '무지의 구름'에서도 발견된다. 그리고 마지막 문장은 예수가 아닌 향심기도가 이러한 방향과 기능을 되찾게 해 준다는 것이 바로 펠라기우스적인 개념인 것이며, 동양 종교적인 사고이기도 하다. 특히 여기서 주목해야 할 점은 인간은 (예수의 대속을 통하지 않고도) 스스로 사랑과 진리를 바라볼 수 있는 본마음이 있기 때문에, 즉 스스로 초월할 수 있는 부분이 있기 때문에 이를 방해하고 있는 부분을 묵상 방법을 통하여 걷어내기만 한다면 저절로 사랑과 진리를 얻어갈 수 있다는 것이다. 이것은 바로 불교의 인간관, 구원관 이기도 하다. 인간 누구에게나 불심이 있어서 잘 깨닫기만 하면 득도할 수 있고, 부처가 될 수 있다는 개념을 원용한 것이므로 기독교적, 특히 개혁신앙과는 다른 부분인 것이다. 이것은 매우 중요한 핵심인데, 왜냐하면 이런 불교적인 구원관이 향심기도뿐만이 아니라 오늘날 관상적 영성을 실천하는 분들, 그리고 다원적인 종교관을 가진 분들이 흔히 주장하는 논리 속에 자리 잡고 있는 기본 이론의 하나이기 때문이다. 이분들은 물론 불심이란 용어를 사용하지 않고, 기독교적인 표현을 차용하여 때로는 영혼, 영적 차원, 영적 심장[16]이라는 표현을 사용하므로, 사전 지식이 없는 기독교인은 성서의 영, 영혼(주님이 창조하셨고, 자력으로 회복할 수 없이 타락한)과 같은 개념으로 이해하게 되는 혼란을 겪는다. 그러나 우리는 "향심기도 중에 이러한 기능들이 자유를 도로 찾게 된다"고 믿지 않고, 오직 예수의 죽음과 부활에 의지해서만이 회복될 수 있다는 믿음에 의지함으로, 향심기도를 '마음의 명료함'을 위한 수련을 넘어서 그 이상의 통찰 수련으로 반복한다는 것은 기독교 전통의 믿음을 흐리게 만들 가능성이 있다. 즉 그러한 기능을 도로 찾게 되는 것은 거룩한 단어가 아닌 성령의 인도하심 외에는 없다고 믿는 영성과는 다른 것이다. 따라서 올바른 기독교적인 관상은 '거룩한 단어'란 것으로 의식을 돌릴 필요가 없고 성령의 임재로 바로 의식을 돌리는 것이다. 여기서 '성령'은 단순한 단어가 결코 아니고, 살아서 역사하시고 우리와 사랑을 주고받으시는 관계 속에서의 인격적인 대상(Object)이신 것이다.

바오로 사도에 의하면 믿음과 세례로 그리스도의 마음이 우리의 것으로 되었다. 그러나 그것을 진정으로 우리 것으로 하려면 그리스도의 초대에 대한 우리의 감수성이 발전해야 한다. 예수께서는 "들어라. 내가 문 밖에 서서 문을 두드리고 있다. 누구든지 내 음성을 듣고 문을 열면 나는 그 집에 들어가서 그와 함께 먹고, 그도 나와 함께 먹게 될 것이다." *(묵시 3, 20)* 하시며 우리를 초대하시는 것이다. 문을 여는 데에 큰 노력을 필요로 하는 것은 아니다.

우리의 일상적 관심사들에는 우리의 무의식적 가치관들이 내포되어 있다 어떤 사고들은 우리의 마음을 끈다. 우리가 그것에 집착하게 되는 이유는 우리가 어렸을 때에 형성된 정서적 프로그램에 이 사고와 관련하여 저장되었던 그 무엇이 의식 속으로 솟아오르기 때문이다. 이러한 사고들이 의식 속을 지나갈 때 거기에 심하게 정서적으로 연결된 가치관들이 자극하고 위협을 주기 때문에 우리 의식 속에서 신호등이 반짝거리며 켜지기 시작한다. 그러나 모든 사고와 사고 형태들을 떠나

보내는 훈련을 함으로써 우리의 정서적 속박과 강박에서 점차 자유로워지게 된다.[17]

위의 두 단락에 연결되어 있는 점에 유의하자. 앞의 단락에서 인용한 성경 구절은 계시록의 유명한, 그래서 묵상가들이 자주 묵상하는 구절이다. '문을 여는 데에' 약간의 인간적인 노력이 필요하다는 것을 언급한 다음, 다음 단락으로 그 방법을 제시하고 있는데, 그 방법은 위빠사나 명상법에서 아주 흔히 인용되는 원리와 방법이다. 즉 우리의 감정과 사고는 어린 시절부터의 경험으로 얻어진(불교의 緣의 개념이기도 하지만) 자동사고로 생긴 부산물이기 때문에 이에서부터 한발 뒤로 물러나 그것을 그냥 바라보고 떠나보내는 훈련을 함으로써 자유로워질 수 있다고 말하고 있다. 성령의 인도하심이나 주님의 긍휼이나 중보를 믿는 믿음(오직 믿음이라는 개혁신앙)보다는 동양 종교적 명상 방법(감수성을 발전시킴, 모든 사고와 형태를 떠나보냄)이 더 권장되고 있다. 이 방법 자체는 매우 심리학적인 표현이며 오늘날 현대 정신분석에서도, 특히 자기심리학이나 애착이론에서 주장하는 표현이기도 하며, 치료적으로 널리 실행되고 있기도 한 방법이다.

향심기도에서 기도의 목적은 우리의 모든 사고를 떠나보내는 것이 아니고 우리 자아의 존재의 근저와의 접촉을 더욱 깊게 하려는 데 있다. 그러므로 믿음으로 갖는 지향이 이 기도의 근본이다. 향심기도는 우리의 주의를 어떤 단어나 영상이나 혹은 호흡에 맞추려는 것이 아니고 우리 전 존재를 하느님께 맡겨 드리는 것이다. 이것은 특별한 자세나, 만트라나 만다라 같은 것에 정신을 집중하여 얻어지는 우리의 영적 특성을 경험하는 것만이 아니다. 거기에는 하느님과의 개인적 관계가 전제되어야 하고 하느님께 자신을 승복하도록 하는 움직임이 있어야 한다.[18]

이상의 표현대로 실천이 된다면 향심기도 또한 관계성에 유의하고 있다고 말할 수 있으나, 이에 대한 구체적인 실천 방안은 없는 것 같다. 단지 관계적 영성의 표현을 사용하고 있는 셈인데, 앞으로 이 부분에 대한 관심과 강조가 필요할 것이다. 실제 방법은 전혀 상관이 없는 불교 전통적 방법을 사용하면서 그것이 어떻게 하나님께 승복하는 길이 된다는 말인가? 그리고 '만트라나 만다라 같은 것… 경험하는 것만이' 아니라는 표현에 주목하자. 그것만이 아니라면, 그것도 포함된다는 뜻인데, 그 말은 이것저것 함께 간다는 뜻이 아니겠는가?

단어의 단계를 넘어서 순수한 인식으로 들어갔을 때에만 내면화의 과정이 이루어지는 것이다. 그것이 베다니아의 마리아가 예수의 발꿈치에서 하고 있었던 것이다. 마리아는 그에게 말씀하시는 분에게서 듣는 말씀들을 넘어서 그분과의 일치 안으로 들어가고 있었던 것이다. 이것이 우리가 향심기도를 하려고 앉아서 거룩한 단어를 내면화하는 것이다. 우리는 거룩한 단어를 넘어서 그 단어가 지향하는 분, 즉 우리가 그분에 대하여 가질 수 있는 어떠한 관념도 넘어서, 절대 신비이신 하느님의 현존 안으로 들어가는 것이다. [19]

마리아와 마르다의 이야기는 묵상하는 사람들은 모두 잘 알고, 묵상과 사역을 대비할 때 흔히 이용하는 말씀인데, 마치 마리아가 단어의 단계를 넘어서 순수 인식(이것도 불교적인 개념인데) 속으로 들어간 향심기도를 하는 것처럼 인용하고 있다.

또 한 가지 저자가 주장하는 '기독교 전통의 묵상'은 관념을 '넘어서는' 관상이 아니라 관념을 '포함하는', 그러면서도 그분과의 일치, 그분 안의 쉼, 그분의 인도하심에 순종하는 것을 의미한다. 하나님은 절대 신비이고 우리의 인식을 넘어서는 분이지만, 동시에 그분은 우리를 만드셨고, 이끄시고, 구원하시고, 함께 사랑을 나눈다는 '관념'의 하나님이기도 하다. 이런 관념을 넘어선 '순수의식'이란 불교의 '무아지경'과 유사한 개념이며, 불교적 '해탈'을 향한 개념이지 기독교의 구원과 하나님과의 연합을 향한 개념과는 거리가 있어 보인다.

성령께서 당신의 기도를 더욱 더 이끌어 가면서 당신은 아주 순수한 의식으로 끌려가게 되는데 그 순수한 의식은 당신의 참 자아를 바라보는 하나의 직관이다. 이 세상에서는 순수한 믿음으로가 아니고는 하느님을 곧바로 아는 길이 없다.[20]

순수한 의식이나 참자아라는 것은 순전히 불교적인 개념이며, 현대의 의식심리학에서 통용되어지는 개념임은 이미 여러 차례 설명을 하였다. 그것은 논리적으로 이미 기독교 전통의 '믿음으로가 아니고는'이라는 개념과는 다른 것이다. 이분의 '순수한 믿음'은 예수님이 말씀하신 '어린아이와 같은 믿음'과도 다른 것 같다. 이 역시 '마음의 명료함'을 부분적으로 의미한다고 볼 수 있는데, 그런 의미에서는 괜찮은 표현일 수도 있다. 그리고 여기서 언급하는 '하느님'이란 기독교의 유일신으로서의 하나님, 예수 그리스도의 안에서 확실히 나타나는 하나님이라기보다는 '진리', '세상의 근원', '빛', 등으로 표현되는 그 무엇을 의미하는 것으로 보는 것이 타당하다.

이 기도 중에 의식의 흐름 속으로 두 번째 종류의 사고가 끼어드는데, 그것은 당신의 산만한 상상 중에 어떤 특정한 사고에 흥미를 갖게 되고 당신의 주의가 그 방향으로 움직임을 감지하게 되는 것이다. 당신은 이것에 대하여 어떤 감정적 요소를 가지게 될 수도 있다. 정서로 충전된 사고나 상상은 그것이 외부로부터 들어왔건 당신의 상상으로 왔든 간에 당신의 식욕 계통에 자동적으로 반응을 일으킨다. 그 상상이 유쾌한 것이냐 불쾌한 것이냐에 따라 동시적으로 좋아함과 싫어함의 감정이 일어난다. 만일 당신이 어느 특정한 사고나 거기에 따른 감각을 알아차리게 되면 거룩한 단어로 돌아감이 적절하다.

앞서 말했듯이, 우리의 의식은 흐르는 큰 강과 같아서 피상적인 사고들이나 경험들이 마치 배나, 잡물이나 수상 스키하는 사람들이 그 표면을 지나가는 것과 같다. 이 강 자체는 하느님께서 당신 자신의 존재에 우리가 참여하도록 주신 것이다. 우리의 바로 그 부분에 다른 모든 기능들이 머물고 있지만, 우리가 강의 표면에 너무 빠져 있기 때문에 이것을 평소에 잘 인식하지 못한다.[21]

이미 설명한 논리나 비유가 반복되고 있다.

성모님께서 우리를 위해 어떤 큰 일을 하셨나? 그분은 하느님의 말씀을 이 세상에 가져오셨다. 아니 말씀이 자신을 통하여 이 세상에 오시도록 허락하셨다. 이와 같이 성모님의 성소와 같은 관상의 상태는 그리스도를 세상에 드러낸다.[22]

성모 마리아의 유명한 고백은 그 나름 깊은 의미가 있지만, 이를 관상적 영성의 대표적인 표현으로 묘사하고 있는 것은 좀 지나치지 않을까?

두 번째로 당신의 의식을 타고 내려오는 사고는 눈에 뜨이는 보트로서 당신의 주의를 끌어 잡아당겨서 당신의 그 배 위에 오르고 싶게 한다. 거기에 끌리어 배에 오르면 당신은 그 배와 함께 떠내려가게 된다. 당

신은 어떤 정도든 그 사고와 동일시한 것이다. 거룩한 단어로 돌아감으로써 하느님의 현존에 자신을 열어 드린다는 원래의 지향으로 돌아가라. 거룩한 단어는 마음에 끌리는 사고에 집착하는 경향에서부터 당신을 해방시키는 방법이다.[23)]

반복되는 동일한 설명은 더 이상의 해석을 필요로 하지 않을 것이다.

요약하자면, 이상에서 본 바와 같이 향심기도는 좀 단순히 이야기하자면 만트라에서 따온 방법론에 기독교적인 언어의 표현을 차용한 것으로 볼 수 있다. 그리고 그 이면에는 불교적 세계관, 인간관과 함께 수련법의 원리가 자리잡고 있다. 초두에 언급한 것처럼 불교적 수련법이라고 하여 그 자체가 나쁘거나 잘 못 된 것이 아닐 수도 있고, 오히려 수련을 해 감에 따라 심리적인 안정과 긍정적 느낌, 마음의 평안, 종교적 희열까지 충분히 느낄 수 있다. 따라서 향심기도는 '마음의 명료함'을 수련하기에 어느 정도 좋은 방법일 수는 있지만, 기독교의 관계적 영성의 차원에서 이해하기에는 매우 부족한 부분이 있음을 생각하게 된다. 만약에 이러한 기도가 우리를 하나님과의 관계에서 하나님께 나아가는 것에 도움이 되지 않거나, 우리를 주님께로 향하는데 혼란을 초래할 가능성이 있다면, 이러한 수련 방법을 사용하는 데 신중해야 할 것이다. 주님께로 가는 길은 말씀과 성령(신령과 진리)의 인도하심 외에는 그 어떤 논리나 방법도 필요치 않다. 그러나 혹 부분적으로 향심기도를 '마음의 명료함'을 수련하기 위한 방법, 관계적 영성으로 나아가기 위한 일종의 준비단계로써 사용한다면 넓은 의미에서 기독교적 영성수련의 한 가지 방법으로 이해할 수도 있을까?

신시아 부조의 향심기도

『마음의 길』[24]을 중심으로

이제까지 앞에서 기술한 개혁신앙의 입장에서 본 관상기도와 향심기도의 문제점에 관한 글은 거의 15년 전에 저자가 인터넷 카페에 올렸던 글들을 모은 것으로, 독자들에게 너무 부정적인 인상을 주었기 때문에 어쩌면 상당 기간 향심기도를 수련해 오던 사람들에게는 마음에 불편함을 주게 되었을지도 모르겠다. 지난 10년 간 저자 자신 향심기도에 대한 생각을 긍정적으로 바꾸려고 노력하였는데, 특히 영성 수련을 마음의 명료함과 관계성의 두 단계로 나누어 볼 때 앞 부분에 상당한 효과와 기여가 있었음을 어느 정도 이해하게 되었다. 그러나 이러한 저자의 시각의 변화와는 별도로 그동안 향심기도는 그 나름대로 엄청난 발전(?)과 자리매김을 해 온 것이 사실이다. 특히 그 중심에는 여성 영성가이자 저술가로 명성을 떨치고 있는 신시아 부조의 역할이 크다고 생각한다.

향심기도(centering prayer)는 예수기도(Jesus prayer), 그리스도교 묵상(christian meditation)과 더불어 서구 그리스도인들 사이에서 가장 많이 사랑을 받는 대표적인 현대 관상기도 중의 하나로, 성서뿐만 아니라 [무지의 구름], 요한 카시아누스, 동방 정교회의 신신학자 시므온, 아빌라의 데레사와 십자가의 요한, 그리고 토마스 머튼의 기도에 대한 가르침을 기초로 바쁜 일상을 살아가는 그리스도인들이 관상적인 삶을 살아갈 수 있도록 고안된 단순기도이다.[25]

그러나 저자는 향심기도가 마음의 명료함의 수련에서는 상당한 효과를 보이는 수련이기는 하지만, 그 뿌리는 불교적인 영성에 닿아 있다는 점과 그리스도교적인 관상으로 이해되기 위해서는 관계성에서 여전히 개선(?) 내지는 변화를 필요로 한다는 점을 강조하고 싶다.

그동안 향심기도가 영성가들 뿐 아니라 일반인들에게까지 폭넓게 이용되고 있는 상황에는 여러 관상기도 전도사들의 노력이 있었는데, 그 중에 신시아 부조를 들 수 있다. 신시아 부조(Cynthia Bourgeault) 박사는 성공회 사제이며 문필가, 신비주의 영성가로서, 국제적으로 널리 알려진 피정 지도자인데, 토마스 키팅 신부로부터 향심기도를 배웠으며, 현재는 향심기도 수련의 세계적인 지도자로, 탁월한 현대 영성가 중의 한 사람으로 알려져 있다. 그녀는 여러 강연과 저서를 통하여 초기 토마스 키딩신부의 향심기도에 대한 설명들을 더욱 정교하고도 화려한 필치로 향심기도를 보편적인 깨달음의 신비와 영성적 이론의 두 날개로 상당한 경지에 올려 놓았다. 그러나 향심기도를 더욱 심오하게 설명을 하였다고 하여 본질이 바뀌는 것은 아니므로, 영성이나 신비에 대하여 가르치거나 사람들에게 알려주려고 애를 쓰는(저자 자신을 포함하여) 경우, 당연히 거기에는 일정 부분 오류나 부정확한 점이 뒤따르기 마련이므로, 신시아 부조의 주장이나, 이를 비판하는 저자의 주장이나, 독자들의 관점에서는 나름 평가가 필요할 것이다. 어쨌든 "마음의 길"은 향심기도에 관한 그녀의 대표적인 저서로, 이 책을 통하여 향심기도에 대한 저자의 이해를 피력하고자 한다.

일단 저자도 앞서 인정한 바와 같이, 부조는 향심기도의 주 역할은 깨어남(awakening), 즉 마음의 명료함을 수련하는데 탁월하게 맞추어져 있다고 강조하고 있는데, 이를 특히 다른 명상법들과 구별하여 '승복하는' 방법이라고 말하고 있다.

일반적으로 말해서, 다양한 명상 방법들은 크게 세 가지 묶음으로 분류할 수 있다. 그것은 집중하는 방식(concentrative methods), 알아차리는 방식(awareness methods), 그리고 승복하는 방식(surrender methods)이다. 향심기도는 이 마지막 범주, 즉 '승복하는' 방식(그리고 가장 흔치 않은 방식)에 속한다.

집중하는 방식은 단순한 과제를 부여받는다. 이 전통에 따르면, 자신의 호흡을 세는 것, 팔이나 다리 같은 신체의 특정한 부위에 주의를 옮겨 거기에 주의를 잡아 두는 것이 포함된다. 또는 가장 흔한 것은 만트라를 소리 내어 읊조리거나 조용히 암송하는 것이다.

정교회의 예수기도, 또는 묵주기도, 그리고 그리스도교 묵상(Christian meditation)의 기본 만트라로서 존 메인이 권하는 "마라나타(오십시오, 주 예수님!)"가 있다.

알아차리는 방식은 위빠사나(vipassana)나 관조(insight meditation)에서 행해진다. 수련자는 내적 관찰자(inner observer)에 맞춰 조정되어 생각과 감정이 일어나고 형태를 짓고 흩어 사라지는 에너지의 작용(play)을 단순히 지켜본다.

수련자는 자신의 심리적 존재(혹은 일상적 알아차림)로부터 철저히 분리되어, 의식의 장 자체에 깊이 뿌리내리는 법을 배운다.

승복하는 방식은 한층 더 단순하다. 형태를 짓고 흩어지는 것을 지켜보지도 않고 이름을 붙이지도 않는다. 생각이 의식 속에 떠오르자마자, 수련자는 단순히 그것을 떠나보낸다.

이것이 14세기의 영적 고전인 "무지의 구름"(the cloud of unknowing; 향심기도의 1차 자료)이 "하느님만을 향한 꾸밈없는 지향"이라고 부른 것이다.

향심기도는 오로지 돌아감에(수만 번까지라도) 기반을 둔 명상이다. 우리가 어떤 생각에 "잡혀 버린" 자신을 발견할 때, 단순히 그 생각을 가게 놔두면, 우리는 기꺼운 마음으로 하느님을 향해 깊이 자신을 열어드리는 우리의 지향을 깊게 하는 것이다.[26)]

향심기도가 '오로지 돌아감에(수만 번까지라도)'를 특히 강조하는 명상임은 분명하며 바로 이점이 향심기도를 아주 탁월한 '마음의 명료함' 수련을 위한 훌륭한 기술임에는 틀림이 없다고 저자도 인정한다. 그렇지만 그렇다고 하여 불교적 명상이나 정교회적 명상과 전혀 다른, 이름하여 '승복하는' 명상이라고 보기는 어렵다. 모든 영성 전통의 수련 방식에는 집중명상이나 알아차림 명상이 섞여 있기 때문이며, 향심기도 역시 이 두 가지 요소가 함께 섞여 있는 방법이다. '돌아감'이라는 작업은 사고의 내용물에 빠져 있음을 '알아차리는' 과정이 주가 되긴 하면서 일시적이나마 '거룩한 단어'에 주의를 돌리는 것(이것도 일종의 집중이다)과, 모든 것을 '바라보고', '흘려 보낸다', 흘려보내는 '내적 관찰자'에 집중하는 것도 섞여 있기 때문이다. 말하자면 향심기도 역시 괜찮은 섞어찌개의 하나일 뿐이다. 그럼에도 불구하고 부조는 왜 유독 다른 명상들과의 차별화를 시도하는 것일까? 그것은 향심기도 주도자들이 가지고 있는 일종의 불안감, 혹 향심기도가 기독교 전통과는 무관한 수련 방법이라는 비판에 대한 불안감을 보완하기 위해서가 아닐까? 저자는 이 책 곳곳에서 부조의 그런 감정을 느낄 수 있는 기술들이 있다고 보았다 토마스 키팅 신부가 별로 언급하지 않았던, 그러나 향심기도의 본질에 대한 핵심적인 질문을 드디어 부조는 솔직하고도 구체적으로 꺼낸다.

토마스 키팅 신부는 자신의 혁신적인 가르침의 좀 더 예민한 점들에 관해서 공개적으로 도전을 받거나 대화에 끌어들여지는 일이 거의 드물다. 향심기도가 그리스도교 관상의 고전적인 전통과 어떻게 연관되는지에 대해서도 실질적 이해가 거의 없다. 그리고 그 방법들에 대한 미묘한 차이와 그리스도인의 삶을 변화시킬 혁명적인(아직은 거의 미개발된) 잠재력에 관해서 실제로는 어떤 인식도 없다.

예수께서 정확하게 명상 수련을 가르친 장면을 우리가 가지고 있지 않은 것은 사실이지만, 꽤 많은 경우에 행간에서 매우 쉽게 읽을 수 있다.

물론, 예수님 자신이 명상을 했다던가 아니면 제자들에게 특별히 명상을 가르치셨다는 사실을 입증할 수 있는 분명한 성서 관련 구절을 우리가 제시할 수 있다면 문제는 아주 간단해질 것이다. 하지만 우리는 그럴 수 없다.

이 '돌아감'은 사실 모든 영성수련의 핵심으로 아주 중요함을 아무리 강조해도 부족하다. 그것은 의식의 깨어남이며, 마음의 명료함을 얻는 것이며, 침묵 속에서 자신을 깊이 성찰하는 것이며, 우리 인간이 할 수 있는 최선의 방법, 거룩함을 얻기 위한 최선의 준비작업일 것이다. 저자도 다른 곳에서 설명했듯이 기독교 영성의 장 안에서는 대표적으로 토마스 켈리가 말한 '지속적으로 새로워지는 즉각성(continually renewed immediacy)'을 들 수 있다. 그런데 여기서 향심기도의 돌아감과 기독교의 돌아감에 아주 단순하지만 심각하고도 궁극적인 차이가 있다. 잘 아는 것처럼 기독교의 돌아감은 마음을 들어 주님을 향하는(토마스 그린) 것이며, 인격적이고 관계적인 대상으로 향하는 돌아감이다. 이에 비하여 향심기도의 돌아감은 '거룩한 단어'로 돌아감이며, 자신의 의식의 흐름으로 돌아감이며, 깊은 내면에 있다고 하는 '참 자기'로 돌아감이므로, 비인격적이고 비관계적인 돌아감이 된다. 그렇지만 부조의 설명은 다르다. 다음의 화려한 표현을 음미해 보자.

향심기도는 어떤 생각, 기도문, 반추, 독서로 중재되지 않고 기도자가 직접, 즉시(im-mediately) 하느님을 있는 그대로의 하느님으로 만나고 싶어 한다고 주장한다. 그래서 눈을 감는다. 그럼으로써 기도자는 어떤 개념이나 생각 혹은 이미지도 허락하지 않도록 정상적인 의식의 모든 작동을 완전히 멈춘다. 그래서 지성, 상상력, 기억, 의지라는 정상적인 기능들은 작동되지 않고 닫힐 것이며, 그래서 기도자는 그의 중심, 그의 영, 그의 깊은 진정한 자기, 그의 고유한 자기에게로 나아간다. 거기서 그는 말 없는 일치와 친교 속에서 하느님의 모상으로, 성령께 속한 영으로, 모든 매개를 넘어 사랑하시는 분(삼위일체 하느님)의 연인으로 지음 받는다… 우리 안에 내주하시는 하느님과의 직접적인 접촉 가운데 있는 이 상태를 초월의식이라고 부르는 것이 가장 좋을 것이다. 물론, 육화하신 하느님의 아들 예수님이 이 만남의 유일무이한 중보자시지만, 우리는 모든 다른 매개들을 떠나보내야 한다. 예수님은 그분을 청하거나 그분과 이야기하는 매개자 없이 당신 일을 하신다. 예수님은 당신 일을 하시고 기도자(pray-er)는 자기 일을 하자. 즉, 전적인 수용 말이다.

마치 앞 단락에서 저자가 토마스 키팅 신부에게 제기했던 의문점들을 정확히 파악하고 답변하는 것처럼 기독교 전통의 영성과의 연결을 시도하고 있다. 이런 표현은 읽는 사람으로 하여금 황홀감을 느끼게 하기조차 한다. 그러나 이런 깨어남이 티베트 불교에서부터 비로소 깨달음을 얻었다면 독자들은 혼란에 빠질 수도 있다.

부조에 있어서 마음의 명료함은 기독교의 관계성의 영성을 위한 준비에서 그치는 것이 아니라 초월의식, 영적 무소유의 개념으로까지 발전한다.

그렇다면 영적 무소유란 무엇인가? "행복하여라, 마음이 가난한 사람들! 하늘나라가 그들의 것이다."라는 진복팔단에 나오는 예수님의 첫 마디, 광야의 첫 유혹 때 돌로 빵을 만들지 않겠다고 결심, 체포당하시고 십자가를 지시는 때에 스스로를 구원하는 것을 거절함으로써 이와 동일한 특성이 가난, 순결, 그리고 순명에 대한 전통적인 수도원식 서원에서, 그리고 "아무것에도 집착하지 않는 마음을 기르라!"는 전통적인 불교의 가르침에서 포착된다.

나는 내가 "삶과 죽음을 바라보는 티베트의 지혜(the Tibetan book of living and dying)"를 읽기 전까지는 이것이 무엇을 의미하는지 완전히 이해하지 못했다는 것을 고백한다. 많은 서구인들이 훨씬 더 깊은 방식으로 자신들의 전통 안에서 진리를 발견하는 데 도움을 준 책이다.

만일 어떤 사람이 거기에 휩쓸리지 않고 그 모든 소용돌이치는 색깔들, 감정들, 형체들이 그저 본디 투명한 빛의 분해임을 깨달을 수 있다면 그는 두 번째 기회 그리고 어떤 면에서는 환생의 수레바퀴(the wheel of rebirth)로부터 벗어날 훨씬 더 심원한 기회를 갖게 될 것이다. 물론, 그리스도교는 죽음과 내생을 아주 다른 방식으로 이해하지만, 그 가르침 자체는 향심기도의 상황과 닮았다. 우리가 무념기도 속에 들어갈 때 우리가 할 일은 일치 속에 머무는 것, 투명한 빛과 함께 머무는 것이다. 만일 우리가 그것에게 이미지, 색깔, 그리고 감정의 색조로 굴절되는 것을 허락한다면, 우리는 그 끝없는 감정들, 의제들, 반응들의 끝없는 수레바퀴와 더불어 우리의 심리적 자기로 재빨리 되돌려질 것이다.

투명한 광휘라는 티베트 불교 이야기에 상응하는 것이 그리스도교에 있는지 모르겠지만, 상상력으로 만들어낸 것에 집착하지 않는 수련이 우리를 깊고 고요하게 하느님의 중심에 모여들게 한다는 것은 전적으로 진실하다.[27]

이쯤 되면 우리는 부조의 마음 안에서는 기독교와 불교가 혼합되어 존재한다는 것을 어렴풋이 이해하게 되며, 그것이 정서적으로 좋고 싫음을 떠나서 전통적인 기독교와는 한참 거리가 있는 신앙임을 이해하게 된다. 이제 그가 말하는 향심기도의 궁극적인 목표가 되는 초월의식이란 무엇인지 역시 이해가 되는데 그것은 기독교와 불교의 혼합을 넘어서서 아예 티베트 불교의 경지를 말해주고 있는 것으로 보인다.

대부분의 유파(流波)에서 명상이란 정신의 명료함이나 강력한 "지금 여기"의 현존과 사실상 같다고 보기 때문에…

명상가가 도달하려는 이 '건너편'이란 무엇인가? 아마도 그것은 집중적인 수련과 알아차림 수련이 그렇게 중요하다고 생각하는 '명료한 정신(clear mind)'의 상태일 것이다.

향심기도는 승복의 수련이며, 이 방법의 관점에서 의식적인 현존의 치열한 파악조차 사람이 매달리는 또 다른 집착이 될 뿐이다. 향심기도는 부드럽게 가게 놓아두는 것이며 더 깊은 수준에 단순히 자기 자신을 내어 맡기는 것인데, 그 깊은 수준이란 확실히 '무의식'이 아니라, 목격하는 현존에 의해 중재되지 않는 '사랑의 숨겨진 근저(the hidden ground of love)'로 마음속에 공명하는 신적 의식이다.

개인의 현존마저 궁극적으로 하느님 안에 모든 것을 넘겨 드리는 승복의 자세에서 초월될 수 있고 또 그래야 된다는 것을 주장한다. 향심기도는 '궁극적인 무념(ultimate apophatic)'이라는 방향을 향해 뗀 첫걸음이다.[28]

나의 현존이나 하느님이라는 존재마저도 부드럽게 놓아 버리고, 결국은 아무것도 존재하지 않는 '궁극적인 무념'의 상태를 이루는 것, 즉 신적 의식을 이루는 것이 향심기도의 목표라는 것이다.

향심기도에 관한 부조의 글에서 특히 심리치료자로서의 저자의 관심을 끄는 것은 그의 자기 인식과 치유의 개념인데, 물론 이런 개념들은 토마스 키팅을 위시한 현대의 다원적 영성가들이 보편적으로 주장하는 개념들이긴 하지만, 부조는 이 책에서 이에 관하여 보다 정교하게, 그리고 아주 탁월하게 구체적으로 개념들을 설명하고 있다. 그리고 이런 개념들은 저자 자신을 포함하여 대부분의 관심자들의 공감을 받고 있는 바이지만, 아주 결정적이고도 중요한 부분에서 심각한 차이를 보이기도 하는 것이다. 그들의 주장은 우리가 일상적으로 생활하는 자기는 결코 온전한 나가 아니며 어린 시절부터 쌓여진 방어적, 습관적, 왜곡된 자아의 활동이며, 이를 '거짓 자아' 또는 '거짓 자기'라고 부르며, 그 외면 아래에는 더 깊고, 어마어마하게 더 '진정한 자기(authentic self)' 또는 '참자기(true self, real self)'가 있다는 것이다.

작은 자기와 더 큰 자기(여러 전통 틀에서 '참자기true self', '본질적 자기essential self' 혹은 '참 나real I'와 같은 다양한 말로 불려진다) 사이의 이런 혼동이 인간 조건의 핵심적인 환영이며, 이런 환영을 꿰뚫는 것이 깨어나기가 하려는 모든 것이다.[29]

이 개념은 현대 정신분석의 개념들, 애착이론들과 공통적인 점이 있는데, 여기서 특히 부조의 탁월함은 현대 정신분석에서 말하는 치료적인 차원의 거짓 자기, 곧 건강하지 못한 자기 또는 미성숙한 자기 및 이에 반하는 참자기라는 개념과 보편 영성에서 말하는 거짓 자기 및 참자기는 차원이 다르다는 아주 날카로운 통찰인데, 여기서 말하는 참자기란 웰빙 차원의 자기가 아니라, 현존을 깨닫는 자기라는 것이다. 그 참자기는 그리스도, 혹은 하느님이라고 불릴 수도 있다고 한다.

거짓 자기 즉 '에고적 자기(egoic self)', 혹은 '유념적 자기'는 실제로 많은 영적 전통에서 곧바로 환영(illusory)의 영역, 혹은 기껏해야 덧없는 영역으로 치부되는데, 부조의 향심기도는 그것과 더불어 머물기를 바라는 그 마음의 경향성에서 손을 떼면서, 더 깊은 살아 있음에 우리 자신을 맡기려고 한다. 이런 에고가 더 이상 우리를 붙잡지 못하는 때가 오는데, 향심기도를 하려고 앉아 있을 때, 갑작스럽게 무엇인가 선명한 열림이 활짝 열리기 시작하며, 그것은 심리적이거나 영적인 어떤 통찰일 수 있다고 보는 것이다.

사실 향심기도 같은 명상 방법은 보다 더 수용적이므로 흔히 무의식의 더 많은 참여를 촉진한다. 일찍이 키팅 신부는 이것의 치료적인 중요성을 인식하고, 그것을 '무의식의 짐을 덜어내기(unloading of the unconscious)'라고 불렀는데, 이를 "무의식적 동기의 정화이다"라고 주장해 왔다.

키팅신부는 야심차고 혁신적인 방법으로 토마스 아퀴나스, 아빌라의 데레사, 십자가의 성 요한의 전통적인 지혜에다 Ken Wilber, Michael Washburn, Jean Piaget, 심지어 알코올 중독 치료 12단계 프로그램의 현대 통찰까지를 총망라하여 종합한다. 그렇게 해서 나온 것이 상처 입음에서 시작해서 변형적 일치에서 끝나는(사람들이 여기까지 받아들이려고 한다면) 포괄적인 심리-영성 패러다임이다. 그는 그것을 신성한 치료(divine therapy)라고 부른다.30)

향심기도 중에 앉아 있게 되면, 무의식은 '일생의 정서적 쓰레기'를 덜어내기 시작한다. 억압된 기억들, 고통, 축적된 흐릿한 상처가 표면으로 떠 올라오고, 부드럽게 동의하는 태도를 통해 그것들은 떠나가게 된다.

만일 정신분석이 '유념적 치료'(즉, 말, 개념, 우리 내적 근저의 어둠을 밝히는 알아차림)를 대표한다면 향심기도는 일종의 '무념적 심리치료'를 나타낸다.

기도자는 정신분석 때처럼 그것들을 검열하려고 붙잡고 있기보다는 그것들을 소유하지 않고 단순하게 가게 놓아두어, 이런 상처들이 기도 중에 점진적으로 표면으로 올라와 풀어질 때에 거짓자기는 더욱 더 약해지고 참자기는 점점 드러난다. 바로 이것이 키팅 신부가 말하는 변형적 일치(transforming union)의 진정한 의미이다.

바로 이 부분은 오늘날 치료학 분야에서 새롭게 각광받는 점이며, 그래서 많은 현대 심리치료자들이 내담자들로 하여금 명상을 동시에 받기를 권하는 경우가 많아지는 이유이기도 하다. 그러나 여기에는 심각한 제한점이 있다. 이 개념들은 이미 현대 정신분석이나 애착이론에서 명백히 치유의 매카니즘으로 밝히고 있는 바와 같지만, 이런 치유의 과정이 자동적으로 이루어지는 것은 아니며, 여기에는 치료자(또는 지도자)와의 상호주관적인 관계성을 절대로 필요로 한다는 점이다. 바로 그 점이 현대정신분석이나 애착이론이 치유의 매카니즘을 밝히면서도 동시에 한계로 여기고 있다는 점, 즉 현대 사회에서 진정한 치유적 관계성을 추구하기란 현실적으로 한계를 갖게 된다는 점이다. 그리고 이런 상호주관적인 관계성의 실천은 기독교 전통의 관계적 영성의 개념과 이를 바탕으로 한 공동체 개념이 없이는 어렵다는 점을 저자는 주장하고 싶다. 그렇지 못할 경우 섣부른 명상기도 수련은 무의식에 있는 억압된 자료를 느슨하게 하기 때문에 영적 수련의 초기 열매는 기대했던 평화나 깨달음이 아니라 불안과 상당한 고통이 의식으로 올라오게 되는 경우를 어렵지 않게 발견할 수 있다. 이런 작업은 심리치료의 영역 안에서는 상당히 숙련된 심리치료자의 존재를 필요로 하기 때문에 섣부른 이런 식의 접근은 금기로 여기고 있다.

이 문제와 관련하여 우리가 여기서 논의를 더욱 진전시킬 필요가 있는 점은 이런 대중적인 명상치료가 심리치료적인 자아의 치료나 성숙을 어느 정도 유도할 수는 있지만, 근본적인 영성에서의 성숙, 즉 하나님과의 친밀한 관계를 이루거나, 내적 자유, 성령의 열매, 지복과 같은 상승을 맛볼 수 있다는 것은 하나의 가설에 불과하다는 것으로 이 양자를 구분하는 것이 필요하다는 점이다. 이는 부조도 인식하고 있는 바인데, 즉

에고의 치유인가, 에고의 초월인가? 고전적인 심리치료는 에고 기능

영역 내에서 일어나며, 그 목표는 에고 기능을 증진하는 것이다. 반면, 종교 전통에 상관없이, 고전적인 영적 작업은 에고를 초월하도록 돕는다. 그것은 개인 안에서 '참자기(true self)'혹은 '상위 자기(higher self)'로 알려진 무엇인가를 일깨우려고 시도한다.

만일 거짓자기가 에고 존재의 왜곡된 표현으로 정의된다면, 참자기는 그 왜곡과 방어가 치유된 에고, 아니면 다른 말로 해서, 건강한 에고일 것이라고 추론하게 된다.

이런 실수를 하게 된다면, 에고의 초월은 전경에서 사라져 버리고, '신성한 치료'는 평범한 구식의 치료가 되고 만다. 초월적 자기는 결국 단순히 높은 에고 기능, 다른 말로, 거짓자기 프로그램에 부정적으로 계속해서 휘둘리지 않고 세상에서 성공적으로 출세하는 능력과 구별되지 않을 것이다. 물론, 높은 에고 기능 자체로는 아무런 해가 없다. 그러나 위험은 진정한 에고의 초월에서 비롯한 "은총 위의 은총"과 신경 증상의 완화에서 비롯한 '건강(wellness)'의 의미가 혼동된다는 데 있다.

치유가 거룩함을 향하는 여정의 중요한 측면인 것은 사실이지만, 건강한 에고를 참자기로 오해해서는 절대 안 된다. 어떤 방식으로든 건강한 에고가 참자기로 진전되지는 않는다. 건강하든 건강하지 못하든 에고는 여전히 에고이며, 어쩔 수 없이 저급하고 일시적인 이기심의 영역에 묶여 있다. 그리스도교 영성의 고전적인 언어로 보면, 에고는 '조명'단계를 넘어갈 수 없다.[31]

이 점에 있어서 저자는 부조의 이 주장에 대체로 동의한다. 대부분의 심리치료에 종사하는 사람들과 일반인들은 바로 이 점에서 심각한 오해를 광범위하게 하고 있는 것이 현실이다. 영성적인 깨달음에서 오는 근본적인 변형과 여기서 얻어지는 부수적인 웰빙을 자아의 세상적 성숙에서 오는 치유와 혼동하는 것이다. 이 양 자는 전혀 차원이 다르다. 부조의 이 지적은 참으로 현명하고 날카롭다.

그러나, 단, 여기서 동시에 매우 심각하고도 핵심적인 견해 차이는 '참자기'라는 개념의 존재와 의미에 있다. 반복된 설명인지 모르나, 부조를 위시한 상당수의 현대 영성가들이 말하는 참자기는 기독교 전통에서 의미하는 영혼이나 하나님의 피조물로서의 타락하기 전의 존재와는 전혀 상관이 없는 개념이다.

신학적으로 설명할 때 '참자기'가 무엇처럼 보이든지 간에, 운용상 그것은 고전적인 그리스도교 용어로 '불이적(non-dual)' 혹은 '일치적(unitive)'이라고 부르는 다른 종류의 의식으로의 전환과 관련된다. 그 의식은 우리 안의 더 깊은 자리에서 흘러나온, 다시 말해서 앞에서 '무념적 알아차림'이라고 묘사했던 그것이다.

아울러 참자기를 하나님 안에서 거듭난 영혼이라고 혹시 기독교적으로 해석한다고 하더라도 기독교 전통의 개념으로서의 영혼이나 참자기는 "참자기는 우리의 어두운 측면의 의식적인 수용과 통합을 통해, 일종의 신성한 연금술로 태어난다."(p13)는 부조의 이해처럼 자율적으로, 스스로 이루어지는 것이 아님은 명백하다.

한편 신시아 부조의 매우 예리하고도 훌륭한 관찰 가운데 또 하나는 그녀가 '관찰자아'에 대한 언급을 명상과 관련하여 논의하고 있다는 점이다. 관찰자아의 개념은 오래전부터 정신분석에서 언급되어 온 개넘이긴 한데, 부조는 이를 확고한 내적 주시의 기반을 조정하는 것은 전통적인 명상 수행의 표준적인 목표가 된다고 하였다. 즉 명상 중에 정신 현상이 일어나는 것을 주시함으로써(알아차림의 방법에서처럼), "더 작고 에고적인 자기에 예속되어 있는 정신을 해방시키는 것이며, 그 정신이 신적 현존 자체를 점점 더 반영하게 한다는 것이다."

전통적인 영적 가르침에서 명상은 내적 관찰자를 발달시키기 시작하는 자리인데, 내적 관찰자는 초자아의 내면화된 소리가 아니며, 거짓 자기를 심리분석하고 있는 상부의 에고 자기가 아니다.

내적 관찰자는 이런 평상적인 감각 가운데 있는 '자아의식(ego awareness)'이 아니다. 오히려, 그것은 '자기의식(self awareness)'이라고 할 수 있는데, 일상적인 에고의 궤도로부터 '존재자 자체(being itself)'의 시선으로 본질적으로 당신을 꿰뚫어 주시하고 있는 보다 깊은 자리로 무게중심을 옮긴다는 의미에서 그렇다.[32]

부조는 내적 관찰자의 개념을 다음과 같이 분명하고 정확하게 기술하고 있다.

내적 관찰자의 뚜렷한 특징은 동일시를 하지 않는다는 것이다. 그것은 내용물을 움켜잡지 않고 혹은 그 과정을 단독으로 요구하지 않으면서 진행되는 바를 주시할 수 있다. 보통의 심리학적 관점에서, 자기를 의식한다는 것은 "나는 너에게 정말 화나(I am very anger at you)", 또는 "나는 지금 슬퍼(I am feeling sad right now)"와 같이 말하는 것을 의미한다. 표현은 분명하지만, 분리가 없다. 즉 당신은 완전히 당신이 느끼고 있는 것과 동일시된다. 그래서 당신의 목표는 문제의 진상을 규명하는 것이 되고, 가능하다면 그것을 교정하는 것이 된다. 이와는 대조적으로 내면 작업에서 그 목표는 감정과 당신 자신의 더 깊은 자아의식 사이에 어떤 공간을 늘리는 것이다.

이것은 영적 깨어남에 대한 우리의 일반적인 개념에 중요한 수정을 가하는 것인데 왜냐하면 일반적으로는 보통 영적 깨어남의 목표를 하부적인 에고(치료적 관점의 심리학적 에고)를 무시하거나 파괴하고 보다 고상한 참자기, 또는 영적인 자기로 대체하는 것이라는 생각을 가지고 있기 때문이다. "그러나 이것은 영적 깨어나기가 정말 의도하는 것이 아니다. 의도하는 것은 그 둘의 결혼이다. 그래서 본질적인 독특함을 가진 하부와 초개인적 빛남을 가진 상부가 참된 개성으로 합치는 것이다. 목격하는 현존은, 우리로 하여금 전모를 보게 하고 전모에 존재하게 하면서, 자비심을 가지고 두 방향 모두를 본다."(p15) 바로 이 점은 부조의 명상에 관한 연구가 상당히 깊은 성찰에 있음을 말해 주고 있다고 생각한다.

바로 이러한 관점에서 부조는 이 책의 뒷 부분에서 메리 므로조브스키의 환영의 기도를 언급한다.

환영의 기도는 일반적으로 심리치료적인 맥락에서 교육되는데, 예를 들자면 일상생활 속에 '신성한 치료'를 확장하는 도구로 또한 거짓자기 체계의 쓰라린 감정을 덜어주는 도구로 활용된다. 사실상 환영의 기도는 발아 상태에 있는 거짓자기 프로그램의 싹을 잘라내고 내적 고요를 회복시키는 아주 효과적인 방법이다.

그러나 환영의 기도는 내적 깨어나기의 도구로 훨씬 더 강력한 힘을 발휘한다. 즉 내적 관찰자인 "나"를 강화시키고, "보이는 것을 보는 힘에 복종시키기"위한 강력한 도구이다. 이런식으로 사용될 때, 환영의 기도는 일깨워진 의식의 양과 질 모두를 빠르게 성장시킬 수 있는 가장 강력한 수련 중의 하나가 된다.[33]

이런 "무념적 심리치료"는 전통적인 심리치료를 대신하려는 것이 아니라, 깊어지는 영적 차원을 통하여 심리치료를 보강하려는 것이다. 이 여정의 열매는 심리학적 수준에서 깊은 치유로 나타날 뿐만 아니라 점진적으로 부상하는 "영의 관상적 선물"로도 나타나는데, 그 선물의 특징은 긍휼, 겸손, 그리고 늘어나는 평정이다.

다만 여기서 아쉽게 느끼지는 것은 그들이 말하는 '내적 관찰'의 주체가 누구인가에 관한 논의가 앞으로 더욱 진전되어야 할 것으로 느낀다. '내적 관찰자'란 '참자기'인가? '영혼'인가? 다만 그녀는 다음과 같은 말로 어렴풋이 여백을 남겨놓는다.

내적 관찰자는 그 자체를 의식하고 있는 의식적인 정신에서 행해지지 않고, 당신 존재의 하부, 즉 마그네틱 센터에서 행해진다. '그것'은 당신을 꿰뚫어 주시한다. 다시 말해, 당신 안에 있는 영(spirit)이라는 더 깊은 주시자가 더 깊은 무의식을 통과해 스며든 것처럼 보이는, 우리가 앞서 말했던 신비로운 내적 조력자를 주시한다.

마지막 결론적으로, 그러나 반복이 될 수 밖에 없는 언급을 덧붙이자면, 우리는 아무래도 기독교의 관계성과 향심기도의 연관에 관한 것이 된다.

이 정화(purification, 향심기도의 작업)는 그 자체로 기도라고 키팅 신부는 강조한다. 다시 말해, 하느님과의 관계를 위한 준비가 아니라 하느님과의 관계 자체라는 것이다. 그는 기도 중에 경험된 '전이'(즉, 깊어지는 신뢰와 안전감)가 심리적 치유를 촉진한다는 것과 치유가 일어남에 따라 하느님과의 관계 또한 자라고 깊어진다는 것을 알아내고는, 이 관계를 '신성한 치료'라고 부른다.

이런 그의 언급이 저자와 같은 독자들에게는 다소 급격한, 좀 더 상당히 많은 설명을 요구하는, 그러나 어떤 지엽적인 문제가 아니라 향심기도가 기독교적인 전통에 서 있느냐, 아니면 불교 전통에서부터 그 전통을 향하는 것이냐, 아니면 이도 저도 구분되지 않는 섞어찌개에 덧붙이는 립서비스인가 하는 매우 중요하고도 중심적인 주제라고 할 수 있다.

폴 니터의 불교적 기독교인

『붓다 없이 나는 그리스도인일 수 없었다.』[34]를 중심으로

먼저 이 책의 겉표지에 적힌 폴 니터 교수에 대한 소개로 그에 대한 소개를 대신하고자 한다.

종교 다원주의 신학의 세계적 석학인 폴 니터는 현재 미국의 신학 명문인 뉴욕 유니온 신학대학원의 '신학, 세계종교, 문화' 분야의 '폴 틸리히 석좌교수'이다. 그 전에는 28년 동안 미국 오하이오 신시내티의 제이비어 대학에서 신학과 종교를 가르쳤다. 그는 로마 교황청 그레고리안 대학(1966)에서 신학을 공부하고, 독일 마르부르크 대학에서 박사학위(1972)를 받았다. 주요 저서로는 "No Other Name? A Critical Survey of Christian Attitudes toward World Religions(1985)" 등이

있다. 특히 불교에 대한 관심이 깊은 니터는 오랫동안 불교를 연구하며 참선 수행을 해 왔고, 최근에는 티베트 불교 전통에서 법명 '연꽃 치유자(Urgyen Menla)'와 함께 수계도 받았다.

그는 한국판 서문에서 자신을 종교학자이면서 '그리스도교 신학자'라고 소개하면서, "두 종교 전통(그에게는 불교와 기독교)에 속하는 것을 탐구하는 사람들 간의 깊고 넓은 대화가 학계뿐 아니라 신자들의 공동체인 그리스도교 교회를 위해서도 새로운 열매를 맺을 것"이라는 희망을 가지고 이 책을 소개한다고 하였다. 그는 서양의 많은 그리스도인들이 그러한 것처럼 자신도 다른 종교와의 대화가 스스로 가진 신앙을 무척 풍요롭게 한다는 것을 발견하고, 특히 불교와의 대화에서 자신이 불교가 왜, 그리고 어떻게 그리스도인의 정체성에 영향을 주고 심지어 변화시킬 수 있는지를 이해하려고 하였고, 자신이 어떻게 더 좋은 그리스도인이 되었는지를 성찰하려는 의도라고 하였다. 아울러 지난 사십여 년 동안의 불교 공부를 신학적으로 성찰하면서 스스로의 불교의 명상 수행을 그리스도교 영성과 통합하려고 노력해 왔다고 밝힌다. 이렇게 서로 다른 종교 간의 대화와 이해를 추구하는 것은 종교 다원주의 학자로서는 매우 진지한 시도임에는 틀림이 없으나, 자신을 '그리스도교 신학자'의 정체성을 가진 개인으로 이해한다면, 이 책의 제목 '붓다 없이 나는 그리스도인일 수 없었다'라는 것은 어울리지 않는 본심의 표현이라고 할 수밖에 없다. 바로 이 점이 앞서 언급한 여러 현대 영성가들이 새로운 영성의 초기에는 그리스도인으로서의 정체성을 겉으로나마 벗어나지 않으려는 입장에서 조심스러운 표현으로 불교의 영성을 언급했다면, 니터는 그런 태도에서부터 한 발짝 전진을 하여, 결국 좀 더 노골적으로 자신의 정체성을 '혼종'(p387)으로 표현하게 되어버린 당연한 흐름의 귀결로 이해된다. 나는 만약에 그가 본질적으로 기독교의 신앙 정체성을 유지하면서 불교의 풍부한 자아의 명료성에 대한 명상 수련의 좋은 점을 받아들여 그 자신의 주장대로 세계와 존재의 '평화와 정의'(p349)에 깊은 이해와 헌신이 되었으며, 이로 인해 현대와 괴리를 갖는 기독교의 신앙을 보다 깊이 개선하기 위하여 '되돌아' 왔다면 저자 또한 깊이 이에 공감을 할 수 있을 것 같다. 그러나 그는 기독교라는 울타리를 이미 넘어갔다. 저자는 이제부터 이 책을 통하여 그가 왜 가톨릭의 전통적인 신학자로부터 불교와 기독교의 '혼종'의 길로 가게 된 것인지를 독자들과 함께 이해하려고 노력해 보고자 한다.

저자가 보기에 그가 불교에 흥미를 가지게 된 시작은 신학자로서의 학문적 깊이 있는 성찰이라기보다는 어린아이부터 어른까지를 막론하고 대다수의 그리스도인들이 겪는 교리에 대한 영적 성숙 과정의 회의라고 보인다. 그의 말을 들어 보자.

그러나 신학자로서의 내 작업이 흥미진진하기는 했지만, 그것은 계속해서 삶이 내게 던지는 더 깊고 끈질긴 문제들을 해결해 주지 못했고, 사실 종종 그 문제들을 더 확대시키는 것 같았다.

나는 "전능하신 하느님 아버지, 하늘과 땅의 창조주", 인격적 존재로서 역사와 우리 개인의 삶에서 활동하시며, 우리가 숭배하고 도우심과 인도하심을 달라고 기도하는 분에 대해 말하고 있다. 나는 "우리의 죄를 위하여 죽으셨고", "종말의 때에 다시 오실" 것이며 하느님의 부르심에 응답하는 모든 사람들의 몸과 영혼에 영생과 개인적 불멸을 주는 반면 그 부르심을 거절하는 사람들은 지옥의 영원한 형벌에 처하는 '그분의 독생자' 대해 말하고 있는 것이다.

나는 그런 진술들이 주장하고 고백하는 바를 진정으로 믿는가? 더 정확하게 말해, 나는 그것을 믿을 수 있는가?

하느님이 인격적이라고 말할 때 (실로, 세 명의 '인격'!), 예수가 유일한 '구원자'라고 말할 때, 그의 죽음 때문에 온 세상이 달라졌다고 말할 때, 그가 무덤에서 몸으로 부활했다고 말할 때, 나는 무엇을 믿는 것인가? 나의 믿음들의 '내용'이 너무 모호하게 될 수 있어, 아주 정직하게 말해서, 도대체 내가 믿기는 하는지 자문하게 된다.[35]

그는 이러한 물음들에 답을 하기 위하여 신학자들이 사용하는 두 개의 주요 원천이 있는데, 이것들만으로는 부족하며 이에 더하여 세 번째 원천이 필요하다고 주장한다.

나는 이 두 가지 원천들이 충분하지 않다는 것을 알게 되었다. 그 문제들은 하느님의 본성, 예수의 역할, 구원의 의미 등이었다. 신학적 자원의 저장고에 셋째 요소인 다른 종교들을 추가한 후에야, 나의 작업은 더 흥미롭고 더 만족스럽고 더 생산적인 것이 되었다. 나는 유대인, 무슬림, 힌두, 불자, 아메리카 원주민 등 다른 사람들이 자신들의 종교적 삶을 살고 이해해 온 방식에 참여하는 것을 통해 나의 그리스도인의 삶을 수행하고 이해하려 해왔다.[36]

위의 두 가지 원천, 즉 성서와 전통만으로는 기독교의 신비를 이해하기에 불충분하다는 그의 고백에 나는 동의한다. 그러나 그 외에 세 번째 우리가 필요로 하는 진리 탐구의 방법은 그가 말하는 다른 종교일 필요가 없으며, 당연히 기독교 전통에서 언급하는 '성령의 체험과 인도하심'일 것이다. 교회 유치부 아이들도 들어 알고 있는 이 사실을 학문적 지식이 높은 그가 이를 거론하지 않는다는 것은 놀랄 일이다. 결국 중요한 것은 들어 아는 것이 아니라 실제 체험이라는 점이다. 그는 불교로 건너갔다 돌아와서야 자신도 그 사실을 알게 되었다고 다음과 같이 기술하고 있는데 이것은 그만의 특이한 점일까 아니면 보편적인 사실일까 하는 면에서는 의문이 남는다.

많은 그리스도인들이 느끼고 있는 그리스도교 신비 전통의 회복 필요성에 대해서도 같은 말을 할 수 있으리라. 즉 그리스도인들은 처음으로 다시 신비가들이 될 필요가 있는 것이다. 지난 세기에 가장 존경받는 가톨릭 신학자이자 나의 스승이었던 칼 라너는 그런 필요성을 인식하고 유명한 말을 남겼다. "미래의 그리스도인들은 신비가들일 것이다. 그렇지 않으면 그들은 아무것도 아닐 것이다." 그리스도교의 신비 전통을 회복하지 못한다면 나는 불완전하고 종종 좌절감을 안겨 주는 교회를 더 이상 견딜 수 없을 것이다. 붓다는 "다시 신비가가 되라"고 나를 불렀다. 설명하기 어렵지만, 이 '다시'는 또한 '처음'이기도 하다. 나는 불교의 도움으로 아빌라의 테레사, 십자가의 성 요한, 마이스터 엑카르트, 노르위치의 줄리안 같은 교회사 속의 '전문적 신비가들'과 신약성서의 요한복음과 바울 서신들에 풍부하게 담겨 있는 그리스도교 신비주의의 일부를 회복할 수 있었다. 하지만 불교로 건너갔다 돌아온 내게 그것은 단지 회복하는 것 이상이었다… 곧 말 이전에 '하느님'을 체험해야만 한다는 것이다. 하느님을 체험하지 않는다면 하느님에 대해 사용하는 어떤 말도 내용이 없을 것이다. 그것은 마치 아무 곳도 가리키지 않는 도로 표지판이나 전기가 통하지 않는 전구와 같다.[37]

이 얼마나 아름답고 설득력 있는 표현인가? 그의 말처럼 문제는 말이나 개념이 아니라 실제 하나님과의 관계, 인격적이고 체험적인 연결인 것임을 그도 잘 알고 있는 듯 보인다. 그러나 그는 하나님을 인격체로 이해하고 그렇게 관계를 맺는 것에 대하여 상당한 양가감정-그는 이 것을 불편함이라고 표현하였는데-이 있는 듯 보인다. 바로 이 점이 그가 도저히 체험적으로 이해할 수 없던 기독교적 신비를 불교에서 답을 얻었다고 느꼈던 모양이다. 불이의 하나님을 인격적인 실재로서 받아들이는 대신 불교적인 해답을 찾았던 것으로 보인다.

물론 우리가 하느님을 아버지, 어머니, 친구나 구원자 같은 하나의 '인격체'로 묘사할 때 우리 삶의 초점을 하느님의 실재에 맞추고 있는 것이긴 하지만, 그럴 경우 우리가 잃어버리거나 심지어 왜곡할 수도 있는 것들이 너무나 많다. 대부분의 삶을 일본에서 보냈고 선 스승이 된 독일인 예수회원인 후고 에노미아-라쌀 신부는 하느님을 하나의 '인격체'로 말할 때의 전제조건은 그렇게 말해서는 안 된다는 것을 인식하는 것이라고 했다. 내 경험에 의하면 정말 맞는 말이다.

하지만 이에 대한 반론도 있다. 확실히 하느님과 '인격적' 관계를 갖는 것은 가능하고 필요하다. 그러기 위해서는 하느님은 하나의 인격적 존재여야 한다. 따라서 하느님에게 인격성을 부여할 때 우리는 하느님이 창조의 절정으로서 만든 인격이 하느님에게 있다는 것을 인정한다. 맞는 말이다. 그러나 나는 그 정연한 논리에 대해 에노미아-라쌀 신부의 말을 빌려 응답하게 된다. 하느님을 하나의 '인격체'로 말할 수 있고 말해야만 한다고 느낀다면, 우리는 또한 그러면 안 되는 충분한 이유가 있다는 사실도 상기해야만 한다는 것이다. 그렇지 않으면 많은 그리스도인들-특히 나이 사십을 넘긴-이 느끼는 불편함을 면할 수 없다.

그리고 '하느님'과 '인격체'를 연결할 때 생겨나는 문제는 '신성'의 고유한 특성과 '인격체'의 고유한 특성 사이의 긴장과 관련이 있다. 여기서 말하는 신적 특성이란 1장에서 불자들의 도움을 받아 말했던 것으로, 그 안에서 우리가 살고 움직이며 존재하는 불이의 하느님, 바로 여기 있는 하느님, '나로서' 활동하지만 동시에 나보다 더 큰 하느님의 특성이다. 이 하느님이 나의 반대편 혹은 바깥에 있는 하나의 '인격체'가 된다면 내 안의 하느님, 생기를 불어넣는 에너지로써 체험되는 하느님의 그 특성을 잃어버릴 위험이 있다. 내가 말하는 것은 '당신으로서의 하느님'이 '타자로서의 하느님'이라는 이원론으로 너무 쉽게 빠져든다는 것이다.[38]

그러므로 나는 전능과 사랑의 인격체로 이해되는 하느님과 관계하는 것은 하느님에게 부적절하고 무례할 뿐 아니라 나 자신에게도 부적절하고 해롭다는 것을 느끼기 시작했다. 그런 관계에서 내게 얼마만큼의 자유와 책임이 있겠는가? 하느님이 내 배의 선장이라면 나는 일개 선원에 불과하지 않을까?[39]

그는 이율배반적으로 보이는, 논리로서는 도저히 일치할 수 없는 기독교의 하나님의 신비에 대하여 오랫동안 마음 속에 품어 왔음직한, 일견 유치해 보였기 때문에 쉽게 표현하지 못했을법한 청소년기적 의문을 제시하고 만다.

교리 수업과 주일 설교에서 이 전능한 인격적 타자가 다정하게 사랑하는 하느님일 뿐 아니라 성내는 하느님이기도 하다고 듣게 될 때 문제는 더 심각해진다. 성서는 사랑의 아버지 하느님을 뭔가를 요구하고 그 요구가 받아들여지지 않으면 굉장히 화를 낼 수도 있는 하느님으로 묘사한다. 그것은 파라오가 하느님의 명령을 따르기를 거부했기 때문에 이집트에서 첫째로 태어난 사내아이들을 모두 죽였던 구약성서의 하느님(출애굽기 11:5)이고, 교회에 내는 헌금에 대해 거짓말을 했던 부부를 죽인 신약성서의 하느님(사도행전 5:1-11)이다. 하느님을 화나게 하는 것은 엄마나 아빠를 화나게 하는 것보다 훨씬 더 치명적일 수 있는 것이다!

이런 의문 대다수의 경우는 어떤 심오한 성찰과 추론 끝에 얻어지는 것이 아니라 실은 의외로 쉽게 개인의 성장배경과 관련이 있는 개인적인 심층심리에서 비롯된다. 마치 이를 증명이나 하듯 그는 자신의 성장과정에서의 한 에피소드를 불현듯 기술한다.

좋은 가톨릭 신자였던 나의 부모님도 똑같이 생각했다. 내가 중학교 2학년 마지막 학기에 하느님이 나를 사제가 되라고 부르셔서 집에서 150마일가량 떨어진 위스콘신주의 이스트 트로이에 있는 〈말씀의 선교 수도회〉의 신학 고등학교에 들어가라고 하신다는 것을 느낀다고 말했을 때 부모님은 조금 당황했다. 내가 열세 살에 신학 고등학교에 입학하려고 집을 떠날 결심을 한 것이 아주 틀린 것이었다고 말하는 것은 아니다. 하지만 '하느님의 뜻'이라는 명목 아래 그런 결심을 하는 것이 타당했는지 묻는 것이다. 그런 명목은 너무 쉽게 오해되고 오용될 수 있어서 결국 사람들의 삶에 이로움보다는 해로움을 더 주는 원인이 된다는 사실들을 알지 못한다. 그런 일은 여러 가지 방식으로 일어날 수 있다.

문제의 핵심은 이것이다. 하느님이 전적인 사랑과 전능의 아버지라면, 그는 사랑하는 자녀인 우리가 겪는 분명히 불필요한 고통의 최소한 일부라도 막기를 '원해야만' 한다는 것이다. 그리고 그는 전능하므로 그렇게 할 수 있어야만 한다. 하지만 하느님은 그렇게 하지 않는다. 여기에는 뭔가 잘못된 것이 있다. 하느님이나 하느님에 대한 우리의 이해 중 하나가 잘못되어 있는 것이다.

거칠게 일반화해 보면, 피조물의 불필요해 보이는 고통을 사랑과 전능의 하나님과 조화시키려는 모든 시도는 결국 '신비'에의 호소로 집약되는 것 같다. 우리는 결국 성서의 욥처럼 겸손히 머리 숙이고 '하느님의 길은 우리의 길과 같지 않다'는 것과 하느님이 행하려는 것의 신비를 결코 이해하지 못하리라는 것을 받아들이게 된다. 대개 이런 식이다. 인격적 하느님과 결부되어 있는 난제들, 즉 하느님을 슈퍼맨처럼 여기는 '신인동형론', 하느님을 꼭두각시를 조정하는 존재인 것처럼 위험하게 암시하는 '하느님의 뜻'에 대한 관념, 사랑과 전능의 하나님과 조화되지 않는 '악의 현실'을 재검토하고 해결해 보려 하면서 나는 문제의 핵심은 인격적 하느님이 아니라 하느님을 인격체로 보는 것과 관련이 있다고 생각하게 되었다. 그런데 하느님의 이미지를 인격체가 아니라 인격적 특성을 지닌 실체 혹은 에너지로, 모든 것에 스며들어 있는 영으로 이해한다면 어떻게 될까?[40]

우리는 어머니와 아버지의 분신인 자녀로 태어나서 그분들과 상호 관계를 맺고 그 관계 안에서 성장하면서 그 모순된 신비를 느낀다. 아주 어린 유아기 초기에는 아이들에게 있어서 부모는 완전무결하고 절대 선인 존재로 인식되지만, 점차 성장하면서 부모라는 한 실존 안에서 긍정적이고 완전한 대상과 부정적이고 불완전한 대상의 부조리한 측면이 동시에 공존한다는 사실에 직면한다. 유아의 미성숙한 자아는 이를 쉽게 수용하지 못하고 부모라는 대상에 대하여 양가감정을 가진 분열된 자기대상으로 파악한다. 그러나 이때 부모가 공감적이고 수용적일 때 그 분열되었던 자기대상은 아이의 자아 안에서 통합되어 하나의 관계적 실체가 된다. 이러한 설명은 현대 정신분석, 특히 자기심리학과 상호주관주의 이론들에서 볼 수 있는 것으로 그 신비를 부분적이나마 논리적으로 잘 설명해 준다. 부모는 나 자신의 외부 현실에 존재하는 타자들인 동시에 그분들의 표상은 내 속에서 또한 실체로 자리를 잡고 자기대상(self-object)으로 존재하게 된다. 이처럼 어린아이로서 부모의 행동과 말을 논리적으로 제대로 이해할 수 없지만, 그분들의 공감과 사랑을 통하여 관계를 성숙시키면서 인격에 변화를 일으키고 이를 현실로 받아들이는 체험이 존재한다면, 그것을 원형으로 하여 하나님과 우리 인간 사이의 관계의 신비는 말이나 논리 이전에 그렇게 따라서 이해가 된다. 하나님은 그렇게 인간에게 부모를 통한 사랑의 관계가 하나님의 실체를 이해하게끔 우리의 마음 밭에 믿음의 씨를 뿌려 놓았고, 살아가는 삶의 어느 순간 성령이 이를 일깨우도록 예정되어 있다. 성서는 우리에게 이 사실을 이스라엘 민족의 성장을 통하여 말하고 있는데, 족장시대의 이스라엘은 하나님 이해에 있어서 성숙하지 못했었지만, 하나님의 사랑을 경험하면서 그 상호주관적인 관계 안에서 점차 성숙하면서 욥기에서 보는 것과 같은 하나님의 신비를 눈으로 보고 깨닫는 과정을 기술하고 있으며, 성숙한 새로운 이스라엘은 예수의 복음과 함께 시작된다. 그러나 어린 시절 부모와의 관계에서 이런 경험이 결여된다면 불신과 왜곡이 대신 자리를 잡을 수도 있으며, 오랜 기간, 어쩌면 일생을 통틀어 분열된 자기대상이 마음 속에 존재하면서 끊임없는 의문을 일으키게 될 수도 있다. 불교의 불이론은 이러한 분열된 자기대상을 고착시키는데 따라서 증폭되는 불안을 달랠 수 있는 괜찮은 미끼를 제공할 수도 있다. 그러나 그 길은 기독교의 전통과는 다른 길의 전통이다.

불자들이 말하는 지혜는 모든 것이 변화 속에 있고 상호 관련되어 있는 실재를 깨달을 때 우리가 이해하고, 알고, 느끼는 것이다. 이것이 1장에서 다양한 관점으로 바라보았던 상호 존재의 역동적 진리이다. 깨달을 때 그 진리를 보고 느낄 수 있다. 그때서야 비로소 우리의 눈이 뜨이는 것이다. 그 결과 우리는 타자를 다르게 보고 느끼고 그들에게 다르게 행동하기 시작한다. 이렇게 다르게 행동하는 것이 자비이다. 불자들은 자비 없이 지혜를 얻는 것은 불가능하다는 것을 알고 있다. 대승 불자들은 그것을 특히 강조한다. 지혜와 자비는 깨달음의 두 면이다. 하나를 아는 것은 다른 하나를 아는 것이다. 그러므로 불자들의 생활과 수행의 목표는 인격적이지 않다고 말하면 안 된다. 불자들은 한 하느님과 만의 나-당신 관계가 아니라 모든 생명 있는 존재와 함께 하는 관계로 초대받는다고 느낀다. 그것은 타자를 향한 보편적 자비이다. 깨달은 이들은 근원적으로 상호 존재인 그들이 무아라는 것, 그리고 그들이 모든 존재와 연관되어 있고 그들의 일부라는 것을 느끼기 때문에 모든 존재에게 자비를 느낀다. 남을 사랑하지 않으면 자신도 사랑할 수 없는 것이다.

우리는 타력과 자력을 '구별'할 수는 있지만 절대로 그 둘을 '분리'할 수는 없다. 타력과 자력은 상호 관련되어 있고, 서로에게 내재되어 있고, 상호 존재하고 있다. 이것은 불교에서 '방편'이라고 불리는 하나의 방법이다. 즉, 자아를 초월하여 타자와 융합할 때까지 자아를 잊고 타자를 신뢰하며 그 타자가 떠맡게 하는 것이다. 방편으로 쓰이는 언어는 자아와 타자로 이원적이지만 그 결과는 불이이다. 자아도 없고 타자도 없다. 단지 놓아 버리고 신뢰할 뿐이다. 타력이 되기 위해 자력을 포기한다. 아니, 타력이 자력이 되는 것이다.[41]

불자들이 어떤 것도 악하다고 정의하기를 꺼리는 근본적인 이유는 영속적인 실재를 가진 것은 아무것도 없다는 불교의 더 근본적인 주장과 관련이 있는 것 같다. 아무것도 본래부터 '선하다'고 정의할 수 없는 것과 마찬가지로 아무것도 본래부터 '악하다'고 정의할 수 없다는 것이다. 불교는 어떤 사람이나 행위도 '원인과 조건'에 따라 생겨나는 것이라고 말한다. 이 원인과 조건 중에서 일부는 고통을 초래할 수 있고 다른 것은 그렇지 않을 수 있다.[42]

아름답고 심오한 표현들이다. "자아도 없고 타자도 없다." 그렇지만 "인격적이지 않다고 말하면 안된다."? 역시 언어로는 불입문자인 것이다. 잘 이해가 되든 되지 않든, 그 어느 쪽이든 기독교 전통의 길과는 전혀 다른 땅에 있어 보인다. 기독교의 하나님은 처음부터 영원히 변치않는 인격체이시다. 우리도 또한 장차 그렇게 변치 않는 인격체가 될 것이다. 그리고 두 인격체는 사랑 안에서 모든 모순과 불이를 포용하고 녹여낼 것이다.

하느님을 '당신'이나 '인격체'로 대하는 모든 말은 '상징적인' 것이다. 라너나 틸리히 같은 신학자들이 가르쳐 주었듯이 하느님에 대한 '모든' 언어는 오직 상징적인 것이며 아퀴나스의 보다 전문적인 개념으로 말하면 '유비적인' 것이다.

상징적 언어는 소중하지만 또한 위험하기도 하다. 따라서 상징적 언어는 신중하게 사용되어야만 한다. 상징은 본질적으로 언어 너머에 있는 무언가에 우리 자신을 개방하기 위해 사용하는 언어다, 또한 상징은 어느 하나의 이미지로는 담을 수 없는 실재와 우리를 연결해 주는 것이기도 하다.[43]

하나님을 실체가 아닌 '상징적'이라고 보는 것은 불교의 길이다. 왜냐하면 모든 것은 변하고 변치 않는 것은 하나도 없다고 보기 때문이다. 그러나 기독교인(아퀴너스)이 상징적이라고 말할 때는 실체가 없다는 것이 아니라 그 실체는 표현할 언어를 넘어서는 존재이기 때문에 상징적인 언어가 필요하다는 뜻이 아닐까? 그래서 기독교인이 하나님을 '당신'이나 '인격체'라고 부르고 대하는 것은 매우 부족하여 부분적인 상징으로 표현하기는 하지만 그 속에는 실체가 있다고 믿는다. 기독교의 하나님은 실재의 실체이시며, 동시에 우리의 언어를 뛰어넘는 상징이다. 지금 존재하는 나도 실재가 될 실체이며, 동시에 이를 뛰어넘는 상징이다. 이것이 기독교 영성의 전통이며, 반면에 모든 것은 변하고, 없어지고, 변치 않는 실체란 아무 것도 없다는 불교 영성의 전통과는 다르다. 두 길은 전혀 다르다.

하느님은 더 이상 인격체가 아니지만, 분명히 그리고 훨씬 더 매력적으로 '인격적'이라는 것이다. 이것은 미세한 구별일지도 모르지만 나와 많은 그리스도인들에게는 중요한 구별이다. 하느님은 전능하고 사랑 많은 '누구'가 아니라는 것, 내가 다른 사람들과 맺는 관계와 본질적으로 동일하게 인격적 관계를 가질 수 있는 신적 인격체가 아니라는 것이다. 그보다는 하느님은 전에도 지금도 나를 감싸고 살게 하는 상호 존재의 신비이다. 하지만 하느님은 또한 내게 인격적으로 임재하는 신비이다. '인격적으로 임재하는'이라고 말하는 것은 이 신비가 인격적인 방식으로 나를 감동시키고 내게 영향을 주는 것을 느끼기 때문이다. 내가 상호 존재의 에너지 장의 일부라는 것을 알도록 자극한 체험은, 이 에너지가 맹목적인 것이 아니고, 이 에너지 장이 생명이 없는 것이 아니라는 점도 알게 해 주었다. 이를테면 그 에너지는 뭔가를 하려고 한다. 그 에너지를 인격체라고 부를 수는 없지만, 그것에는 인격적

인 뭔가가 있는 것이다.[44]

바로 이 부분이 니터가 말하고자 하는 핵심 사상인 것처럼 보인다. 그의 표현은 매우 아름답고 심오하게 보이며, 심지어 신비하기까지 한다. 그러나 결론까지 신비하지는 않으며, 매우 분명하다. 요는 하나님은 실체로서의 인격체가 아니라 '인격적인 에너지'란 말인데, 바로 이것은 불교적인 하나님일 뿐 기독교의 전통적인 하나님 관은 아닐 뿐이다. 즉 그는 기독교적인 하나님을 믿는 기독교인이라기보다는 불교적인 하나님 관을 가지고 있는 불교도의 길을 가고 있다고 말하는 것이 보다 정확한 표현일 수 있다. 이제부터 그의 책을 읽는 독자들은 더 이상 헷갈리지 않고 그의 생각을 바라볼 수 있을 것이다. 그의 핵심 사상을 이해한다면 그 밖의 그가 말하는 여러 지혜들, 특히 기독교인들이 귀담아들어야 할 경구들에 대하여 보다 냉정하게 귀를 기울일 수 있을 것이다. 그는 항상 연꽃 밭에 있는 반면, 기독교인은 백합꽃 밭에 있다.

사랑은 타인에게 자신을 아낌없이 주는 것이고 또한 타인으로부터 받는 것이다. 이것이 특히 최근 수년 동안 내가 원해 온 삶의 모습이다. 그것은 모든 생명 있는 존재들에 대한 사랑과 자비로 나를 아낌없이 내어 주는 것이고, 타인을 향하는 나의 이런 움직임 안에서 느껴지는 신비로부터 받는 것이다. 나는 내가 남을 돌보는 것처럼 남으로부터 돌봄을 받는다.[45]

여기서 나는 그의 높은 이론적인 주장 그 이면에 있는 사랑에 대한 갈구에 대하여 연민을 느끼는데, 이것은 우리 모든 영성의 길을 추구하는 사람들에게 동일하게 존재하는 갈망인 것이다. 혹자에 따라서는 이런 사랑에 대한 표현을 자기애적인 환상이라고 평할 수도 있고, 혹은 인간 보편의 절대자와의 연합을 추구하는 갈망이라고 말할 수도 있을 것이다. 어쨌든 '사랑'에 관해서도 불교와 기독교는 다르다. 혹자는 불교에서도 사랑은 중요한 개념이며, '자비'라는 개념이 있다고 말한다. 그러나 이 둘은 다르다. 기독교의 사랑은 두 인격체 사이에서 주고받는 과정을 통해서 익어가는 상호주관적인 성격이 있다. 그러나 불교에서의 사랑, 자비심은 이를 얻기 위해서는 문을 닫아 걸고, 면벽하면서 자신의 내면 속으로 들어가, 혼자 스스로 얻어내는 사랑, 즉 자비이며, 이것은 일방적으로 주거나 일방적으로 받는 반쪽짜리 사랑일 뿐이다.

그리스도인들은 하느님을 하나의 '존재' 혹은 저편에 홀로 있는 '타자'로 본다. 그런 타자로서의 하느님은 우리와 관계없이 우리의 너머에 존재하는 실체이다. 그래서 그리스도인들은 하느님을 외부에서 '나'를 대하는 하나의 '당신'이라는 실체로 보고 관계한다. 그 결과, 형상과 말을 진정으로 넘어서는 것이 불가능하지는 않더라도 매우 어렵게 되고 만다. 하느님을 음악을 창조한 초월적인 '존재'로 이해하는 것은 우리가 음악이 되기 위해 모든 말을 놓아 버리는 것을 방해하는 것이다.[46]

불교는 그리스도교 체험의 불이적 또는 합일적 핵심-우리가 아버지 하느님과 하나가 되고, 그리스도의 삶을 살고, 영을 담는 그릇이 될 뿐 아니라 영의 구현과 표현이 되고, 영에 의해 영과 함께 영 안에서 살고, 하느님 안에서 살고 움직이며 존재하는 길-을 깨닫고 거기로 들어가는 데 결정적 도움을 준다.

그러므로 내가 제안하는 것은 그리스도교적 목적을 위해 불교적 수단을 사용하자는 것이다. 이에 대해 어떤 이들은 "그것은 범주 오류가 아닌가?"라고 이의를 제기할 수도 있을 것이다, 또는 "이것은 축구에 야구의 전술을 이용하는 것과 같지 않은가?"라고 더 직설적으로 반대할 수도 있을 것이다. 물론, 그리스도인들이 추구하는 것은 불자들이 추구하는 것과 다르다. 그리스도인들의 목표는 그리스도 —영과 하나 되는 것이지만 불자들의 목표는 불성을 깨닫는 것이다. 둘 모두 '불이적'이고 '합일적'이고 '신비적'인 체험이라는 것이다. 우리는 그 체험을 통해 우리의 정체성보다 크면서 동시에 우리의 정체성과 하나인 것과 결합되어 있음을 알게 된다.[47]

오랜 역사 동안 그리스도인들에게 그리스도인이 된다는 것은 성 바오로가 말했듯이 '그리스도 예수 안에 있는 것'이었다. 그리스도교의 심장과 지속적 맥박은 그리스도-영과의 신비적 합일이다. 이것이 성만찬의 성사가 생생하게 유지하려는 것이다, 그리스도인들이 빵과 포도주를 축복하고 먹고 마실 때 우리의 몸은 예수의 몸을 먹고 받아들임으로써 예수의 몸이 된다. 즉, 예수가 우리 안에 살고 우리가 예수 안에 살게 되는 것이다. 이것이 바로 모든 그리스도인들이 주의 만찬을 공동체의 지속적 생명에 필수적인 성사로 여기는 까닭이다.

이것은 내 안에 있는 그리스도 -영을 자각하게 되는 것만이 아니다. 나 자신이 바로 그리스도- 영의 의식이라는 것을 알게 되는 것이다. 바오로가 말했듯이 내가 살고 있는 것이 아니고 그리스도가 살고 있다.

내가 침묵 속에 앉아 있는 것은 "내가 아닌 그리스도" 의식으로 앉아 있는 것이다. 또는 한 불교 스승이 언젠가 내게 말한 대로, "나인 그리스도" 의식으로 앉아 있는 것이다. 명상할 때 나는 호흡을 새는 것, 생각을 관찰하는 것, 떠오르는 생각들을 확인하는 것과 같은 기술들을 -이 기술들이 중요하고 필수적이기는 하지만- 넘어서기를 원한다. 내가

진정으로 원하는 것은 그리스도가 내 안의 그리스도, 나인 그리스도가 되게 하는 것이다. 이것은 내가 들이쉴 다음 호흡만큼이나 실제적인 실제이다. 살아 있는 그리스도, 그리스도의 영이 내 안에서, 나로서, 숨을 쉬고 있는 것이다. 앉아서 명상을 할 때 나는 그 실재 속으로 스며들고 그 안에 있기를 원한다.

예수에게 이야기하거나 기도하는 대신, 또는 내가 살면서 배우기를 원하는 예수의 덕목을 하나하나 확인하는 대신, 말과 생각을 넘어서서 내가 응시하고 있는 예수가 바로 내 안의 실재임을 느끼고 자각하게 한다. 예수는 지금 우리 안에 우리로서 살고 있는 그리스도이다. 외적으로 시각화된 영상이 나와 그리스도의 불이적 합일의 내적 실재가 되는 것이다. 이 내적 실재는 형상이 없다.[48]

여기서 니터는 불교와 기독교의 유사점을 아주 세심하게 설명해 주고 있다. 그것은 기독교의 '연합'의 개념과 불교의 '합일'의 개념에 관한 것으로 나는 이미 이 책의 앞부분에서 그 차이를 구체적으로 설명한 바 있다. 요약하자면, 불교의 '합일'이란 너와 나의 구별이 없이, 말 그대로 하나가 된 것, 아니 원래 하나라는 개념인 반면, 기독교의 연합이란 사도 바울이 잘 설명한 바와 같이 각자의 기능이나 특성을 잃지 않으면서 한 몸이 되는 것, 심장과 발가락이 모두 우리 몸이지만 그 실체가 없어지지 않고 각기 다른 기능들이 하나로서 존재하는 식의 개념인데, 이 개념이어야 양 자 간의 관계라는 개념이 생기며, 사랑이 존재하며, 그 자체가 신비인 것이다. 기독교적 전통은 절대 타자의 실재를 깨닫고 그 타자와의 연합된 관계 속에 들어가는 것인 반면, 불교의 합일은 자기와 이 세상이 나뉘어져 있다는 환영을 깨고 하나인 자기의 불성을 바라보는 것, 즉 자기만의 세계 속으로 들어가는 것이며, 대상을 바라보는 자기의식을 바라보는 것이라고 할 수 있다. 따라서 이 양자 사이에는 전혀 다른 개념과 목표가 있으며, 전혀 다른 세계가 있어서 서로 짬뽕을 만들 수 없다. 그리고 두 번째, 그의 말처럼 혼합이 될 수 없는 것은, 기독교 연합의 현상은 불교에서처럼 자기의 힘으로 되는 것이 아니라 성령에 의하여 이루어진다는 점이다. 방법이 선행되어 그 상태가 이루어지는 것이 아니라 그 상태가 수동적으로 신비롭게 이루어지는 것이다. 다만 그 현상을 나중에 방법론적으로, 즉 불교 전통적으로 이해할 수는 있을 것 같다. 아마도 니터에게는 이런 성령에 의한 연합의 경험이 없지 않았을까? 아니면 있었을 텐데 그것을 다른 식으로 해석하는 것일까? 만약에 합일이 자력에 의하여 이루어진다면 그것은 자기애적으로 이루어지는 관념 속의 잔치에 불과하다고 할 수 있지 않을까? 혹은 더욱 심하게 말하자면, 반복적인 자기암시를 통해서 이루어지는 뇌의 조작된 변형은 아닐까?

그는 자신이 오랫동안 수련해 온 마음챙김의 중요성을 주장하면서 다음과 같이 기독교에 대한 마음을 표현하면서 이 책을 마친다.

살아오면서 나는 그리스도교의 기도가 나의 내면의 현실과 세상의 현실을 직시하지 못하게 하기 쉽다는 것을 알게 되었다. 기도는 나 자신에 대한 의도하지 않은 부정직함을 초래하고 문제투성이 현실로부터 도피하게 하는 때가 많다는 것을 깨닫게 된 것이다.

앞서 살펴보았듯이 이런 언어는 지나치게 억압적일 정도로 이원론적이고 신인동형론적이며, 저편에 있는 슈퍼맨 같은 하느님을 향하고 있는 것 같다. 침묵 수행의 도움으로 나는 이 모든 말들이 부적절하기는 하지만 그만큼 진실하기도 하다는 것을 느낄 수 있게 되었다. 이 말들은

상징이다.

나는 그리스도교 공동체의 전통에 전해진 유서 깊고 소중한 이 말들을 마음에 품고 고이 간직한다. 하지만 그 말들에 집착하지는 않는다.

아시아의 많은 그리스도인들은 불교와 힌두교 문화의 영향을 받았기 때문에 침묵이 그리스도교 의례의 일부가 되어야 한다는 것을 당연하게 여긴다.[49]

그는 "우리 모두에게는 서로에게서 배워야 하는 많은 다른 것들이 있다.(P292)"고 말하면서 이를 '상호 결실'이라고 부른 다른 학자의 말을 인용한다. 그러나 이 책은 기독교가 불교에서 배워야만 한다는 내용으로만 가득할 뿐, 기독교가 어떻게 불교에 도움을 주는지에 대한 언급은 전혀 없다. 이것을 '상호 결실'이라고 부를 수는 없을 것 같다. 마지막 인용에서 그의 감정을 섣불리 집어보자면 기독교에 대한 연민과 아쉬움이 많은 것처럼 느껴지지만 그것에 집착할 필요가 없다는 결심이 또한 느껴진다. 그렇다면 한 쪽의 연민은 과감히 정리하는 것이 정신건강에 낮지 않을까? 더 이상 기독교의 틀을 애써 유지하려고 할 필요가 있을까? 그냥 이 책의 제목을 "나는 과거에는 기독교인이었으나, 지금은 불교도이다."라고 바꾸는 것이 오히려 저자의 뜻을 분명히 하는데 도움을 줄 것 같다는 생각이 든다.

1) 이 장에서 이탤릭체로 된 문장은 모두 해당 저서에서 그대로 인용한 것임을 밝혀 둔다.

2) 그리스도교 묵상: 그 단순함에 대하여. 존 메인 지음, 허성준 옮김. 분도출판사, 2018.

3) Ibid, p19-20; 4) p27; 5) p38; 6) p39; 7) p33; 8) p42; 9) p46-50.

10) 마음을 열고 가슴을 열고. 토마스 키팅 지음, 엄무광 옮김: 가톨릭출판사, 1997.

11) Ibid, p53-54; 12) p55; 13) p65; 14) p65; 15) p66.

16) 미국 샬렘영성원의 틸든 에드워즈 신부님의 경우 'spiritual heart', 혹은 'heart'로 사물을 인식한다고 표현하기도 한다.

17) Ibid, p68; 18) p69; 19) p70; 20) p76; 21) p82-83; 22) p92-93; 23) p120.

24) 마음의 길: 향심기도와 깨어나기. 신시아 부조 지음, 김지호 옮김. 한국기독교연구소, 2017.

25) Ibid,

26) Ibid; 27) Ibid, 이상 추천사에서 인용.

28) Ibid, p14; 29) p2; 30) ; 31) p13; 32) p15; 33) p16; 34) Ibid;

35) Ibid, p23; 36) p25; 37) p59-60; 38) p80; 39) p82; 40) p79-88; 41) p97; 42) p99; 43) p102-103; 44) p104; 45) p111; 46) p269; 47) p291-292; 48) p293-296; 49) p302-310.

9장

제임스 핀리의 그리스도교 묵상기도

이 책에서는 제임스 핀리의 『그리스도교 묵상기도: 하나님 임재 체험』[1])을 중심으로 논의한다.

제임스 핀리(James Finley)는 미국의 임상 심리학자이자 작가로, 1943년 5월 30일 오하이오주 애크런에서 태어났다. 청소년 시절, 트라피스트 수도원인 겟세마네 수도원에 입회하여 저명한 영성가인 토마스 머튼의 지도를 받았다. 수도원을 떠난 후, 그는 임상 심리학자로서 활동하며 영성과 심리학을 결합한 저술과 강연을 통해 많은 이들에게 영향을 주었다. 대표 저서로는 『머튼의 무아의 궁전(Merton's Palace of Nowhere)』과 『관상의 마음(The Contemplative Heart)』이 있다. 현재 그는 행동과 관상의 센터(Center for Action and Contemplation)의 핵심 교수진으로 활동하며, 'Turning to the Mystics'라는 팟캐스트를 진행하고 있다. (Chat GPT에서 인용)

저자의 묵상기도 생활의 비교적 초기에는 토마스 머튼이 그랬던 것처럼 나와 조금이라도 신앙 칼라가 같지 않은 관상에 관한 저작들에 대하여 상당히 비판적이었었는데, 그 당시에 읽었던 핀리의 이 책에 대해서도 마찬가지였던 것 같다. 그러나 최근에 이 책의 출판을 준비하면서 다시 핀리의 책을 읽으면서 저자는 과거의 내가 현재보다 많이 미숙했었구나 하는 자책과 함께 핀리의 깊이 있으면서도 겸허한 관상의 경지에 대하여 감동하였으며, 특히 그분의 기독교 전통적인 관계성의 영성에 대한 균형 잡힌 시각을 존경하게 되었다. 따라서 이 책에서의 그의 신앙적 입장에 대부분 동의하며 그분의 표현에서부터 저자가 기독교 전통의 영성 특징이라고 하는 것들을 인용해도 무방하리라고 생각한다. 그러나 단, 관계적 영성에 대한 원칙이나 태도에는 동감하면서도 역시 그에 대한 방법론, 묵상적인 실현의 구체화에는 아직도 불확실하거나 분명하게 보편화할 수 없는 면이 있음을 느끼고, 이는 저자 역시 그분과 마찬가지로 고민이 진행 중임을 고백하지 않을 수 없었다.

그는 묵상기도의 부르심의 출발로서 우리가 일상생활을 영위하는데 주역을 하는 자아의식(ego consciousness)의 한계를 깨닫는 것을 들고 있다. 이 자아의식의 닫힌 지평으로 둘러싸인 삶은 너무 허약하고 일차원적이어서 무한한 존재와 무한한 합일이 실현되는 주체적 토대가 될 수 없으며, 묵상을 매일 헌신적으로 수련하는 일은 좀 더 내면적이고 묵상적인 의식 상태로 들어가기를 배우는 역설적 과정을 구현한다고 보았다. 이때 보다 내면적이고 묵상적인 상태는 자아와 이 자아가 달성할 수 있는 모든 것을 초월할 수 있게 되는데, 이 자아의식에서 묵상적 자각 상태로 이동하는 과정에서 우리는 우리가 하나님과 영원한 하나임을 깨닫게 된다고 주장하였다. 그리고 그는 이와 같은 좀 더 내면적 의식을 묵상적 의식(?)이라고 불렀다. 그는 이러한 묵상적 의식을 증진할 수 있는 묵상기도의 방식에 대하여는 어떤 특정한, 예를 들면 향심기도와 같은 특정 형식을 강조하지 않았다. 그 이유에 대하여 그는 다음과 같이 설명하고 있다.

수도원에 들어갔을 때 나는 어떠한 특정한 묵상법을 교육받지는 않았다. 수도원 생활 자체가 묵상을 배우는 한 방법이다. 매일 행하는 침묵의 시간과 수도원 성가대에서의 시편 찬송, 육체노동, 성서와 영성 연구, 이 모든 것이 하나님과의 묵상적 하나 됨이라는 습관적 상태로 살기를 배우는 단일한 자기 변형 과정의 모습들이다. 토마스 머튼과의 일대일 영성지도를 받으러 갔을 때마다 그는 나에게 어떻게 묵상해야 하는지에 관해서 전혀 이야기하지 않았다. 핵심은 우리가 무엇인가를 가리키면서 그것이 어떤 특별한 묵상 방식이라고 말하려 할 때 그와 같이 형식적으로나 공식적으로 지칭할 만한 그리스도교 묵상법 같은 것은 없다는 사실이다.[2]

그런 인연으로 그는 묵상의 어떤 특정 형식을 옹호하거나 강조하는 대신 묵상의 기본자세 또는 태도, 진정성이나 마음가짐을 훨씬 중요하다고 보았고, 이는 전적으로 옳다고 본다. 그는 이 책의 앞머리에서 이러한 점을 머튼에게서 배웠다고 하는 흥미 있는 고백을 하고 있다. 이점은 오늘날 묵상기도 하는 사람들이 반드시 기억해야 할 문제인 것 같다. 묵싱적(관상적) 삶은 결코 어떤 특정 수련 방법에 의해서만 이루어지는 것은 아니라고 본다. 이것이 바로 예수의 가르침이기도 하다. '영과 진리'로 기도하기를 바라셨던 그분은 당시의 다른 종파들처럼 이런저런 기도문이나 방법을 가르쳐 주시지 않았다.

비그리스도교 전통의 묵상적 지혜를 존중하는 더 넓은 맥락 속에서 특별히 그리스도교의 언어에 관심을 제한코자 하는 입장은 내가 그리스도교 관상 수사인 토마스 머튼(Thomas merton)에게서 배웠던 것이다. 머튼은 생의 말년에 불교와 그리스도교의 대화에 헌신했다. 이런 헌신의 일환으로 그는 불교도들과 불교 전통을 직접 만나고자 아시

아로 갔다. 1968년 12월 10일, 그는 아시아 여행 중에 작고했다. 죽기 직전 머튼은 켄터키에 위치한 겟세마니 수도원이라는 자신이 속한 수도원 공동체에 편지를 썼다. 그가 전했던 내용들 중 하나는 자신이 아시아로 가고 나서야 비로소 그곳에 전혀 갈 필요가 없었다는 사실을 알게 되었다는 점이다. 그가 찾고자 하는 모든 것이 이미 자기가 살던 수도원에 현존해 있었고, 자신이 물려받은 유산, 자신이 속한 그리스도교 전통에 이미 현존해 있었다는 것이다.[3]

오! 바로 이 부분이 저자가 이 책에서 그렇게도 강조하고 싶었던 생각이었는데, 머튼이 그런 편지를 썼다는 사실을 알고는 감동에 기절할 뻔했다. 핀리의 묵상에 대한 개념은 매우 간결하면서도 실제적이어서 오히려 깊은 감동을 준다. 그의 정신과 관련된 묵상지침은 그 어떤 것도 거부하지 않으면서 현재에 머물러 마음을 열고 깨어 있으려고 하는 것, 그것 뿐이다. 생각이 일어날 때마다 그저 단순하게 현재에 머물러 마음을 열고 일어난 그 생각에 대해 깨어 있으라는 것으로, 묵상 자체를 거룩하게 만들거나 황홀하게 미화하지도 않는다. 그는 이러한 묵상 훈련을 하기 위해서는 자연발생적으로 일어나는 묵상적인 깨어남의 순간들에 주목할 필요가 있다고 말한다. 그러나 우리는 자연발생적인 묵상적 깨어남의 순간들을 우리가 발생시킬 수 없다는 점을 깨닫게 되는데, 그럼에도 불구하고 우리는 부지불식간에 모든 묵상 방법들의 기저를 이루는 원칙을 발견한다. 그 원칙이란 삶 그 자체 속에서 우리와 하나이신 하나님과의 하나임에 대한 묵상적 감각을 일깨워 주는 은총의 사건을 향해 가능한 한 우리 자신을 개방하고 수용하기를 자유롭게 선택하는 것이다. 그러나 나는 여기서 그의 이 언급을 보는 독자들 가운데는 약간의 오해가 있을 수 있지 않을까 하는 우려를 갖게 된다. 그것은 자연발생적인 깨달음의 순간과 하나님을 향한 묵상기도

가운데서 얻게 되는 깨달음의 체험 사이에는 어떤 근본적인 동질성이 있기는 하지만, 그것만이 아니라 후자는 전자에서 없는 그 이상의 차원이 있음에서 전혀 다른 면이 있음도 동시에 알아야 한다는 것이다. 자연발생적인 깨달음, 예를 들면 석양의 해를 바라보면서, 혹은 갓난아이의 방긋 웃는 모습을 보면서 삶의 새로운 차원을 살짝 엿보는 듯한 깨달음의 순간은 불교도든, 기독교인이든 무종교의 일반인이든 누구나 있을 수 있으며 바로 이 순간을 각성하고 기억하며 함양하는 것은 마음의 명료함의 수련을 위하여 필요한 것이긴 하지만, 기독교의 묵상은 저자가 여러 차례 강조했듯이 그 다음의 관계적 영성의 측면에서는 자연발생적인 것과는 차이가 난다는 점을 상기하고 싶은 것이다. 바로 이 점에서 오늘날 많은 현대 영성가들이 오해하는 바가 많다고 생각하는데, 그러나 핀리가 이것을 결코 소홀히 한다고 보지는 않는다. 그는 이 책의 후반부에 많은 지면을 할애하여서 기독교 묵상의 관계적인 측면에 대한 깊은 통찰을 자세히 언급하고 있기 때문이며, 그가 이렇게 균형을 맞추게 된 배경에는 그 또한 자신의 스승인 토마스 머튼과 같은 시행착오를 거쳤기 때문이라고 생각한다. 그는 다음과 같이 말함으로써 머튼을 위로하는 것처럼 느껴진다.

나는 요가, 도교, 불교 묵상 수련의 여정을 거쳐 그리스도교 전통의 신비적 유산을 더 풍성하게 이해하고 평가하게 되어 완전히 그리스도교 전통으로 회귀하게 되었다.[4]

이 두 줄의 표현에서 현대 기독교 영성가들에게서 느끼던 일종의 답답함을 일거에 날려버리는 신선한 충격을 받았다. 그의 이 선언 같은 표현은 기독교 전통의 고유함과 독특함을 그 어떤 웅변보다도 간결하게 나타내고 있다. 이제 그는 이 책에서 기독교 영성 전통의 두 가지 측면,

즉 마음의 명료함과 관계성에 대하여 차례로 구체적이고도 실제적으로 기술해 나가고 있다.

먼저 그는 "내가 범한 다섯 가지 실수를 여러분과 나누고자 한다."라는 말을 서두로 설득력이 있고 쉽고도 친절하게, 매우 겸손하게 자신의 경험을 나누는 것으로 마음의 명료함 수련에 있어서 일어날 수 있는 어려움에 대한 설명을 시작한다. 그는 초기에 자신의 침묵을 방해하는 생각들을 없앨 수 있을 것이라고 생각을 하고 묵상에 열심을 내었으나, 그것은 결국 큰 실수였으며, "이 생각들을 단순하게 제거할 수 없다는 사실을 발견하는 바로 그 과정 속에서 나는 내 생각에 겸손하게 귀 기울이기를 배울 수 있음을 깨달았다"고 고백한다. 그는 여러 해 동안 묵상 훈련을 하면서 수 많은 사람과의 대화를 통하여 자신만이 이런 실수를 하는 것이 아니라 매우 보편적인 경험임을 깨달았다.

이런 깨달음은 수도원의 침묵 속에서 어떻게 살며, 어떻게 묵상하는지를 배울 것인지에 대한 초석이 되었다. 나는 생각하는 마음에 집착하지도 않고 그것을 거부하지도 않은 채 지금 이 순간 마음을 열고, 깨어 있기를 배웠다. 생각하는 마음에 집착하기란 내 안에서 발생하고 지속하다가 사라졌던 생각들에 관해 계속 생각하는 일이었다.[5]

그의 마음의 명료함 수련의 골자는 이것이 전부인 것 같아 보인다. 거기에는 어떤 신비화나 황홀경에 대한 장황한 기술이나 미화가 없고, 마음의 명료함을 극복하기 위한 더욱 고도화한 어떤 방법이나 기술이 동원되지도 않는다. 동양 종교에서 따 온 듯한 어떤 신비적으로 보이는 이론이나 방법도 없다. 다만 자신의(인간의) 보편적인 부족함을 받아들이고 겸손히 하나님을 바라보고, 그 앞에서 벌거벗은 자신을 돌아

보는 것이다.

이런 과정에서 깨닫기 시작했던 것은 완벽을 향한 갈망의 상태에 부합하지 못하는 내 무능력을 해소하는 유일한 방법이 내 모든 불완전함 가운데서도 확고하게 나를 사랑하시는 하나님의 자유로운 선택을 수용하는 길이라는 사실이었다. 나는 할 수 있는 한 최선을 다해 가장 훌륭한 수사가 되려는 노력을 지속했다. 그러나 이렇게 노력하면서 내가 발견한 가장 심오한 완벽함이란 하나님 앞에 벌거벗은 모습 그대로의 나 자신을 발견하는 일이었다. 그 하나님은 내 이상과 부합하지 못하는 바로 그 무능력함 한복판에서 불가항력적으로 나를 사랑하신다.[6]

그는 계속해서 이런 단순함 속에서 겪게 되는 감정의 메마름에 대한 고백을 이어 간다.

그러나 때로는 사실은 자주 하나님의 임재에 대한 감정적인 느낌이 완전히 사라지곤 했다. 하나님의 임재에 대한 감정적 느낌의 상실과 씨름하는 동안 나에게는 슬픈, 외로움, 혼란스러움, 그 밖의 많은 부담스러운 감정들이 쏟아졌다.

결국 그의 설명은 이런 감정을 이해하는 방법의 하나로 위대한 스승, 십자가의 요한의 '어둔밤'을 자세히 설명한다. 그가 겪는 묵상의 메마름 또한 대부분의 영성가들이 겪는 것이기에 그의 설명은 묵상하려는 사람들의 부담을 조금은 덜어줄 수도 있을 것이다. 그러나 이로부터 더욱 깊은 곳으로 들어가고 싶어하는 사람들의 수 많은 질문에 대한 그의 답은 역시 모호하기 짝이 없다.

어떤 감정에도 집착하지 않고 그것들을 거부하지 않은 채 모든 감정에 마음을 열라. 그러면 여러분은 감정의 경계를 넘어서는 것을 배울 수 있다. 감정의 경계를 넘어서면서 여러분은 감정이 수반할 수 있는 모든 것을 전적으로 초월하시는 하나님과의 묵상적 하나 됨 속으로 들어갈 수 있다.

이 짤막하면서도 간결한 표현 속에는 영성수련의 두 가지 요소, 마음의 명료함과 관계성 두 가지가 균형 있게 자리잡고 있다. 그러나 이 두 가지 요소 사이에는 함축된 중요한 비결이 있을지도 모른다. 마음의 명료함을 얻는다는 것은 기독교인이든 불교도든 누구나 스스로 노력할 수 있는 것이지만, 그렇다고 하여 하나님과의 관계성 안으로 들어갈 수 있는 것은 아무나, 내 맘대로 되는 것은 아니므로. 그러나 그는 이에 관하여 순순히 설명하기를 거부하고 있다.

만약 여러분이 내게 사랑이라는 관상적 작업을 어떻게 행할 것인가를 상세하게 묻는다면, 나는 어쩔 줄 몰라 할 것이다. 내가 말할 수 있는 전부는 전능하신 하나님께서 그의 위대한 선하심과 친절하심으로 여러분을 가르치실 것이라는 점이다. 왜냐하면 솔직하게 말해서 나는 모른다는 것을 인정해야만 하기 때문이다. 그리고 그럴 수밖에 없는 것은 그것이 신적인 활동이고 하나님은 당신이 선택한 자들 안에서 그것을 행하시기 때문이다.[7]

그는 하나님의 일하시는 모습을 조심스럽게 에둘러 표현하지만 결국 그 안에 그가 말하고자 하는 답이 있음을 우리는 눈치챌 수 있다.

하나님은 우리의 자아가 설명하거나 도달할 수 있는 것을 초월하는 사랑에 주의를 기울이도록 촉구하고 알리면서 우리에게 다가오신다. 자각의 사건은 하나님의 내주하시는 성령께서 우리를 일깨워 주었던 그 사랑의 심연 속으로 우리를 이끄시는 여정을 시작하게 한다.

두 번째 수련은 결코 자동적으로 되는 일은 아니다. 관계성에 관심을 가지고, 주의를 가지라는 권고인 것이다. 그러나 그 관계성은 내 맘대로 되는 것이 아니라 하나님이 주도성을 가지는 관계성이라는 것을 충분히 이해해야 한다는 뜻이다. 만약에 그것을 깨닫지 못할 경우 하나님의 임재성을 알아차리지 못하기 때문이다. 그렇게 때문에 하나님은 때로는 다른 방식으로 우리에게 다가오실 수도 있다고 그는 경고한다. 즉 우리가 습관적인 방식으로 기도하고 반성함으로써 만족을 끌어내려고 할 때 그분은 우리의 능력을 해체해 버린다. 이런 경험들로 우리는 정말 낙심하게 될 수 있다. 그러나 우리가 이렇게 아무것도 할 수 없는 상태 속에서 쉬는 것을 배우게 된다면, 하나님의 임재를 지각하는 새롭고도 더욱 미묘하고 내적인 하나의 방식이 천천히 우리 안에 나타나기 시작할 것이라고 권고한다. 그리고는 드디어 그는 자신의 하고 싶은 말을 확연히 드러내 보인다.

이것이 우리가 할 일이다. 그분의 선물을 위해서가 아니라 그분 자신을 위하여 그분을 갈망하는 부드럽게 솟구치는 사랑으로 여러분의 마음을 주님께로 들어 올려라. 여러분의 모든 주의력과 욕망을 그분에게 초점을 맞추라. 그리고 이것을 여러분의 이성과 마음의 단 하나의 관심사가 되게 하라. 여러분의 생각과 욕망을 하나님의 어떤 피조물이나 그것이 일반적인 것이든 특별한 것이든 그것들에 관여되지 않도록 자유롭게 유지하면서 이것 외의 모든 것을 잊기 위해 여러분의 모든 힘을 사용하라.[8)]

저자는 이 문장에 그가 말하는 그리스도교적인 묵상의 핵심이 있다고 생각하게 된다. 이것은 그리스도교 묵상이 그 어떤 방법이나 이론에 기초하는 것이라기보다는 우리들의 기본적인 태도에 있는 것인데, 말하자면 관계성 안에서 상대방 절대자를 인격체로 이해하고 그를 향하여 온 맘과 정성을 다하여 그를 추구하고 갈망하라는 권고로 듣게 된다. 바로 이 점이 향심기도와는 차이가 나는 이해라고 할 수 있다. '마음을 주님께로 들어 올리라'는 말은 '거룩한 단어'로 돌아가라는 향심기도의 방법과는 단순한 말의 차이를 넘어서서 개인의 하나님에 대한 이해와 믿음의 다름이 자리 잡고 있을 수 있으며, 그 도달하는 끝이 다를 수도 있다.

나중에 여러분은 우리가 이런저런 생각에 빠져드는 순간마다 하나님이나 자비와 같은, 간단한 구절이나 단어를 반복하라고 익명의 저자가 제안했다는 사실을 알게 될 것이다. 그러나 심지어 여기에서도 그는 이러한 단어를 생각해야 할 대상으로 고려하지 않기를 권면하고 있다.

결국 핀리의 주장은 하나님을 하나의 인격으로 생각하고 그분과의 관계성에 주의를 집중하며 그리스도를 유일한 사랑으로 생각하고 그분의 임재에 갈망을 가지는 것이 마음의 명료함으로부터 그분과의 친밀함을 얻는 핵심이라는, 진부하지만 바로 이 점이 기독교 전통의 영성에 자리하고 있음을 보여준다. 여기서 전통적인 기독교 영성의 두 번째 특성인 관계성을 뒷받침해 주는, 그 관계성을 구성하는 두 가지 특성을 그는 많은 지면을 할애하여 상세한 주장을 펴게 되는데, 하나는 삼위일체 하나님은 인격체이시기 때문에 그리스도 또한 인격체로서 이 땅에 오셨다는 점과, 또 다른 하나의 논점으로서 이에 따라 당연히 우리와 하나님과의 관계성의 최종점이자 기독교 영성의 최종 성숙단계로 강조되는 하나님과의 합일(또는 연합)에 관한 주장이다. 이 두 문제에 대한 그의 주장은 본 저자의 주장과 너무나도 동일하며, 이는 수많은 현대 영성가들의 소위 진보적인 신관이나 합일의 개념과는 상당히 배치되는 주장이기도 한데, 이런 주장들은 우리의 기도생활의 대 전제가 되는 개념이므로 당연히 묵상기도의 방법과 그 결과에도 지대한 영향을 준다.

먼저 그는 삼위일체 하나님의 위격들에 관한 묵상을 권하면서 하나님의 사랑을 체험하고 그분과 사랑의 관계를 이루기 위하여 우리가 묵상기도를 하는 것이라면 하나님을 위격으로 이해해야 하며, 그분의 인격적 인도하심에 마음을 열어야 한다고 주장한다. 동시에 우리 자신은 그 앞에서 아무 자격도 없는 자신을 발견하게 되며, 빈약하고 공허한, 그리고 주장할 것이 아무것도 없는 존재로서, 우리는 하나님보다 못한 어떤 것에 의존하거나 동일시하는 데서 벗어나 하나님을 향해 연약하게 열려 있는 존재(인격체)임을 고백해야 한다고 말한다. 이러한 그의 주장은 하나님을 인격체로 축소하는 것이 유치한 논리라는 진보적 신학자들과도 대비될 뿐만 아니라, 인간의 내면에 우리가 의식하지 못하는 참자기, 보석 같은 본래 자기가 있어 이것을 단지 깨닫기만 하면 된다는 많은 현대 영성가들의 말과는 전혀 다른 결을 느낄 수 있는 고백이 아닐 수 없다.

삼위일체의 위격들에 관해 함께 묵상하는 일이 그리스도의 마음 안으로 들어감이 내포하고 암시하는 무한한 풍부함과 관련하여 우리에게 무엇을 드러내 보여주는지 알아보자. 삼위일체 묵상은 어떤 식으로든 알려지거나 표현될 수 있는 모든 것을 초월하는 하나님의 완전한 신비를 가리키는 신의 본성에서부터 시작해야 한다.

우리는 말씀이신 그리스도를 통해서 성부 하나님에 의해 창조된 인격체로서 우리 자신을 더 깊이 이해하고 경험하는 일을 암시하는 그리스도의 마음으로 들어감을 지속적으로 탐구해 간다.

'너희 생명이 그리스도와 함께 하나님 안에 감추어진' 것이다(골로새서 3:3). 이 하나님은 말씀이신 그리스도를 통해 성부 하나님에 의해 인격으로 창조된 우리 생명의 근원이시며, 토대이시고, 성취이시다. 우리는 하나님이 아니다. 그러나 우리는 또한 하나님 외에 다른 존재도 아니다.[9]

위의 인용 중 마지막 문장은 핀리의 단호한 선 긋기를 보여준다. 왜냐하면 오늘날의 상당수의 영성가들이 강조하는 바는 하나님과 우리는 둘이 아니라 처음부터 하나이며, 그것을 깨닫는 것이 묵상(관상)기도의 핵심을 이룬다는 생각이기 때문이다. 여기서 자연스레, 핀리의 전통적인 영성의 생각과 진보적인 현대 영성가들 사이의 또 하나의 차이점이 드러나는데, 바로 합일 또는 연합의 문제에 있다. 이는 결국 관계성의 성격에 관한 논의로 이어지는 것으로, 그 논의의 출발이자 귀결은 다음의 말씀을 어떻게 이해하는가에 달려 있을 것이다.

예수께서는 빌립에게 자신이 아버지와 비이원적 하나임을 밝히시고 이렇게 말씀하셨다. "내가 아버지께 구하겠으니 그가 또 다른 보혜사를 너희에게 주사 영원토록 너희와 함께 있게 하리니 그는 진리의 영이라 세상은 능히 그를 받지 못하나니 이는 그를 보지도 못하고 알지도 못함이라 그러나 너희는 그를 아나니 그는 너희와 함께 거하심이요 또 너희 속에 계시겠음이라"(요한복음 14:16-17)

잘 알려진 대로 영성신학에서 전통적으로 성숙의 개념을 정화-조명-합일(연합)의 세 단계로 설명해 왔는데, 마지막 하나님과 하나가 된다는 것에 대하여는 진보적인 영성가들과 전통적인 기독교의 개념에는 분명한 차이가 있어 보인다. 진보적인 영성가들의 최근의 주장은 하나님이라든가, 인간이라든가 하는 구분은 깨달음이 있기 전의 거짓 자기의 구분하는 관성에 의한 것이라며 이를 배격하고, 하나님과 우리는 원래부터 나뉠 것도 없는 하나, 한 공간, 이것도 저것도 아닌 한마음이었다는 주장이다. 이 주장은 그 표현이 상당히 매력적이고 황홀할 수 있으며, 좌절되고 실존의 한계를 느끼는 고갈된 영혼들에게는 솔깃한 복음이 될 수도 있다. 때로는 일부 전통적으로 내재적 하나님보다는 외적 절대자로서의 하나님만을 지나치게 강조하며 하나님과 우리 사이의 넘을 수 없는 경계를 강조하는 일부 개혁신앙보다는 받아들이기 쉬운 면이 있을 수도 있다. 이에 대한 편리의 설명은 간단하지가 않으며, 그렇다고 일부 극단적인 복음주의자들의 편협함과도 같지 않다. 관계성에 대한 그의 설명은 지나치게 물리적 경계성을 강조하지 않으면서 하나님의 신비의 교류하심을 넉넉하게 이해하는 듯하다.

그리스도께서는 말세에 영광으로 다시 오시겠다고 말씀하시면서 이렇게 말씀하셨다. "내가 주릴 때에 너희가 먹을 것을 주었고 목마를 때에 마시게 하였고 나그네 되었을 때에 영접하였고…". 우리가 그분께 했던 일들에 대해 묻는다면 이렇게 대답하실 것이다. "진실로 너희에게 이르노니 너희가 이 형제 중에 지극히 작은 자 하나에게 한 것이 곧 내게 한 것이니라"(마태복음 25:35-40). 예수께서는 그가 다른 사람들과 하나이고 우리가 다른 사람들에게 한 것은, 곧 그에게 한 것이라고 가르치셨다. 그는 자신이 모든 사람들과 하나였던 것처럼, 우리 역시 모든 사람들과 하나이고 모든 사람들을 위한 사랑으로 하나 됨을 증언해야 한다고 가르치셨다.

그리스도의 마음으로 들어가는 것은 저녁 뉴스 시간에 텔레비전에서 보는 얼굴들과 우리가 하나임을 깨닫는 것이다. 우리가 접하게 되는 쓰레기통을 뒤지는 노숙자와 우리가 하나라는 것을 깨닫는 것이다. 재래시장에서 물건 파는 여자, 가스 검침을 하러 온 남자, 우리 마음을 아프게 하는 모든 사람들, 우리가 포기한 사람들, 우리가 부당하게 대우한 사람들, 덧붙여서 우리가 한 번도 만난 적 없는 여자와 남자들, 이 모든 이들과 완전히 평등하게 하나라는 것을 깨달아야 한다.

그것은 마음 그 자체에 대한 인간적 경험에 관한 지식이다. 그 경험은 이러저러한 일들에 관한 개인적 느낌이 아니다. 그것은 그 표면을 가로질러 움직이고 통과하며 흐른다. 그리고 한 순간에서 다음 순간으로 변경되는 그런 느낌들로서 우리 마음의 질감에 대한 친밀한 이해인 것이다. 이것은 자기 인식에 기반을 두면서도 나와 누군가의 차이를 넘어서고 초월하는 수준에서 너와 하나 됨을 자각하는 것에 기반을 둔다. 나는 하나의 인간이 된다는 것을 의미하는 바에 대한 공감적이고 진심 어린 지식으로 여러분을 인식한다.

교회사를 보면, 신비주의 전통들과 가난한 자들에게 필요한 것들을 나누는 일들 사이에는 강한 연대가 있었음을 알게 된다. 많은 위대한 신비가들은 다른 이들의 고통에 대해 매우 민감하였음을 보여주었다. 성 프란시스가 문둥병자에게 입을 맞춘 이야기에서 영감을 받거나 현대의 콜카타의 테레사 수녀가 그녀의 인생을 극빈자들을 위해 헌신했다는 이야기에서 영감을 받든, 우리는 하나님과의 깊고 신실한 하나 됨으로부터 흘러나오는 그리스도의 마음으로 영감을 받아야 한다.[10]

그러나 그는 그 이상으로 넘어가지 않고 단호하게 다시 한 번 못질을 하듯 진보적인 합일설을 단호하게 뿌리친다.

우리는 하나님이 아니다. 그리고 또 하나님 이외의 다른 존재도 아니다. 그리스도의 마음에 들어간다는 것은 우리가 하나님과 우리의 영원한 하나임에 대한 깨우침으로 나아갈 소명을 받은 하나님의 유한한 피조물로 남아있으면서도, 이 하나님과 '비이원론적 하나됨의 역설' 속으로 들어간다는 것이다.

하나님과 하나 된다는 것은 신비이다. 누구도 그 관계성, 신학적으로 페리코레시스라고 이름 붙여져 왔던 삼위일체 하나님 위격들 간의 관계를 자신 있게 온전히 파악할 수는 없는 일이다. 그러나 하나님도 없고, 나도 없는, 둘이 아닌 하나임의 합일(unification)은 불교적인 개념을 담고 있다고 본다. 저자는 이런 '합일'과 구분하기 위하여 핀리와 같은 비이원론적인 하나됨(unification)을 '연합'이라는 단어로 부르고 싶은데, 이런 개념이 기독교의 전통적인 연합의 개념이라고 주장하고 싶다. 하나님과의 연합이란, 이미 앞의 관상기도의 문제점에서 언급한 바와 같이, 우리의 실존 또는 인격의 경계가 허물어지거나 없어지지 않은 채 주님과의 신비한 밀착의 관계 속으로 들어가는 개념을 말한다. 이상하게 들릴지 모르나, 인격체와 인격체 와의 관계, 특히 사랑의 관계란, 상호 종속적이 아닌, 의존적이거나 경계가 없는 상태가 아닌 두 인격체 사이에서 이루어질 때 성립할 수 있는 언어이기도 하다. 바로 핀리가 앞에서 언급한 "이것은 자기 인식에 기반을 두면서도 나와 누군가의 차이를 넘어서고 초월하는 수준에서 너와 하나 됨을 자각하는 것에 기반을 둔다. 나는 하나의 인간이 된다는 것을 의미하는 바에 대한 공감적이고 진심 어린 지식으로 여러분을 인식한다."는 표현에 저자는 전적으로 동의하면서 이것이 매우 중요한 개혁신앙적 영성의 관계성의 관점이라고 말하고 싶다.

그런데, 이상의 기술에서 제시한 것처럼 제임스 핀리는 그가 가지고 있는 영성의 두 가지 측면, 즉 마음의 명료함과 관계성의 균형을 잘 잡음으로써 기독교 영성의 전통적인 모습을 보여주고 있으면서도, 묵상의 실제 수련 방법에 있어서는 아직도 이에 걸맞는 두 측면을 아우를 수 있는 방법을 제시하지 못 하고 있는 것 같다. 어쩌면 우리는 이 부분에 계속해서 머무르게 될지도 모른다. 그러나 여기서 저자는 나름 말씀 속에서 한 방법을 깨달았다고 생각하는데 그 점은 저자의 다른 책에서 상세히 기술하였다.[11]

몸과 관련해서 내가 제안하는 묵상수련 지침들은 고요히 앉기, 허리를 곧게 펴고 앉기, 눈을 감거나 시선을 바닥을 향해 내려 보기, 천천히 자연스럽게 호흡하기, 손을 무릎 위에 자연스러운 자세로 또는 의미 있는 자세로 놓기다. 마음과 관련된 묵상 지침은 그 어떤 것에도 집착하지 않고 그 어떤 것도 거부하지 않으면서 현재에 머물러 마음을 열고 깨어 있는다. 태도와 관련된 묵상 지침은 모든 것에 집착하기도 하고 거부하기도 하는 자기 자신을 향해 무비판적인 긍휼을 유지하기 그리고 무기력한 타인들과 자기 자신을 향해 무비판적인 긍휼을 유지하기다.[12]

만약 여러분이 매일매일 그저 단순하게 침묵하면서 고요하게 자신의 호흡에 주의를 기울이며, 눈을 감거나 시선을 바닥을 향한 채로 앉아 있기만 해도 이는 스스로에게 엄청난 호의를 베푸는 일이다. 여러분은 이미 안식처 되시는 하나님, 곧 여러분의 몸의 존재 속에 깊게 숨어 계신 하나님을 향해 긴 여정을 시작하고 있다고 할 수 있다… 정신과 관련된 묵상 지침은 그 어떤 것도 거부하지 않으면서 현재에 머물러 마음을 열고 깨어 있으려고 하는 것이다. 생각이 일어날 때마다 그저 단순하게 현재에 머물러 마음을 열고 일어난 그 생각에 대해 깨어 있으라. 생각이 지속될 때에는 그저 단순하게 현재에 머물러 마음을 열고 지속되는 그 생각에 대해 깨어 있으라. 생각이 지나갈 때에는 그저 단순하게 현재에 머물러 마음을 열고 지나가는 그 생각에 대해 깨어 있으라.

이런 자세는 또한 하나님에 관한 모든 생각에도 적용된다. 그리스도교 고전인 "무지의 구름"을 썼던 익명의 작가가 우리에게 상기시키는 바는 묵상할 때 우리는 하나님에 관한 생각을 추구하지 않는다는 것이다. 오히려 우리는 묵상할 때 하나님에 관한 우리의 가장 심오한 생각을 무한히 초월하여 '있는 모습 그대로'의 하나님을 알고자 한다.

이런 자세를 통해 우리는 묵상적 눈으로 여러분 홀로 지금 이 순간 우리를 영원히 사랑하시는 하나님의 신비를 보고자 한다.[13]

결론적으로 영성 수련의 방법으로의 명상이 자칫 성령의 임재, 그리고 성령님과의 대화를 옆으로 젖혀 놓을 위험이 도사리고 있다는 것을 잘 인식하는 것도 중요하다. 우리 기독교 묵상은 주님과의 관계적 묵상을 처음부터 염두에 둔 것이어야 하는데, 이에 비하여 불교적 명상은 자아추구적이고 의식조작적(conscious manipulation) 측면이 있다고 보며, 이 양자를 분별하는 것은 쉽지 않기 때문이다. 세상의 대다수의 사람들이 혼동을 하더라도 우리는 날카로운 눈으로 주님의 임재를 붙들어야 한다는 것이 저자의 생각이다.

1) 그리스도교 묵상기도: 하나님 임재 체험. 제임스 핀리 지음, 권명수 등 옮김. 시그마프레스, 2016.

2) Ibid, p2; 3) p1; 4) p6; 5) p8; 6) p9; 7) p10; 8) p12; 9) p14; 10) p15; 12) p27; 13) p28-31.

11) 이만홍: 그리스도인의 묵상 I., 4장 그리스도인의 묵상: 하나님 바라보기. p180-246, 로뎀포레스트, 2023

주요 참고도서

이 책의 장별 참고 순서를 따름.

Han de Wit: The Spiritual Path: An Introduction to the Psychology of the Spiritual Traditions. Duquesne University Press, 1999.

Han de Wit: The Great Within: The Transformative Power and Psychology of the Spiritual Path. Shambhala Boulder, 2019.

Gerald May: Will and Spirit: A Contemplative Psychology. Harper-Collins Publishers, New York, N.Y., 1987.

이만홍: 그리스도인의 묵상 I, II. 로뎀포레스트, 2023.

헤네폴라 구나라타나: 위빠사나 명상. 손혜숙 옮김. 아름드리미디어, 2007.

렌 스페리: 영성과 심리치료. 이정기, 윤용선 옮김. 실존, 2011.

제럴드 메이: 사랑의 각성. 김동규 옮김. IVP, 2000.

제럴드 메이: 영성지도와 상담. 노종문 옮김. IVP, 2006.

Peter Tyler: Christian Mindfulness: Theology and Practice, 2018, SCM Press, London.

기독교 영성(I): 세계 기독교 영성 시리즈. 초대부터 12세기까지. 버나드 맥긴 등 편집, 유해룡 등 옮김. 도서출판 은성, 1997.

기독교 영성(II): 세계 기독교 영성 시리즈. 중세부터 종교개혁까지. 질 라이트 등 편집, 이후정 등 옮김. 도서출판 은성, 1999.

기독교 영성(III): 세계 기독교 영성 시리즈. 종교개혁 이후부터 현대까지. 루이스 두프레 등 편집, 엄성옥. 지인성 옮김. 도서출판 은성, 2001.

스탠리 그렌츠: 조직신학: 하나님의 공동체를 위한 신학. 신옥수 옮김, CH북스/크리스천다이제스트, 2017.

스탠리 그렌츠, 로저 올슨: 20세기 신학. 신재구 옮김. IVP, 1997.

안토니 A. 후크마: 개혁주의 인간론. 류호준 역. 기독교 문서 선교회, 1990.

찰스 거킨: 살아 있는 인간문서: 해석학적 목회상담학. 안석모 옮김. 한국심리치료연구소, 1998.

토마스 키팅: 마음을 열고 가슴을 열고. 엄무광 옮김. 가톨릭출판사, 1997.

신시아 부조: 마음의 길: 향심기도와 깨어나기. 김지호 옮김. 한국기독교연구소, 2017.

존 메인: 그리스도교 묵상: 그 단순함에 대하여. 허성준 옮김. 분도출판사, 2018.

폴 니터: 붓다 없이 나는 그리스도인일 수 없었다. 정경일. 이창엽 옮김. 클리어마인드, 2011.

Willigis Yaeger: "Contemplation: A Christian Path". Triumph Books, 1994.

제임스 핀리: 그리스도교 묵상기도: 하나님 임재 체험. 권명수 등 옮김. 시그마프레스, 2016.

심리영성 연구 2025
그리스도인을 위한 영성심리학

Studies on Psychospirituality 2025
Spiritual Psychology for Christian

<u>지은이</u> 이만홍
<u>펴낸곳</u> 로뎀포레스트 출판사
<u>디자인</u> 박문경 @스튜디오 문팍 (moonpark.site)

2025년 4월 10일 편집 1판

<u>등록번호</u> 제 2022-132호 2022. 4. 15
<u>주소</u> (06167) 서울시 강남구 삼성로96길 27 진솔빌딩 4층
<u>전화</u> 02) 558-1911   <u>홈페이지</u> soh1911.org   <u>이메일</u> soh1911@naver.com
<u>온라인 까페</u> cafe.naver.com/caferodem

· 잘못된 책은 바꿔 드립니다. · 책값은 뒤표지에 있습니다.

ISBN 979-11-978667-0-8 (03200)